Helga Schubert

Die Welt da drinnen

»Wie viel einzelne Schicksale getöteter Geisteskranker könntet ihr in einem Buch aushalten, habe ich ein paar Leute gefragt. Fünf, hat Katja geantwortet. Höchstens zehn, antwortete Hannes. Zwölf, sagte die Literaturredakteurin einer Zweiwochenzeitschrift, und dann möglichst in einem Rhythmus angeordnet mit den Geschichten der Täter. Ob ich so etwas lesen, mir so etwas antun werde, weiß ich noch nicht, war die Antwort einer Lehrerin.«

Helga Schubert, geboren 1940 in Berlin, studierte an der Humboldt-Universität Psychologie. Sie arbeitete als Psychotherapeutin und freie Schriftstellerin in der DDR und bereitete als Pressesprecherin des Zentralen Runden Tisches die ersten freien Wahlen mit vor. Nach zahlreichen Buchveröffentlichungen zog sie sich aus der literarischen Öffentlichkeit zurück, bis sie 2020 mit der Geschichte ›Vom Aufstehen‹ den Ingeborg-Bachmann-Preis gewann. Der gleichnamige Erzählband erschien 2021 bei dtv und wurde für den Preis der Leipziger Buchmesse nominiert.

Helga Schubert

Die Welt da drinnen

Eine deutsche Nervenklinik
und der Wahn vom unwerten Leben

Mit einem Vorwort der Autorin

dtv

Von Helga Schubert ist bei dtv außerdem lieferbar:
Judasfrauen
Vom Aufstehen

MIX
Papier aus verantwortungsvollen Quellen
FSC® C019821

2. Auflage 2021

Die Originalausgabe erschien 2003 im Fischer Taschenbuch Verlag, Frankfurt am Main.
Umschlaggestaltung: Lübbeke Naumann Thoben, Köln
Umschlagmotiv: »Moonlight over Haggerston Park« von Igor Moritz, 2020
Satz: Fotosatz Amann, Memmingen
Druck und Bindung: Druckerei C.H.Beck, Nördlingen
Printed in Germany · ISBN 978-3-423-14820-7

Vorwort

Dies ist das zweite Buch, das ich über die Gefahr einer geschlossenen Gesellschaft schrieb. Über die Gefahr für jeden einzelnen Menschen, der darin leben und zurechtkommen muss. Über die Gefahr, zum Mörder zu werden oder ermordet zu werden. Im weitesten Sinne.

Auch über die Gefahr, in seiner Seele ermordet zu werden oder andere Menschen in ihrer Seele zu ermorden.

Das erste Buch, es hieß *Judasfrauen*, schrieb ich vor 1989, noch in einer Zeit, als ich selbst in einer geschlossenen Gesellschaft lebte, in der DDR. Ich erzählte darin Schicksale, die ich in Akten westdeutscher Nachkriegsverfahren gegen Denunziantinnen in Nazideutschland fand. Wegen der vielen Parallelen in der Angst vor dem Geheimdienst erschien es in der DDR erst wenige Wochen vor der Wiedervereinigung Deutschlands.

Dieses zweite Buch über die Gefahren einer geschlossenen Gesellschaft erschien 2003. Ich brauchte jetzt nicht verschlüsselt die totalitäre Gesellschaft anzuklagen. Ich konnte nun offen vor ihr warnen. Das letzte Kapitel dieses Buchs erzählt von einer Lesung in einem Berliner Gymnasium, bei der sich die Schüler die Hierarchien in einer Diktatur vorstellen sollten: Wenn ich jetzt als Beamter 1939 am Beginn des Zweiten Weltkrieges in der Berliner Euthanasiezentrale Hitlers Wunsch (auf einem Zettel) umsetzen müsste, lebensunwertes Leben zu vernichten. Wie komme ich an die potenziellen Opfer, und wie organisiere ich ihre Vernichtung?

Für die Schüler war es unvorstellbar, wie leicht man die furchtbarsten Ideen in einer Diktatur realisieren kann, in der die Presseveröffentlichungen zentral überwacht werden, das Rundfunkhören sogenannter feindlicher Sender unter Strafe steht, das Weiterverbreiten ihrer Nachrichten mit dem Tode bestraft wird. Anzeigen wegen verdächtiger Todesfälle von Behinderten in Krankenhäusern werden von der Polizei nicht angenommen, also nicht verfolgt, Gerichte sind nicht unabhängig, kurz, die Gewaltenteilung ist aufgehoben. Es droht keine Bestrafung, und die Presse darf nicht berichten, das Parlament darf keine Gesetzesvorlagen offen diskutieren, alles, was man so im Geschichtsunterricht lernt. Wenn es konkret wird, ist es grauenhaft.

Die Welt da drinnen ist die Welt in einer deutschen Nervenheilanstalt.

Es ist aber auch die Welt in einer geschlossenen Gesellschaft um diese Nervenheilanstalt herum, der Diktatur der Nationalsozialisten in Deutschland, außerhalb der geschlossenen Psychiatrie. Es ist die Welt, in der ich nicht lebte und die ich aus Krankenakten kennenlernte.

Unbekannt waren mir die Psychiatrie und ihre Patienten nicht, denn ich habe viele Jahre mit ihnen in meiner Arbeit zu tun gehabt. Ich habe sie festgeschnallt bei Elektroschocks gesehen, wenn sie gekrampft haben, der Narkosearzt daneben, der ihren Kreislauf überwachte. Ich habe sie bis auf die Knochen abgemagert gesehen, wenn sie eine Magersucht hatten.

Ich habe sie halluzinieren gesehen und auf dem Boden des

Wartezimmers in der Nervenklinik, wenn sie einen epileptischen Anfall hatten. Ich habe nach etwas Weichem gesucht, damit sie sich nicht auf die Zunge beißen. Die Menschen, die ich für dieses Buch in Krankenakten fand und die alle umgebracht wurden, sind mir nah. Auch mich hätten Angehörige vielleicht resigniert aufgegeben. Und die beteiligten Ärzte und Pflegerinnen? Ich hätte in der Nervenklinik ihre Kollegin sein können. Ich hätte selbst zur Täterin werden können.

Unser politischer Verstand schütze uns vor einer Schwächung der offenen Gesellschaft, vor ihrer Verhöhnung.

Die offene Gesellschaft schützt uns vor allem Hasserfüllten in uns selbst. Auch vor Übergriffen des Staates und vor Übergriffen anderer Menschen. Manchmal dauert es, aber Verbrechen kommen heraus, sie werden bestraft, und es wird darüber berichtet.

Jede Diktatur hat ein Ende. Ihre Unmenschlichkeit ist wie ein Krebs. Sie zerfrisst von innen.

Wir sind nicht ausgeliefert wie die Menschen in diesem Buch.

Neu Meteln im Sommer 2021 — Helga Schubert

Eine Mörderanstalt

Das ist hier ja eine Mörderanstalt, hätte er damals im März 1941, kurz vor Antritt seines Jahresurlaubs, zu seinem Vorgesetzten, dem Oberarzt Dr. Alfred L., gesagt.

Jedenfalls bezeugte er das zwölf Jahre später vor dem Kölner Gericht, das gegen Dr. Alfred L. wegen Beihilfe zum Totschlag verhandelte.

Schon seit Ende 1940 hatte er, der Assistenzarzt Dr. Bra., nämlich Beobachtungen gemacht, nach denen er annehmen musste, dass der Angesprochene an den gemeinsam behandelten Patienten Tötungen durch Verabfolgung überdosierter Schlafmittel vornahm.

Dr. Bra. teilte sich mit Dr. Alfred L. (und außerdem auch noch mit Dr. M. und Dr. B.) die Betreuung der Pflegehäuser für die in der Anstalt lebenden Geisteskranken. Diese Patienten wurden oft schon viele Jahre, nach ihrem Geschlecht getrennt, in der Anstalt verwahrt. Ihre Diagnose stand fest. Sie galten als unheilbar.

Die nicht so schwer Erkrankten, die eventuell auch wieder hätten entlassen werden können, und diejenigen, bei denen die Diagnose noch nicht feststand, die also von den Ärzten noch beobachtet werden sollten, lagen in den Aufnahmehäusern.

Besorgt um das Leben ihrer Patienten äußerten sich 1941 auch noch die beiden anderen betreuenden Nervenärzte in den Pflegehäusern: Der eine hatte den Verdacht, dass Dr. Alfred L.

Todesursachen auf den Totenscheinen fälschte, und sagte es ihm ins Gesicht. Zudem stellte er Nachforschungen im Sterbebuch und auch bei den Pflegern über die Dosis der von Dr. Alfred L. verordneten Medikamente an.

Der andere Arzt bat aus Angst, in irgendeiner Weise an der Tötung der eigenen Patienten mitwirken zu müssen, um Versetzung auf eine Seuchenstation außerhalb der Anstalt.

Oberarzt Dr. Alfred L. war damals, im Jahre 1941, einundvierzig Jahre alt (er ging also mit dem Jahrhundert). Er, der im Gegensatz zu all seinen Kollegen aus einer Arbeiterfamilie kam, hatte sich durch einen aufmerksamen Lehrer, die Zustimmung seiner Eltern, Fleiß und finanzielles Glück nach dem Ersten Weltkrieg in der Weimarer Republik an verschiedenen Universitäten eine qualifizierte medizinische Ausbildung erworben und wurde als überzeugter Nationalsozialist auch kompromissloser Anhänger der Idee, lebensunwertes Leben zu vernichten. Jedenfalls mussten das seine Kollegen damals aus seinen Äußerungen schließen, wie sie übereinstimmend 1953 vor dem Kölner Gericht aussagten. Außerdem war er seit 1933 auch noch für Personalfragen in der Anstalt zuständig, was seine Macht erhöhte.

Dr. Alfred L. schwieg zunächst, was den Verdacht seines Assistenzarztes Dr. Bra. betraf, zumal das Wort Mörderanstalt ohne weitere Zeugen gefallen war, und antwortete ihm erst nach dessen Jahresurlaub Ende Mai 1941.

Da nämlich von der Berliner Euthanasie-Zentrale noch Tötungen in viel größerem Umfang geplant waren – ganze Busse voller Kranker waren zu erwarten –, sollte man sich lieber nicht mit der Kritik an einzelnen Schlafmittelvergiftungen aufhalten, dachte Oberarzt Dr. Alfred L. vielleicht.

Da musste jede Unruhestiftung vermieden werden.

Aus der Luft gegriffen hatte Dr. Bra. seinen Verdacht allerdings nicht, denn am Jahresende lebte von den Patienten der Anstalt nur noch etwas mehr als die Hälfte: Im Jahre 1941 waren nämlich zusätzlich zu den 617 Menschen, die am Jahresbeginn von der Schweriner Anstalt als Patienten geführt wurden, im Laufe des Jahres noch 549 aufgenommen worden.

Von den insgesamt 1166 stationär Behandelten starben 491, und zwar 216 direkt in der Anstalt und die anderen 275 in der Tötungsanstalt Bernburg: Diese wurden mit zwei Bustransporten am 18. Juli und am 1. August dorthin verlegt und noch am selben Tag vergiftet.

Mitgift

Falls Sie dieses Buch eventuell »Wer leben darf« nennen wollen, dann sollten Sie ihm auf jeden Fall den Untertitel »Wer nicht sterben darf« geben, riet mir ein Arzt in einer Gruppe von Intensivmedizinern, die mich zu einer Lesung eingeladen hatten.

Sie dürfen nicht einen einzigen Arzt irritieren, der heutzutage einem Todkranken starke Schmerzmittel gibt und dabei dessen Kreislaufversagen in Kauf nimmt. Das ist eine solche Gratwanderung, gerade in Deutschland: Eben weil die Nazis ihren Mord an Kranken auch Euthanasie nannten, ausgerechnet Euthanasie. Dabei war doch in der griechischen Antike damit der schöne, leichte Tod gemeint, ohne äußere Einwirkung.

Es ist in diesem Land schwer und missverständlich, über Hilfe beim Sterben zu sprechen. Aber Sie müssen an die Angehörigen der Todkranken mit unbeherrschbaren Schmerzen denken und auch an die armen Sterbewilligen selbst am Ende ihres Lebens. Sie müssen an das Ungeborene denken, das behindert wäre, wenn es zur Welt käme, und an seine Eltern, die das gerade erfahren haben. Sie müssen an den Vater oder die Mutter denken, die ganz allein sind mit ihrem Kummer und ihrer Scham, dass sie ihrem erwachsenen schwerstbehinderten Kind den baldigen Tod wünschen, weil sie sich selbst bald nicht mehr allein um den gemeinsamen Haushalt kümmern können. Sie müssen an die Ärztin denken, die am Bett des Koma-Patienten steht und weiß, dass zwar manche nach langer Zeit und mit schweren Hirnschäden doch aufwachen, aber viele nie mehr zu Bewusstsein kommen. Sie müssen an die Staatsanwälte denken, die nach einer Tötung auf Verlangen Anklage erheben, und die Richter, die solche Angeklagten verurteilen müssten. Sie müssen an die Parlamentsabgeordneten denken, die die deutsche Gesetzgebung zur Sterbehilfe mit der anderer Länder vergleichen und das Tabu spüren.

Wenn du in deinem Buch die Euthanasie der Nazis beschreibst, sagte Katja, die sogenannte Euthanasie wohlgemerkt, dann solltest du auch die Klinik, von der du nun zufällig solche Krankenakten gefunden hast, nicht mit ihrem wirklichen Namen nennen. Damit haben die doch überhaupt nichts mehr zu tun, und jetzt bekommen die ein Stigma verpasst. Wenn ich dort arbeiten müsste, ich würde mich zu Tode schämen. Dabei wäre ich doch unschuldig. Ich würde nie an einer aktiven Tötung mitwirken, denn man kann jeden Schmerz bekämpfen, und ich würde auch nie eine Curettage durchführen. Dazu bin ich nicht Ärztin geworden. In Zukunft wird es überhaupt kein Tabu mehr sein, kranke Alte zur Lebensverkürzung aufzufordern. Was willst du noch auf dieser Welt, werden die jungen Gesunden fragen. Du wirst es noch erleben.

Und Tine sagte: Du, das ist eine unendliche Geschichte, die du mit dem Buch vorhast, denn es werden immer neue Gesichtspunkte dazukommen, man wird neue Medikamente gegen Geisteskrankheiten entwickeln, es werden immer neue Akten Ermordeter auftauchen, du wirst immer neue Geschichten von Angehörigen und Geretteten hören, und mit der Diktatur wirst du nie fertig werden. Das ist doch dein Thema, du weißt genug, hör einfach auf, du wirst sehen, das Buch ist fertig. Meine Freundin Tine, die Architektin, liebt Menschen und alte Häuser. Sie gibt sie nicht auf. Wo sie ist, schafft sie Wärme, wo sie arbeitet, Durchblicke. Und oft füllt sich der mittlere Raum in ihrem Haus mit Mann und ihren drei erwachsenen Söhnen und Freundinnen und Freunden der Söhne mit ihren Freundinnen und Freunden und ihren Kindern, mit Schwester und Mutter und Schwiegermutter, mit Hund und Katzen und Blumen und Käsekuchen. Alle kommen sie, rühren sich etwas an und sehen nach, ob noch etwas Tee da ist. Und dann wärmen wir uns alle gegenseitig ein wenig auf.

Vor dem Einschlafen in der Nacht zu heute dachte ich über den Titel und ein mögliches Motto für dieses Buch nach. Wie ein zweites Thema beeinflusst das Motto die Stimmung beim Schreiben und legt die Tonart fest, aber das wiederum nur in der Spannung zum Titel.

Wie sollte ich das Buch nennen? Ausflug ins Gas. Die Welt da drinnen. Das Tor zur Hölle. Euthanasie-Euthanasie. Die Perlkönigin und die Nachtigall. Ein Grab in den Wolken. Gnadenmord. Versuchte Einfühlung in die Gewährung des Gnadentodes. »Ich doch dein liebe Frau.« Mörderanstalt. Vom guten sanften Tod. Wer leben darf.

Der Erwartung einer reinen Dokumentation, wie sie etwa durch den Titel »Wer leben darf« hervorgerufen wird, könnte durch das Motto »Dann habt ihr ein Grab in den Wolken/ Da liegt man nicht eng« aus Celans Todesfuge begegnet werden. Aber diese Zeilen würden wohl eher an jüdische Opfer denken lassen; dabei berichte ich ja in diesem Buch ausschließlich von nichtjüdischen Geisteskranken. Wenn ich Pasolinis Stoßseufzer

»Es hilft nichts, man muss eine Geschichte erzählen« als Motto nehme, dann wäre das eine Mahnung, wirklich Menschengeschichten zu schreiben, und auch ein Versprechen an den Leser, keine Abhandlung durcharbeiten zu müssen. Gedruckt auf der ersten leeren Innenseite, wäre es eine Demutsgeste, so eine kleine angedeutete Resignation, es würde dem Leser die Bedenken nehmen, ungeschützt in ein bedrohliches Gedankengebäude genötigt zu werden. Man könnte aber denken, dass ich eigentlich gar nicht erzählen und hinterrücks doch Argumente hineinschmuggeln will.

Wenn ich aber Dürrenmatts Gedicht aus seinem Nachlass als Motto nehme: »… die Welt da draußen ist ungewiss. Sie gehört nicht mir, ist eine unbegreifliche Gnade oder auch ein böser Fluch. Wer kann das wissen: Auf alles gefasst sein …«, dann verbreitet sich eine dunkle Bedrohung, ein Schatten bis in die Gegenwart hinein. Womöglich überliest man die unbegreifliche Gnade und denkt nur an den bösen Fluch.

Hilde Domins Zeilen aus ihrem Gedicht »Der Baum blüht trotzdem« gingen vielleicht aus einem ähnlichen Grund nicht: »Niemand kann es glauben: Auch an blauen Tagen/ bricht das Herz.« Da ist vom Einbruch des Todes oder von plötzlicher Verzweiflung mitten in Schönheit und Leichtigkeit die Rede und nicht von dem Räderwerk der Diktatur, das ich doch schildern will.

Gleichgültigkeit gegen Unrecht ist das Tor zur Hölle, diesen Leitsatz der Vereinigung »Ärzte ohne Grenzen« zog ich auch in Betracht. Er würde sich aber zu sehr gegen die vermeintlich unbeteiligten Zuschauer der damaligen Euthanasie-Aktion richten.

»Wer nicht gehorchen will, will zumeist auch nicht befehlen, und wer befehlen will, hat zumeist auch nicht viel gegen das Gehorchen einzuwenden«, von Hannah Arendt in ihrem Essay »Macht und Gewalt« geschrieben, ist für eine erzählende Arbeit heutzutage einfach zu klar.

Es geht eigentlich nur etwas Ironisches. Ich werde doch diesen Satz von Thomas Bernhard nehmen, beschloss ich im wohligen Wegdämmern: »Bis heute weiß niemand, wer ihn ermordet hat, denn niemand hat auch nur den geringsten Verdacht gegen einen anderen oder sich selbst.«

Das ist genügend kafkaesk, ja, das passt, dachte ich und schlief ein.

Der anschließende Traum war dann ziemlich unverschlüsselt: Ich stand in einer größeren Gesellschaft, in der wir alle schon etwas vom kalten Buffet gekostet hatten. Mit einem Mal wusste ich, dass Zyankali im Essen ist und dass wir alle daran sterben werden. Ich hatte es hineingetan, fiel mir ein. Aber warum? Weder wollte ich Selbstmord begehen noch irgendjemand anderen umbringen. Die Lage war aber eindeutig. Und auch nicht zu ändern. Sollte ich es den anderen sagen? Sie unterhielten sich so unbeschwert. Auch ich musste sterben. Ich wusste, es gab kein Gegengift. Auch wenn jedem sofort der Magen ausgepumpt worden wäre, hätte niemand mehr gerettet werden können. War ich abgelenkt gewesen, mit den Gedanken woanders, wie so oft? Und wieso fiel es mir jetzt erst ein, wo es zu spät war? Wie schade, dass das Leben schon vorbei sein sollte. Ich fand die Lage vollkommen absurd, denn ich war schuld am Tod all dieser Menschen, die ich zum Teil gar nicht kannte, noch nie gesehen hatte. Alle waren arglos. Ich warnte sie nicht.

Ich wachte mitten in der Nacht auf und war unheimlich erleichtert – unheimlich ist hier das richtige Wort. Nur nicht weiterträumen, dachte ich.

Darum stand ich auf, trank etwas Saft, ging im Wohnzimmer umher und dachte: Es sind nur kombinierte Erinnerungsfetzen, kein Wunder, wenn ich mich jahrelang mit Giftmord und Selektion beschäftige.

Ein Zettel

Rückdatiert auf den 1. September 1939, den Beginn des Zweiten Weltkriegs, galt ein Geheimerlass Hitlers, der das Töten von Menschen erlaubte. Dieser Geheimerlass stammte vom Oktober 1939, trug im Briefkopf nur das Hoheitszeichen der NSDAP, war also kein Gesetz, und bestand aus einem einzigen Satz auf einem Zettel:

> Adolf Hitler
>
> *Berlin, den 1. September 1939*
>
> Reichsleiter Bouhler und Dr. med. Brandt sind unter Verantwortung beauftragt, die Befugnisse namentlich zu bestimmender Ärzte so zu erweitern, dass nach menschlichem Ermessen unheilbar Kranken bei kritischster Beurteilung ihres Krankheitszustandes der Gnadentod gewährt werden kann.

Dieser Zettel war die einzige Grundlage für die geheime Tötung von Geisteskranken und behinderten Kindern in deutschen psychiatrischen Kliniken. Diesem Erlass fielen bis zum Ende des Zweiten Weltkriegs etwa 100 000 Erwachsene und 5000 Kinder zum Opfer. Dabei arbeiteten Ärzte, Pfleger, Schwestern, Fürsorgerinnen, Sachbearbeiter, Gutachter, Transporteure, Kraftfahrer, Standesbeamte, Reinigungskräfte, Parteifunktionäre, Geheimdienstmitarbeiter und Krematoriumsbedienstete in genau bestimmter Rollenverteilung zusammen.

Vor Gericht

Dass am 16. August 1946 drei Stationspfleger und eine Stationsschwester der Schweriner Nervenklinik am Sachsenberg wegen Verbrechens gegen die Menschlichkeit in der sowjetischen Besatzungszone zum Tode verurteilt wurden, dagegen ihr geflohener Vorgesetzter Oberarzt Dr. Alfred L., auf dessen Anweisung sie viele ihrer Patienten noch bis zum Ende des Krieges ermordet hatten, 1953 im westdeutschen Köln nach einer Anklage wegen Beihilfe zum Totschlag mit einem Freispruch davonkam, hätte in den Gegenwartskunde-Unterricht der DDR gepasst.

Die Lehrerin hätte vermutlich gesagt: Seht ihr, das ist wieder ein typisches Beispiel dafür, dass in der sowjetischen Besatzungszone und danach in unserer antifaschistischen Deutschen Demokratischen Republik die Naziverbrecher bestraft wurden und in der BRD nicht.

Aber was würde sie mir heute auf die Frage antworten, warum bis zum Ende der DDR die Akten der ermordeten Schweriner Patienten unter Verschluss waren und 179 davon erst im Jahre 1990 bei der Auflösung des Ministeriums für Staatssicherheit zum Vorschein kamen: Akten selektierter Menschen, nach Bernburg transportiert und dort mit Kohlenmonoxid vergiftet. Unter Verschluss von 1941 bis 1990.

Nachfrage und Auskunft

Wie viel einzelne Schicksale getöteter Geisteskranker könntet ihr in einem Buch aushalten, habe ich ein paar Leute gefragt. Fünf, hat Katja geantwortet.

Höchstens zehn, antwortete Hannes.

Zwölf, sagte die Literaturredakteurin einer Zweiwochenzeitschrift, und dann möglichst in einem Rhythmus angeordnet mit den Geschichten der Täter.

Nicht mehr, aber möglichst auch nicht weniger als 200 Seiten, empfahl mir der Verlagslektor.

Ob ich so etwas lesen, mir so etwas antun werde, weiß ich noch nicht, war die Antwort einer Lehrerin.

Diesem Buch zugrunde liegen die Patientenakten von 179 Menschen aus der Schweriner Nervenklinik auf dem Sachsenberg, die man geisteskrank, wahnsinnig oder verrückt nannte, die im Sprachgebrauch der deutschen Nationalsozialisten lebensunwert waren und darum 1941 im Rahmen der geheimen T4-Aktion (in der Berliner Tiergartenstraße 4 befand sich die Organisationszentrale der sogenannten Euthanasie) ermordet wurden – nur ein kleiner Teil der vermuteten 100 000 Opfer im Deutschen Reich. Die Akten der Schweriner Patienten habe ich im Bundesarchiv in Berlin gelesen, 57 Jahre nach dem Sommer 1941, als sie alle, verlegt in eine andere Anstalt, so die gleichlautende unbestimmte letzte ärztliche Eintragung in jeder ihrer Akten, auf einmal sterben mussten, gleich nach ihrer Ankunft, in einer zu einer Gaskammer umgebauten Dusche des Krankenhauses Bernburg in Sachsen-Anhalt.

Diesen Menschen gemeinsam ist, dass ihre Kinder, Enkel, Urenkel noch heute denken, ihr Vater, ihre Mutter, ihre Großmutter, ihr Urgroßvater wären in der Nervenklinik damals 1941 eines natürlichen Todes gestorben, denn so stand es ja in dem Brief eines Arztes und auf dem Totenschein vom Standesamt. Die Welt da drinnen meint aber nicht nur die Innenwelt der ermordeten Patienten dieser ersten Irren- und Wirren-Anstalt Deutschlands, sondern auch die ihrer Ärzte, Pfleger und Schwestern, wie sie aus den Personal- und Gerichtsunterlagen bruchstückhaft zu erkennen sind.

Nichts aber kann ich von den Menschen sagen, die weiterleben durften, denn ich habe ja nur die Akten der Ermordeten gelesen. Vielleicht, versprach ein Mitarbeiter der Schweriner Nervenheilanstalt, gäbe er mir einmal die Akten solcher Überlebenden zum Lesen. Aber anonymisiert wegen des Datenschutzes, nicht so ungeschwärzt, wie ich sie im Bundesarchiv lesen durfte. Es müsse zum Beispiel unmöglich sein, eine Namensliste der Opfer ins Internet zu stellen und so deren Nachkommen zu gefährden. Denn man könnte, sagte er, wenn man immer noch Anhänger dieses Gedankenguts sei, die Angehörigen, die ja dieses Erbgut hätten, zu beseitigen versuchen oder zumindest zu erfassen.

Im Oktober 1998 beschloss ich, mit dem Aktenlesen aufzuhören und darauf zu vertrauen, dass nach einer kleinen Ruhepause Einzelne aus meinen Mitschriften und meiner Erinnerung hervortreten und von mir ganz einfach verlangen würden, dass ich ihr Schicksal erzählte.

Die Personen der Handlung

200 Seiten habt ihr Raum, teilt euch die Seiten.

Ihr habt jahrelang in großen Schlafsälen zusammengelegen, ihr habt in Arbeitskolonnen geschuftet, zusammen Kartoffeln geschält, Gemüse geputzt, die schweren Essenskübel transportiert, ihr habt zusammen gegessen und abgewaschen, ihr habt euch gestritten und gegenseitig geholfen, habt in der Besuchszeit auf eure Familie gehofft und euch Fotos gezeigt, ihr habt zusammen stundenlang im Transportbus mit zugezogenen Vorhängen gesessen am 18. Juli oder am 1. August 1941, und ihr habt zusammen barfuß auf den weißen Fliesen gestanden im Männerhaus II in der Bernburger Klinik. Dann seid ihr übereinander zusammengesunken, bewusstlos. Vielleicht hat manch einer von euch gedacht oder den andern laut zugerufen: Das habe ich schon immer befürchtet, dass ich einmal hinterrücks getötet werde. Nun ist es so weit.

Die übrigen Seiten sollten die bekommen, die euch betreuten und behandelten, die euch wuschen und pflegten, wenn ihr Fieber hattet, die euch Beruhigungsspritzen gaben, damit ihr einmal eine Nacht durchschlafen konntet, denen ihr manchmal aus Panik die Kittel zerrissen habt und vor Wut die Haare büschelweise auszureißen versuchtet, denen ihr von eurer Kindheit erzählt habt und von euren Männern und Frauen, von euren furchterregenden Stimmen im Kopf und eurer Angst, die alles von euch erfahren hatten in den Jahrzehnten der Anstaltsbehandlung, die immer da waren, tagsüber und in Nachtbereitschaft, die gewissenhaft erst die Erbgesundheitsbögen und dann die Meldebögen für die Euthanasie-Zentrale ausfüllten und euch dann, als die Anweisung dazu kam, für den Transport fertig machten, die eure Angehörigen über eure wahren Todesumstände belogen, die andere Kranke sogar eigenhändig töteten, deshalb nach dem Krieg Selbstmord begingen, flohen oder vor Gericht gestellt, zum Tode verurteilt, später zu lebenslanger Haft begnadigt oder freigesprochen wurden.

Perlkönigin und Nattergallen –
Der Haken über dem u

Alwine, die Perlkönigin, erlitt am 24. Februar 1940 einen Ohnmachtsanfall. Bei einer Körpertemperatur von 38° fieberte sie. Der herbeigerufene diensthabende Psychiater vermutete eine Influenza. Er unterzeichnete diese Eintragung in ihrer Krankenakte aber nicht mit seinem Namen. Bis auf eine einzige Ausnahme in all den 178 anderen Krankenakten aus der Heil- und Pflegeanstalt auf dem Schweriner Sachsenberg, die ich gelesen hatte, tat das auch keiner seiner Kollegen.

Aber ich erkannte diesen Arzt trotzdem wieder. Denn er machte als Einziger seine Eintragungen in lateinischen Buchstaben und setzte dabei einen Haken über das u. Da gehörte der Haken aber nicht hin. Denn der u-Haken gehört zur alten Sütterlinschrift. (Wir, in der ersten Schulklasse gleich nach dem Ende des Zweiten Weltkriegs, sechs Jahre nach diesem Ohnmachtsanfall, erlernten noch ein paar Wochen lang diese Schrift.)

Er wollte vielleicht modern sein und hing doch an dem früh Erlernten, dachte ich: Da machte er auch einen Haken über dem u der Influenza. So konnte ich diesen Arzt mit dem überflüssigen u-Haken in den Krankenakten von seinen Kollegen unterscheiden, aber nur, wenn ein Wort mit u im Satz vorkam.

Ein zweiter Arzt dagegen unterschied sich deutlich von seinen anderen Kollegen, und ich freute mich schon, wenn ich seine Schrift beim Umblättern der Aktenseite entdeckte, denn er verfasste seine Bemerkungen in winzigen Sütterlin-Arabesken mit dünner Feder, wie in einer Geheimschrift. Nie machte er einen Klecks, und jedes Mal lohnte es sich, seine Grafiken genau zu entziffern: Es waren oft menschenfreundliche Entdeckungen in der fremden Welt seiner ihm anvertrauten verwirrten Patienten. Seine Girlandenzeilen taten mir gut, denn er versuchte, das ihm Unverständliche zu beschreiben und seine Patienten als Schwerkranke zu sehen. Nie las ich bei ihm von Unbrauchbaren, blöde Glotzenden oder Keifenden.

Ein dritter Arzt schrieb in unauffälliger Sütterlinschrift, in jede Akte nur ein paar Wörter, Jahr für Jahr, nur die notwendigsten Mitteilungen: Zerreißt. Schlägt. Ruhiger. Verlegt in Einzelzelle. Hyoscin (er gab bei diesem Medikament die genaue Dosis an). Er machte ebenfalls einen u-Haken, aber der gehörte ja auch zur Sütterlinschrift.

Ein vierter Arzt schrieb ähnlich wie der erste in lateinischen Buchstaben, machte aber keinen u-Haken. Er hatte sich als Einziger ganz auf die neue Schrift eingestellt. Auch als es um Leben und Tod ging, als man nämlich in der Berliner Euthanasie-Zentrale über die Meldebögen schon Bescheid bekommen hatte, dass ein bestimmter Patient nicht mehr arbeiten konnte oder eine Patientin apathisch im Bett lag, und die anderen Ärzte mit u-Haken, Girlanden und sachlichen Kurzwörtern noch etwas Gutes von den bald womöglich als lebensunwert Herausgesuchten berichteten, also von der Hilfsbereitschaft eines schizophrenen Patienten, von seinen militärischen Grüßen, seiner Freundlichkeit und Zuverlässigkeit, oder zumindest von seiner

Insichgekehrtheit, dann schrieb dieser vierte Arzt ohne u-Haken: Zu nichts zu gebrauchen, unbrauchbar.

Seine Schrift fand ich in roter Tinte neben jahrzehntealten Eintragungen früherer Ärzte. Deren damalige Aufzeichnungen konnten für die Entscheidung zur Tötung wichtig sein: Denn wenn schon die Mutter Selbstmord in der Anstalt verübt hatte, sah dann nicht die Depression der Tochter, die jetzt auf der Station lag, nach einer ererbten Geisteskrankheit aus? Erblich? schrieb darum dieser vierte Arzt in roter Tintenschrift in die Anamnese von vor 20 Jahren, die, verfasst in ordentlicher Sütterlinschrift, am Anfang der Akte eingeheftet war.

Denn um das Erbliche und die familiäre Belastung und den gesunden Volkskörper ging es diesem Arzt wohl, ohne u-Haken bei den Wörtern »Belastung« und »gesunden«.

Alwines Fieber stieg zwei Tage später auf 39,1°. Der Arzt mit dem u-Haken hatte mit der Diagnose einer Influenza recht behalten. Nur mit der Jahreszahl in der Akte irrte er sich: Er trug seine Bemerkung noch unter dem Jahr 1939 ein. Vermutlich hatte er übersehen, dass seine Eintragung vom 24. Februar die erste über diese Patientin im Jahre 1940 war, dass also noch kein Arzt vor ihm etwas Mitteilenswertes an ihr gefunden hatte. Erst bei der nächsten Eintragung, der zweiten und letzten über sie in diesem Jahr, steht in einer ähnlichen Schrift die richtige Jahreszahl: 1940. »5.8.: Sehr verschroben, wird als Hoheit angeredet, brachte einen toten Vogel aus dem Garten, wollte ihn gebraten haben. Schwer beeinflussbar, leicht erregbar.«

Die u's in »aus« und »beeinflussbar« standen nackt, ohne u-Haken, vor mir.

Als ich in der Krankenakte Alwines las, dass sie einen toten

Vogel aus dem Garten der Anstalt hereingebracht hatte und ihn gebraten haben wollte, fast genau ein Jahr vor ihrem eigenen Tod, war mir unheimlich: Es war ja schon August 1940, bald begann das zweite Kriegsjahr. War sie so hungrig? Hielt sie den Vogel für eine Delikatesse? War es ein archaisches Symbol? Das Herz eines Vogels essen statt das Herz eines Menschen? Vermutlich hatte sie den Vogel schon tot gefunden, denn wenn sie ihn erst getötet hätte, wäre darüber in der Akte berichtet worden.

Ich stellte mir einen kleinen Vogel vor in ihren Händen. Einen kleinen Vogel. Denn einen großen Vogel, eine Taube, eine Krähe oder einen Raben hätte der Arzt in seiner Eintragung vielleicht näher bezeichnet. Kannte er den kleinen Sommervogel nicht? Oder wurde ihm der Vorfall nur erzählt, hielt er ihn für krankhaft und absonderlich und darum mitteilenswert? Ein Minuspunkt für Alwine. Denn er war ja der Arzt ohne u-Haken, der Mitleidlose.

Die Perlkönigin hatte vielleicht eine Nachtigall erkannt, eine kleine tote starre Unscheinbare, die sie sich einverleiben wollte. Ich nahm mir vor, das Andersen-Märchen von der Nachtigall an dieser Stelle aus meinem Kindergedächtnis nachzuerzählen. Da ganz genau gehörte es hin. Aber dann habe ich es doch vorher noch einmal gelesen. Zum Trösten. Denn Alwine, die Perlkönigin, ist ja auch ermordet worden. Ein Jahr später.

Gewundert habe ich mich dann doch, als ich beim Wiederlesen anfing zu weinen – fast ein ganzes Leben hatte ich seit dem ersten Erzähltbekommen gelebt – und gar nicht wieder aufhören konnte zu weinen. Nein, ich durfte mich nicht in die Kälte ziehen lassen, in den Ekel vor diesen Erbarmungswürdigen, sondern ich musste mich an die Girlanden in der Schrift halten, an das Erbarmen, die Heiterkeit, an das Angerührtsein vom Leben in seiner ganzen Verrücktheit.

Und ich war erleichtert, dass meine Tränen zu mir zurückgekommen waren wie die Nachtigall zu dem chinesischen Kaiser, denn in den letzten Monaten musste ich mir künstliche Tränen in die Augen träufeln, so trocken waren sie geworden, so ohne Lidschlag erstarrt. Manchmal las und schrieb ich die ganze Zeit. Und so sehr brannten meine Augen.

Die Diener kamen herein, um nach ihrem toten Kaiser zu sehen – ja, da standen sie, und der Kaiser sagte: Guten Morgen! Das war der entscheidende Satz.

Der Kaiser kommt in der Überschrift des Märchens gar nicht vor; es ist allein das Märchen von der Nachtigall, der Nattergallen im Dänischen. Sie ist die Hauptperson. Von ihrem Gesang sind die Leute so beglückt, dass sie sich immer mit Nacht und Gall begrüßen, wenn sie sich treffen, weil ihnen vor Freude gar keine andere Begrüßung einfällt.

Die Märchen-Nachtigall nimmt nichts übel, weder die Gefangennahme im kaiserlichen Garten noch die Ausweisung aus dem kaiserlichen Reich, als sie schon daraus geflohen war, auch nicht die Zurücksetzung gegenüber der künstlichen Nachtigall, ihrer juwelenverzierten Nachbildung, die immer zur Verfügung stand und auch immer singen konnte, bis, ja, bis sie kaputtging. Erst als der Kaiser einsam und sterbenskrank in seinem Palast liegt und die Nachtigall davon erfährt, kommt sie zurückgeflogen, setzt sich vor sein Fenster, singt für ihn und rettet ihm damit sein Leben.

Und der Tod, der schon beim Kaiser am Sterbebett saß, gibt freiwillig alles zurück, was er ihm schon genommen hatte, nur weil er weiter ihrem sehnsuchtsvollen Gesang lauschen möchte.

Der Kaiser würde sie zwar ganz gern wieder einsperren lassen, aber sie möchte freiwillig kommen und wieder wegfliegen dürfen: Da will ich des Abends auf dem Zweige hier bei deinem Fenster sitzen und dir etwas vorsingen, damit du froh werden kannst und gedankenvoll zugleich. Ich werde von den Glücklichen singen und denen, die da leiden, verspricht sie ihm.

Der mächtige Kaiser von China muss wohl oder übel mit ihrer Bedingung einverstanden sein, ihr sogar versprechen, dass er niemand etwas von ihr erzählt, und wird noch in dieser Nacht ganz gesund. Und dann fliegt die Nachtigall wieder fort zu ihren grünen Wäldern.

Beim Lesen des Märchens in der Ausgabe der Dieterichschen Verlagsbuchhandlung von 1953 fiel mir zum ersten Mal eine Fußnote auf: Im Dänischen eignet sich das Wort für Nachtigall, also Nattergallen, für ein Wortspiel: Gall bedeutet nämlich verrückt.

Gall nimmt vier Buchstaben in der Nattergallen ein. In ihren übrigen Buchstaben ist nichts Verrücktes. Aber eine Nachtigall wird sie nur mit dem Verrückten in sich. Sonst wäre sie nur eine Nachti oder eine Natter. Und wer will die schon singen hören?

Alwine, die Perlkönigin, hatte in jungen Jahren draußen im normalen Leben als sehr begabt gegolten: Sie lernte leicht, hatte ein heiteres Temperament und wurde sogar Filialleiterin eines Modegeschäfts.

Als sie 22 Jahre alt war, verlobte sie sich. Aber dann wurde die

Verlobung aufgelöst, und ein Jahr später war es aus. Vielleicht hatte der Verlobte ihre leichte Erregbarkeit nicht ertragen oder sich an ihren merkwürdigen Reden gestört? Seitdem war es mit ihr anders, wie sie selbst spürte.

Aber vier Jahre lang konnte sie noch arbeiten, allein in ihrer Wohnung leben und für sich sorgen.

Danach musste die inzwischen 27-Jährige ihre Arbeit aufgeben, und all ihre Versuche mit neuen Anstellungen schlugen nach kurzer Zeit fehl. In den nächsten vier Jahren, fast den ganzen Ersten Weltkrieg hindurch, bis zum April 1917, kümmerten sich eine ihrer Schwestern und deren Mann um sie, bis es auch zu Hause nicht mehr mit ihr ging und der Schwager die 31-jährige Alwine schließlich in der Nervenklinik vorstellte. Es war die Großherzogliche Heil- und Pflegeanstalt Geinsheim bei Rostock, in der der berühmte Professor Kleist arbeitete.

Alwine J. empfing den Aufnahmearzt in heiterer Stimmung und mit scherzhaften Bemerkungen an ihrem Bett. Sie erzählte ihm von ihren Erscheinungen und glaubte, es hätte sich ein Bund gegen sie gegründet, der sie verfolgte. Sie sei überhaupt alles, sagte sie dem Arzt, denn sie sei die Perlkönigin, trage das Christkind bei sich, und die ganze Welt verfolgte sie. Sie sei die Schneekönigin, Schneewittchen mit den goldenen Schuhen und auch eine verwunschene Prinzessin.

Eigentlich wollte sie ja Liebknecht heiraten, denn der werde die ganze Welt erlösen. Und Breiguste, grot Berta, Lüttwiese sei ihr Name. Breiguste ist der deutsche Michel, grot Berta sind die großen Taten, die wir errungen haben, und Lüttwiese ist die neue Zeitrechnung, die wir bekommen werden.

In Russland sollte in ein paar Monaten die Oktoberrevolution stattfinden.

Der Aufnahmearzt fragte Alwine nach dem Unterschied zwischen Fluss und Teich. Den wusste sie.

Dann sollte sie das Sprichwort »Morgenstund hat Gold im Mund« erklären: »Das sind die, die uns den Sieg schaffen.«

Dann fing Alwine wieder an zu singen, sich für die Vorgänge im Krankensaal zu interessieren und mit Worten zu spielen. Sie hörte Engelsstimmen, fühlte sich von ihnen hypnotisiert und hielt sie für die himmlischen Heerscharen. Aber sie wusste, wo sie sich befand, und kannte auch das Datum.

Zeitlich und örtlich orientiert, notierte darum der Aufnahmearzt. Außer der Erkrankung des Vaters an Epilepsie fand er keine familiäre Belastung mit Nervenkrankheiten. Außer ihr waren alle sieben Geschwister gesund.

Beim ersten Abendbrot warf Alwine den Krankenhausteller in den Saal und rief, sie sei doch Schneewittchen, sie müsse doch von einem goldenen Teller essen.

Vielleicht hatten Schwester und Schwager sie deshalb in ärztliche Behandlung gebracht, denn der Erste Weltkrieg dauerte schon das vierte Jahr.

In der ersten Nacht in der Klinik war sie außerordentlich unruhig, ganz besonders in den frühen Morgenstunden: Sie ging an andere Krankenbetten, riss die Kranken heraus und beschimpfte sie in derber Weise. Darum wurde sie in eine andere Abteilung verlegt.

Nach sieben Tagen in manischer Unruhe begann Alwine am achten Tag sehr zu weinen, denn sie wollte nicht mehr in der Anstalt bleiben.

Weitere fünf Tage vergingen.

Nach 12 Tagen erschien sie dem berichtführenden Arzt plötzlich sehr gereizt, ausfallend und schnippisch. Sie beklagte sich über ihn: Die Medizin und das Essen hätten sie schon krank gemacht. Der mache sie zusätzlich krank. Die Zustände in der Anstalt seien schlimm, sie wolle sie der Öffentlichkeit unterbreiten und müsse sofort einen *Process* führen.

Dann sang und lachte sie wieder eine ganze Woche lang, verneigte sich abwechselnd nach links und rechts, zog die Haare über das Gesicht, tänzelte in Menuettschritten hin und her, sang Redensarten nach bekannten Melodien und nahm von der Anwesenheit des Arztes keine Notiz.

Da sie immer aus dem Bett aufstehen wollte, verordnete er ihr ein Dauerbad. In dem war sie schwer zu halten.

Im Geschwindschritt durcheilte sie ihr Einzelzimmer, machte dabei mit den Füßen Wischbewegungen auf dem Boden und war oft ganz still dabei.

Einen Monat nach der Aufnahme hatte sie sich beruhigt, gab sich aber abweisend.

Der Arzt notierte: »Sie ist nicht mehr bettflüchtig, zeigt aber stereotype, bizarre Bewegungen der Hände. Ihre Stimmung wurde heiter, sie kokettiert und schmollt und ist bisweilen etwas gehemmt. Sonst aber reich an Bewegungen bizarrer Art.« Die Bewegungen, notierte der Arzt nach einem Monat, sind vollständig zurückgetreten, in ihren Reden *bot sie nichts Auffallendes,* auch keine *Ideenflucht.*

Sie konnte sogar über ihre unruhigste Zeit Auskunft geben: Es sei ihr wie im Traume gewesen, sie habe sich etwas besinnungslos dabei gefühlt und oft Flimmern vor den Augen gehabt.

Dabei habe sie Engel gesehen, auch ihre Nichten und Hühner, ganz deutlich Tauben. Stimmen hätte sie aber keine gehört, nur immer Ohrensausen verspürt.

Bald erschien sie dem Arzt wieder gereizt und abweisend. Sie fühlte sich in der Anstalt tyrannisiert, erzählte aber gleich danach in heiterer Laune, dass sie über und neben sich Stimmen ihrer Verwandten gehört und sich mit ihnen unterhalten hätte: über Kultur, Politik, Völkerleben und Religion.

An den Bäumen im Park sehe sie Gestalten hängen, und alles würde von einem Scheinwerfer beleuchtet.

Ein paar Tage später berichtete Alwine dem Arzt, ihre Angehörigen hätten ihr bei einem Besuch erzählt, der Vater lebe wieder. Und der Vater sei auch da gewesen. Jetzt höre ich, das ist ihr so eingeimpft, hätte der Vater gesagt.

Der Herr Sanitätsrat wäre auch da gewesen.

Alwine glaubte, einige ihrer persönlichen Sachen in der Anstalt gesehen zu haben, die Wärterinnen zum Beispiel trügen ihre Strümpfe.

Es ist hier alles so zusammengehext, man weiß nicht, was eigentlich die Wahrheit ist.

Der Arzt fand ihren Gesichtsausdruck bei diesen Worten unnatürlich geziert.

Nach insgesamt acht Wochen geriet Alwine wieder in große Erregung und wurde deshalb in die Unruhigenabteilung verlegt. Dort fühlte sie sich durch die Oberin beeinflusst, schrie plötzlich auf und sprach laut durch den ganzen Saal. Sie fühlte sich aufgereizt: Es beginne mit Kopfschmerzen, das Gehirn dehne sich, oben werde der Schädel weich, und das Gehirn trete nach oben aus. Ein starker Brandgeruch belästige sie.

Am nächsten Tag verspürte Alwine an verschiedenen Körperstellen Schmerzen, war dann wieder heiter, sang viel und machte sich an ihren Haaren zu schaffen. In der Unterhaltung mit dem Arzt schien sie abzuschweifen und wiederholte oft einen Satz in englischer Sprache. Sie fand die Luft zu scharf und meinte, daher nicht atmen zu können. Zugleich drückte die Luft an ihren Hals – und sie zeigte dabei auf die Schilddrüsengegend –, sodass sie immer schlucken musste. Es lag ihr wie eine Kugel im Hals, klagte sie, das käme durch die Spielereien der Herren. Sie meinte die Ärzte.

Am 4. August 1917 (auf den Tag genau 81 Jahre später las ich ihre über Jahrzehnte verschlossene Krankenakte) war Alwine zeitweise sehr laut und in ihrer Stimmung meist heiter. Sie sang und kreischte. Man hätte ihr Krämpfe gemacht, rief sie, weil man sie an eine Kette gelegt und ihr den Mund versperrt hätte. Sie sei zum Wiederkäuer gemacht worden durch eine Medizin, und das ginge doch nicht. So viele Irrendörfer gebe es nicht. Sie sei durch Personal im Flur und durch elektrische Ströme, die von der Decke herabgefallen seien und gebrannt hätten, krank gemacht worden. Vielleicht sei das im Sinne der Dogmatik.

Hören Sie Stimmen?, fragte ein Arzt sie einmal.

Das werden Sie wohl besser wissen, antwortete sie ihm, was wollen Sie überhaupt hier? Sie sind mir gar nicht vorgestellt worden.

Am 8. September 1917, es war noch im Ersten Weltkrieg, blieb Alwine in heiterer Stimmung im Bett und erklärte sich für die Königin Luise geb. Alwine …

Am 9. Oktober 1917 wiederholte sie immer die gleichen Worte im gleichen Tonfall: Ich bin, ich bin, ich bin.

(Gerade als ich in ihrer Krankenakte lesen wollte, was Alwine an diesem Tag noch sagte, hörte ich hinter mir im Lesesaal des Bundesarchivs eine Frau mit heftigem Schluckauf kämpfen. Sie versuchte, ihn zu unterdrücken. Es war die Blonde mit dem zusammengebundenen Nackenhaar, ganz in Schwarz gekleidet, mit zusammengeknoteter Jacke über der Hüfte. So wie ich vor 38 Jahren, hatte ich gedacht, als ich sie zum ersten Mal sah. Wie überhaupt das Arbeiten zwischen all den konzentrierten, schweigenden Leuten in diesem Raum mir die Jugend gab, nach der ich mich damals, als ich jung war, mit großem Schuldgefühl gesehnt hatte, nach einer Jugend ohne Korsett, unbelastet von familiären Verpflichtungen. Stattdessen wartete ein kleines Kind, das ich täglich in der Kinderkrippe abholen musste, sein Vater wartete, hatte mein Vorlesungsverzeichnis, meinen Seminarplan und den S-Bahn-Fahrplan zu Hause an die Staffelei genagelt und empfing mich vorwurfsvoll, wenn ich mit unserem kleinen Kind später, als er es sich ausgerechnet hatte, aus der Kinderkrippe, aus dem Kindergarten und vom anschließenden Einkauf kam, weil das nicht nur den Beginn des Abendbrots verzögerte, das ich ihm zu machen hatte, sondern auch die Frage aufwarf, wo ich gewesen war. Warum hatte ich nicht die S-Bahn 20 Minuten eher bekommen? – Ich sagte der jungen Frau mit dem Schluckauf, dass sie nur aus dem Wasserhahn etwas trinken müsse, etwas warmes Leitungswasser, am besten aus den hohlen Händen, um dem Zwerchfellkrampf zu begegnen. Mir wäre das in ihrem Alter auch einmal so gegangen, sagte ich, erzählte aber nicht, bei welcher Gelegenheit: Auf dem Weg in die Komische Oper in Berlin-Mitte hatte ich nämlich zusammen mit einer älteren Frau und einem Kind die Friedrichstraße überquert. Die

Frau hatte kurze weiße Haare und einen ausrasierten Nacken. Dann wandten sich die beiden nach links, um nun, so wie ich es auch vorhatte, die Straße Unter den Linden zu überqueren. Es war eine Großmutter mit ihrer Enkelin, denn das Kind sagte Oma zu ihr. Die Straße war ziemlich schwach befahren. Ich wollte den Lkw noch abwarten, der sich von links mit ziemlichem Tempo näherte, mit einem holpernden Geräusch, so als ob er einen leeren Anhänger zog. Als der Anhänger – der Lkw hatte also wirklich einen Anhänger – vor uns war, sah ich in meinem rechten Augenwinkel die Frau durch die Luft fliegen. Dann schlug sie auf dem Asphalt auf. Das Kind lief hinterher und hockte sich daneben. Es war vollkommen unverletzt. Sie musste es sofort losgelassen haben. Aus dem Kopf der Frau quoll etwas. Blut war es nicht. Es schien mir hellgrau. Der Lkw-Fahrer bremste, lief in den nächsten Laden, wohl um den Notarzt zu rufen. Ich streichelte das Kind, dann führte ich es auf den Bürgersteig und bat es, dort stehen zu bleiben. Ich wollte mich auf die Straße vor seine Großmutter stellen, damit niemand sie überfuhr, aber dem Kind sagte ich: Bis der Krankenwagen kommt. Der Fahrer kehrte zurück. Die Frau war, wie er in seinem Rückspiegel bemerkt hatte, gegen den Anhänger gelaufen. Sie hatte diesen Anhänger wohl nicht erwartet, nicht auf das holpernde Geräusch gehört und sich darum im entscheidenden Moment nicht nach links, sondern nach rechts unten zu ihrer Enkelin gewandt. Es gab Zeugen, die noch warteten, bis die Polizei kam. Eine andere Frau kümmerte sich inzwischen um das Kind, das starr, an die Schaufensterscheibe gelehnt, verharrte. Später, auf meinem Platz in der Oper, saß vor mir eine Dame mit kurzen weißen Haaren und ausrasiertem Nacken.

Die Frau von der Straße konnte es nicht sein, denn sie hatte ja eben noch tot vor mir auf dem Asphalt gelegen. Um mir zu beweisen, dass ich nicht träumte, nahm ich eine Konfektschachtel, die mir eine Patientin geschenkt hatte, aus meiner Handtasche und steckte mir eine Weinbrandbohne in den Mund. In diesem Moment begann mein Erstickungsanfall, mitten in einer Arie. Eine Fremde, vielleicht war es eine Ärztin, brachte mich hinaus und half mir, wieder zu atmen. – Da kam die junge Frau von der Toilette des Bundesarchivs wieder zurück und machte vergnügt das Victoryzeichen, weil sie keinen Schluckauf mehr hatte. Später, in einer Kaffeepause draußen, erzählte sie nur, dass sie aus Italien stammte, schon ihre Dissertation geschrieben hatte und nun in verschiedenen deutschen Archiven nachlas, wie das Deutsche Staatstheater 1936 zur Olympiade die *Orestie* vorbereitete. – Kaiserin Alwine Victoria, las ich, hatte Alwine an diesem Augusttag vor 81 Jahren immer wieder gesagt. Meine Erinnerung an den Tod auf der Straße schrieb ich im Archiv in meine Auszüge aus Alwines Akte. Und gerade als ich bei dem Wort Victoria war, machte die junge Frau das Victoryzeichen. Nein, es war umgekehrt: Ich hatte gerade im Laptop das vergnügte Victoryzeichen beschrieben, und die junge Frau hatte mich mit dieser übermütigen Bewegung an den Geiger Nigel Kennedy in der Fernsehübertragung seines Konzerts erinnert: wie er nach der Bachsonate den Applaus entgegennahm. Ihr und ich, sagte sein Blick, habt eben gehört, was Musik ist, und ich kann das außerdem noch spielen. Dieser kleine struppige verschwitzte unkonventionelle Mann, ein Baumwolltuch um den Kopf wie ein Pirat, war auch so ein Gefäß für etwas Wunderbares. *Zur Ehre Gottes* hatte Bach auch unter diese Komposition geschrieben. Wie immer am Schluss. Aber gerade, als ich Nigel Kennedys Victoryzeichen beschreiben wollte, las ich: Kaiserin Alwine Victoria, Kaiserin Alwine Victoria, Kaiserin Victoria Luise.) Alwine sprach so schnell, dass (der Arzt schrieb dieses Wort mit drei s, gleichsam in einer Lautmalerei) er sie kaum verstand. Auch drei Tage später sagte sie immerzu: Ich bin, ich bin, ich bin, ich bin Kaiserin Alwine Lise, Lise, Kaiserin Alwine Lise, Kaiserin Alwine, sehr gut, sehr gut, sehr gut, sehr gut. Dabei zeigte sie einen Ring vor: Ein Ring, ein Ring, ein Ring, ein goldener sogar, ein goldener Ring, ein goldener Ring. Dann zeigte sie einen Schlüssel.

(Da fielen mir die Augen zu nach siebenstündigem Aktenlesen. Draußen war es heiß, und im Archiv-Lesesaal arbeitete eine Klimaanlage, weshalb die Fenster geschlossen blieben. Ich ging hinaus, holte mir aus meinem Schließfach die 2-Liter-Flasche mit schwarzem Tee von zu Hause und setzte mich vor den bodentiefen Fenstern des Lesesaals auf eine Parkbank. Sie war nicht nass, was mich sehr wunderte, denn soeben hatte es vom Himmel geradezu geschüttet. Auch das Gras und der märkische Sand vor mir waren trocken, nur hinter mir auf dem Asphalt der Straße hatten sich Pfützen gebildet. Eine Mitarbeiterin des Archivs trug eine Akte an mir vorbei, die sie waagerecht trug. Sie sah mich freundlich an und fand es schön, dass ich im Gegensatz zu ihr so ruhig in der Sonne sitzen konnte. Hatte es nicht soeben in Strömen geregnet? Ich hatte es doch aus dem Lesesaal gesehen, und nun war alles so trocken?

Der Wind und die Sonne, die schaffen das schnell, meinte die Frau im Vorübergehen.

Ich darf über allem nicht vergessen, dass es den Wind und die Sonne gibt, dachte ich.

Dann kam der Bärtige, der über die Versicherungswirtschaft der Nazis promovierte, nur im Bioladen kaufte und mich gefragt hatte, ob man vom Schreiben leben könne, denn mit seinem monatlichen Stipendium von 1500 DM müsse er auf seine Rücklagen zurückgreifen. Und er habe ja noch zwei Jahre Arbeit bis zum Abschluss der Dissertation. Ich fand 1500 DM im Monat sehr viel.)

Als ich in das klimatisierte Archiv zurückkehrte, wartete Alwine, die Perlkönigin, noch immer am 9. Oktober 1917 auf mich mit ihren vielen miteinander verhakten Wörtern: Ein Schlüssel, ein Schlüssel, ein Schlüssel, Himmelsschlüssel, Schlüsselblume, es kann geschrieben werden, werden, werden, werden, Durchlaucht, Durchschlaucht, Durchlaucht, so nenne ich mich, nenne ich mich, Durchlaucht nenne ich mich, an den Prinz, Prinz von (der Arzt setzte ein Fragezeichen), Prinz von, ich bin noch mehr, ich bin noch mehr, bin noch mehr, Freifrau, Freifrau, Freifrau, Freifrau, es soll dies eine Idiotenanstalt sein, Idiotenanstalt oder was, Genesungsheim, ich weiß, ich weiß, ich weiß, ich weiß, gewiss, gewiss, gewiss, gewiss, gewiss, eben, Ebenholz, Durchlaucht, Schnittlaucht.

Erst ein Vierteljahr später, am vorletzten Tag des Jahres 1917, trug der Arzt wieder etwas in Alwines Krankenakte ein: Mit leichtem Fieberanstieg Durchfälle, die aber nach einigen Tagen wieder abgeklungen waren.

23 Jahre, sieben Monate und einen Tag hatte Alwine noch zum Leben und musste bis dahin ununterbrochen hinter Gittern bleiben.

An einem Märztag des nächsten Jahres, 1918, rief Alwine viele Stunden: Ich bin Kaiserin Alwine Victoria Luise, ich bin Kaiserin Alwine Victoria Luise. Ich bin eine Köni-, eine Köni-, Königin, ich bin sogar eine Köni-, Köni-, Königin, Vater und Mutter sind Kaiser und Kaiserin.

Nach drei Tagen, am 8. März 1918, fühlte sich Alwine durchaus als Kaiserin: Als sie die Krone auf dem Knopf der Uniform des Arztes sah, fragte sie, ob es ihm denn erlaubt sei, eine Krone zu tragen ohne Würde. (Später haben in der DDR an diesem Tag, dem Internationalen Frauentag, immer die Männer mit umgebundenen Schürzen ihren Kolleginnen Kaffee eingegossen, sogar die Chefs. Durch diese Einmaligkeit im Jahr war der Effekt größer.)

Was nennt man Preiselbeeren und Kronsbeeren? Was spricht Aida von der Bühne? Was sagt Carmen?, fragte Alwine den Arzt, um ihm Rätsel aufzugeben. Dann verbat sie sich, von ihm mit Sie angeredet zu werden. Sie verlangte stattdessen, dass er sie in der dritten Person anredete.

Ihre Sätze waren trotz ihrer Merkwürdigkeit meist grammatikalisch richtig: Können Sie mir eine Übersetzung bringen von »Bürgschaft« und »Glocke«, wenn man Grünspan am Ofen hat, auch auf Kupfer?

Eines Tages prüfte der Arzt Alwines Rechenfähigkeit: 3 + 9 konnte sie richtig zusammenzählen, aber sie hatte große Schwierigkeiten, Zahlenreihen konzentriert nachzusprechen. Wenn er sagte: 714386, dann behielt sie nur 7148, seine 583 920 sprach sie richtig nach, behielt aber von seinen 193438 nur 438. Sie fuhr dann von sich aus fort: Oder sollen vielleicht 0, nix, das ist ein undefinierbarer Gedanke für mich – jetzt kommen wir auf Kosmetik – Kosmetik ist ein Name von mir – Graf von Stenz sehr bekannt – hat meiner Schwester Kochen gelernt.

Alwine hatte dabei eine ausgesprochene »Ideenflucht«, wird in der Akte beschrieben, sie war ablenkbar und sprach den Arzt auf seinen bayrischen Dialekt an, indem sie an das Wörtchen nimmer anknüpfte. Zwischendurch sprach sie auch englisch: Von Ihnen will ich nicht bedient werden, das sage ich in meinem und in Fräulein Schwiebkes Interesse. Ich habe ein Recht auf ganz Europa. An Mecklenburg störe ich mich nicht. Hier bin ich in einer Idiotenanstalt und habe schon ein Recht, wegen meiner Gesundheit, mich …

Verlassen Sie das Lokal, rief sie und sang laut und gellend nach bekannten Choralmelodien: Eine Liebe, eine Liebe, mit einem lieben, lieben und noch viel genannt, viel genannt mit Frau Prof. Wa. (das war in der Akte vom Arzt so abgekürzt) und auch noch viel genannt mit Frau Prof. R.

Bei einer Visite fragte Alwine den Arzt: Wo ist mein hoher Gemahl?

Sie wollte mit Majestät angeredet werden, fuhr einer anderen Frau plötzlich in die Haare, als die sie mit ihrem richtigen bürgerlichen Namen anredete, und verfiel dann wieder in Babysprache.

Elf Tage später sprach der Professor der Klinik mit ihr. Ihm gegenüber war sie zugänglich und bezeichnete ihn richtig als solchen, protokollierte der Stationsarzt.

Sie blätterte während des Gesprächs mit ihm in einem Buch, las bald auf dieser, bald auf jener Seite ein einzelnes Wort, mit vielem parakinetischen Mitbewegen der Hände, und sprach dabei von »Staatstum«.

(Kuck mal, voll die Fische, hatte das Mädchen mit den roten Haaren zu ihrem tätowierten Freund gesagt, an der Badestelle in der Nähe des Restaurant-Kahns »Alte Liebe« an der Havel, als um ihre Beine Fische schwammen. Das darf sie, ohne dass sie in die Psychiatrie kommt, dachte ich damals, nachdem ich die vielen distanzierten Beobachtungen in den Psychiatrieakten gelesen hatte, und sah den beiden Vergnügten hinterher.) Warum machen Sie an der Seite immer Striche mit Ihren Nägeln?, fragte der Professor, als er Alwine beim Blättern im Buch beobachtete.

Da antwortete sie: Ich habe Zeichen und Wunder zu lehren. – Haben Sie auch eine Terrasse? – Ist das eine Beeidigung? – Dann sage ich nur Euer Durchlaucht. Ein Fürst wird nur – ich werde es nur anführen, auch von Herrn Dr. Brunnengräber – Ich muss mit der Mathematik bezeichnen.

Der Professor fragte sie: Sind Sie die Kaiserin Victoria Luise? Das sind Namen, Namen, Namen über Namen, Herr Professor, antwortete Alwine, holte ein anderes Buch hervor und fuhr mit dem Ankreuzen fort.

Ihr Ankreuzen bezeichnete sie als »Abrechnen für Mathematik«.

Auf die Frage, ob sie Modistin sei, lächelte sie und redete von einer verwunschenen Prinzessin: Ich war bereit, Carola, der Name wird bekannt sein. – Kennst du das Land, wo die Zitronen blühn … das ist nur für mich, das ist Lyrik … dann verrechne ich das mit Gehlsheim.

Bei der nächsten Visite blinzelte sie die Ärztin an und sagte: Wer sind Sie eigentlich, Sie haben hier nichts zu suchen, machen Sie, dass Sie rauskommen.

Am 12. Oktober 1918, mit 32 Jahren, ein Jahr nach ihrer Einlieferung in die Klinik Gehlsheim, wurde Alwine entmündigt. Sie heiße Augusta Luise von Blau, erklärte sie dem Richter, ihr Vater sei schon als von Blau gestorben. Sie sei das Höchste über Kaiser und Reich und Amtsgericht und so weiter.

Dabei fragte sie den begleitenden Arzt, ob sie ihm eine um die Ohren hauen solle. Von der Entmündigung selbst nahm sie keine Notiz.

Zwei Wochen später rief sie zornig, der Arzt wolle sie morden, sie solle umgebracht und durch Schlangen getötet werden. Täglich küsste sie ihm aber die Hand und streichelte sie. Nachts war sie sehr unruhig, einmal zerschlug sie Fensterscheiben, ein anderes Mal brach sie einen Türdrücker ab, dann wieder sang sie in schrillem Tonfall in immer der gleichen Melodie sinnlose Worte und erhob dabei die Stimme auf einem beliebigen Wort.

Dann war in der Welt draußen der Erste Weltkrieg für Deutschland verloren und aus.

Anfang des Jahres 1919 bat Alwine täglich um eine Spritze mit Opium, beschuldigte den Arzt, er wolle sie abschlachten. Sie lachte dabei. Als der Arzt sie auf diesen Widerspruch aufmerksam machte, antwortete sie: Nein, wenn Sie mein Bräutigam sein wollen, darf ich doch nicht traurig sein.

Eines Tages fragte der Arzt seine Patientin nach ihren Lebensplänen.

Sie wollte in ihre Heimatstadt zurück und ihren Haushalt führen, antwortete sie ihm.

Ob sie die Königin Luise sei, wisse sie nicht.

Das müssen Sie doch wissen, sagte er.

Darauf sie: Ich kann nur das Vaterunser.

Wo steht es, dass Sie Königin Luise sind?, beharrte der Arzt.

Das soll ein Arzt oder ein Jurist sein. Sind Sie Herrn Weiß' Sohn?, fragte sie ihn, und darauf: Warum kamen Sie ins Krankenhaus?

Dann bin ich eine alte Jungfer – nein, ich bin eine Lehrerstochter, antwortete sie und dann: Ich weiß, dass uns keiner zwingen soll, dass wir heiraten nach dem Bürgerlichen Gesetzbuch.

Sie hielt diesen Arzt für ihren *erlauchten Gemahl*. Dann brach ihr Gedankenfaden ab: Nachbarn von Kempe, das sind nicht meine Angelegenheiten.

Eines Tages bat der Arzt sie um die Erklärung des Sprichworts »Der Apfel fällt nicht weit vom Stamm«. Alwine antwortete: Das könnte man vielleicht auch so sehen, wie man mir doch gegenüber gewesen ist, dass ich vielleicht oft genug dazu getrieben bin. Und auf seine Bitte, das Sprichwort »Der Krug geht so lange zum Wasser, bis er bricht« zu erklären, äußerte sie: Man soll andere nicht beleidigen. Man kann aber recht machen, und wenn man unschuldig ist.

Der Arzt fragte sie, wer Bismarck war.

Vielleicht ein Schneider Levknecht aus einem Kriegerverein?

Dann fragte er sie nach Goethe.

Nein, das bin ich nicht. Ich weiß nur, dass es ein Bürgerliches Gesetzbuch gibt.

Dann forderte er sie auf, Blumen zu nennen.

Shakespeare – was für Blumen? – aber dies – Cherry – (Blumen aufzählen, erinnerte sie der Arzt) Kraniche des Ibykus – Prinz Eugen – Kreuzzüge 1813 – nein 1870 – 7 – Eleonore. Ein paar Tage später begrüßte sie den Arzt bei der Visite mit den Worten: Guten Tag, Herr Professor, was macht Ihre Zuckerfabrik?

Und wiederum zwei Tage später schlug sie plötzlich eine Scheibe ein.

Einmal sollte sie den Unterschied zwischen Apfel und Birne erklären.

Dass Menschen sich nicht vertragen können in der Nachbarschaft, wenn man so geärgert wird, kann man sich nicht beherrschen.

Man hielt ihre Erkrankung für eine Katatonie mit vielen schizophrenen Zügen in vorwiegend erregter Form, die mit einem Stupor wechselte und besonders im Beginn ein manisches Zustandsbild bot.

Aus Gründen, die nicht in der Rostocker Krankenakte stehen, wurde Alwine im Januar 1919 in einem Schub von fünf Kranken in die Schweriner Heil- und Pflegeanstalt auf dem Sachsenberg überführt. Vielleicht konnte man in der Rostocker Klinik nichts mehr für sie tun, nachdem die Diagnose feststand und nur noch eine Dauerunterbringung in einer Heil- und Pflegeanstalt für sie möglich erschien.

In der Schweriner Anstalt blieb Alwine nun ununterbrochen bis zu ihrer letzten Fahrt in den Tod, 22 Jahre und sechs Monate später.

Auch hier war sie laut. Sie nannte sich Königin Luise, warf Scheiben ein, kam deshalb immer wieder in ein Einzelzimmer, warf mit Geschirr, verschüttete ihren Kaffee, zerbrach Becher, schlug Mitpatienten, beschmierte das Zimmer mit Speisen, sang laut und zerriss, steht in der Krankenakte.

Wen sie schlug und was sie zerriss, schrieb niemand mehr in die Akte.

Sie entleerte sich einmal ins Essgeschirr, ruinierte die Bettstelle, zerriss die Matratze und beschmierte ihr Zimmer mit Kot. Und sie erkrankte an schwerem Typhus.

Kaum war sie genesen, schlug sie mit einem Messer Scheiben ein, schimpfte zum Fenster hinaus, wurde drohend gegen die Wärterin, schlug eine andere Kranke, zerschlug den Nachttisch, tobte nachts in der Bettstelle, nahm der Wärterin heimlich die Schlüssel fort und schloss sich ein. Als ihr Zimmer dann von außen geöffnet wurde, schlug sie drei Scheiben ein. Beim Besuch eines Onkels war Alwine sehr erregt, zerschlug danach Geschirr und bewarf die Wände mit Kot, verschüttete ihr Essen und warf mit Brot. (An diesem Tag wurde meine Großmutter 32 Jahre alt, aber Alwine war drei Jahre älter als sie. Alwine könnte meine Großmutter sein, die vorvorige Generation.)

Auch den nächsten Besuch ein paar Tage später schlug sie.

Am 20. Dezember 1919, vier Tage vor Heiligabend, beschmierte sie die Fenster mit Kot. Über 21 Jahre in der Schweriner Anstalt lagen noch vor Alwine, als sie am 7. Januar 1920 erregt und ganz verwirrt war, ihre Umgebung verkannte, offenbar lebhaft halluzinierte und mit einem Becher warf. (Das war eine Woche nach Silvester, später mein Geburtstag, darum weiß ich, dass man eigentlich noch voll Weihnachtsweichheit und sieben Tage alter Neujahrsvorsätze ist. Manchmal fällt Schnee in dieser Zeit und gibt der Welt einen Anfang und eine Gleichmäßigkeit, so als ob man alles hinter sich gelassen hätte, als ob alles vergeben wäre, als ob man alles mit alter Erfahrung, aber ohne Schuld, noch einmal versuchen dürfte.)

Ein einziges Mal schrieb in diesem Jahr ein anderer Arzt etwas in die Akte, in einer kleinen, fast unleserlichen runden verzierten Schrift, vor und zurück wiesen seine Buchstaben.

Alwine wollte sich nicht mit ihrem Familiennamen anreden lassen, schrieb er, denn: Das sei Majestätsbeleidigung. (Hat sie vielleicht vorher und nachher auch Wünsche geäußert, und es hat nur niemand aufgeschrieben?)

Schon zehn Tage später ging es jedoch in der Krankenakte mit der gewohnten Arztschrift und den kurzen Wörtern weiter: 26.1., schmiert, unzugänglich, laut, aggressiv, 31.1., zerreißt Hemd, 9.2., dauernd verwirrt, erregt, schimpft, ganz unzugänglich, halluziniert, bricht in ihrer Zelle das Gitter aus. (Das geschah am Vortag ihres 36. Geburtstags.)

An einem Morgen, als sie sich unbeaufsichtigt im Waschsaal aufhielt, schlug sie sechs Scheiben ein. Auch dieses Mal wurde sie wieder im Gitterzimmer isoliert. Und auch diesmal schlug sie dort die anderen Kranken.

Zwei Wochen später regte sie sich sehr auf, weil eine Mitpatientin auf der Toilette versucht hatte, ihr die Kehle zuzudrücken. Alwine griff daraufhin die Wärterin an und wurde wieder ins Gitterzimmer gelegt. (Ich habe solche Isolierräume während meiner Arbeit in der geschlossenen Psychiatrie in der Charité 1971 auch noch gesehen. Dort lag in dem fensterlosen Raum nur eine Matratze auf dem Fußboden und sonst nichts, womit sich ein Mensch verletzen konnte.) Als Alwine zwei Wochen später, zwei Tage vor Silvester 1920, zum ersten Mal ohne eine begleitende Wärterin auf die Toilette gehen durfte, schlug sie mit dem Schrubber fünf Scheiben ein.

Sie hatte immer noch über 20 Jahre eines solchen Lebens in der Anstalt vor sich.

Als Alwine 38 Jahre alt geworden war, schrieb zum ersten Mal der Arzt mit dem u-Haken etwas in Alwines Akte. Vielleicht war das kurz nach seiner Einstellung, vielleicht hatte er auch zum ersten Mal Dienst auf ihrer Station.

Als Alwine 43 Jahre alt war, beschrieb der Arzt ihre *gellenden, automatenhaften Schimpfparoxysmen:* Ein Mörder führt die Morde auf meinen Räumlichkeiten aus. Ein …

Im Juni sammelte Alwine Blätter im Garten auf: Das sei Pfennigsgeld, sagte sie, und sie wollte es dem Kaiser schicken. Sie schimpfte oft stundenlang in einem einförmigen hohen Tonfall und machte dazu eine stereotype Handbewegung. Gelegentlich teilte sie Backpfeifen an die Nachbarinnen aus. Sie sprach von einem freigeräumten Haus und von vier Scheiben Lebensmittel.

Mit 47 Jahren kratzte sie, biss und spuckte, wenn man sich ihr näherte.

Mit 48 Jahren saß sie wiederum ruhig da, machte Handarbeiten und redete meist mit leiser Stimme vor sich hin. Zuweilen wurde sie erregt und tätlich, gab auf Fragen aber keine Antwort und wurde aggressiv (das ist in der Akte rot unterstrichen), wenn man auf sie einredete. Sie gestikulierte lebhaft und drohte dem Arzt mit der Faust (das beschrieb der Arzt mit dem u-Haken).

Die einzige Eintragung für 1933 stammt vom 5. Januar und ist mit Schreibmaschine geschrieben: Sehr laut und erregt, tobt, nicht ansprechbar, untätig, zerfahren.

(Es gab kein Subjekt mehr im Satz für Alwine, die Perlkönigin.)

Die Geschichte mit der toten Nachtigall ereignete sich im Jahre 1940.

Im Mai des darauf folgenden Jahres begann Alwines Ende:

Sie bekam blutig-schleimige Durchfälle mit hohem Fieber. Sie hatte Ruhr und fühlte sich sehr schlecht. Ihre Erkrankung musste natürlich dem Gesundheitsamt gemeldet werden. Vom Medizinaluntersuchungsamt des Landes Mecklenburg zu Rostock, Abt. I Seuchenhygiene, wurde am 28. Mai 1941 die eingegangene Stuhlprobe und am 6. Juni 1941 die eingegangene Blutprobe begutachtet. Beim ersten Mal wurden Ruhrbazillen gefunden, beim zweiten Mal nicht mehr. Aber der Befund Y 1:400 war rot unterstrichen. Der Arzt mit dem u-Haken hatte diese Erkrankung in der Akte dokumentiert, bis er berichten konnte: Befinden gut, kein Durchfall, hält ihr Zimmer in Ordnung, sitzt im Übrigen stumpf umher.

Aber er hatte allzu viele verhängnisvolle Wörter mit u gebrauchen müssen: Blut, Durchfälle, Ruhrverdacht, Puls, Ruhrbazillen, Seuchenhaus und Gesundheitsamt. Nein, da nützten auch seine beiden letzten harmlosen »gut« und »stumpf« nichts mehr.

Sie kam in ihrem 25. Anstaltsjahr mit dem zweiten Transport in die Tötungsanstalt Bernburg. Alwine, die Perlkönigin, wurde am 1. August 1941 ermordet.

Nur ein Wort

Oft gehe ich, obwohl ich gar nicht katholisch bin, in katholische Kirchen und bleibe auch noch, wenn die Messe beginnt. Ich warte auf das Gebet, das leise murmelnd die Kirche erfüllen wird: Herr ich bin nicht würdig … Das bete ich aber nie mit, etwas sträubt sich in mir, mich als Unwürdige zu bezeichnen, dann folgt etwas Unverständliches, und dann spreche ich leise diese hypnotische, flehentliche, hoffnungsvolle Bitte: Aber sprich nur ein Wort, so wird meine Seele gesund.

Vielleicht beten die anderen alle, die sich richtig bekreuzigen können, einen ganz anderen Text, vielleicht beten sie, dass ihre Seele gesund wird.

Vielleicht ist das der Unterschied.

Ich dachte an die vielen ermordeten Kranken, deren Akten ich gelesen hatte, nur ein barmherziges Wort ihrer Angehörigen hatte sie vielleicht gerettet: Ich doch dein Liebe Frau, schrieb eine Schizophrene an ihren Mann zu Hause, lange bevor sie vergiftet wurde.

Ich habe in den letzten Jahren beim Nachdenken über dieses Buch, beim Schreiben seiner unvereinbaren Teile, beim Immermehr-Mordopfer-Akten-Lesen, beim Fragen, Belehrtwerden, unter dem fast erdrückenden Fluch meiner Fantasie oft in der Ludwigskirche in Berlin-Wilmersdorf gesessen, dem Franziskaner-Mönch zugesehen, der den Altar richtete, gewartet, bis sich die Kirche füllte. Früher waren viele Polen dabei, nun kommen die rheinländischen Beamten mit ihren Familien, für sie ist alles selbstverständlich, und dann betete ich mit um mein Seelenheil.

So schlimm ist es gewesen.

Der erste Transport

Vielleicht war es so: Oberarzt Dr. Alfred L. stand auf dem Balkon des Pflegehauses im ersten Stock, stützte sich auf die Brüstung und blickte auf den Wendeplatz zwischen Eingang und Blumenrondell.

Ein denkwürdiger Tag in seinem beruflichen Leben und auch in der Geschichte der Schweriner Nervenklinik: Der erste Transport von Kranken muss zusammengestellt werden und wird heute mit Bussen abgeholt.

Und dass alle noch an diesem Tag in Bernburg getötet werden, in Bernburg, das ist ja klar. Dieser Tag ist schon etwas Besonderes, mag er gedacht haben.

Kürzlich, in der Wochenschau, hatte Mussolini so dagestanden, nur mit dem kleinen Unterschied, dass hier unten niemand jubelte. Im Gegenteil, hinter seinem Rücken hörte er Protestgeschrei: Victoria, die sich einbildete, immer noch Generalvertreterin für einen bestimmten Feuerlöscher zu sein.

Er gab ihr noch drei Minuten: Wenn sie bis dann nicht Ruhe gibt, setzt es eine Spritze. Sie macht ja sonst hier alle verrückt. Er sah sich um: Im Frauenschlafraum halfen die Schwestern einigen Patientinnen beim Packen. Er hatte ihnen die Namensliste gegeben, und nun mussten einige geweckt werden, weil sie nach den starken Beruhigungsmitteln einfach nicht hochkamen. Nein, heute geht es für dich und für dich nicht in die

Schälküche und für euch beide nicht in die Nähstube. Heute macht ihr einen Ausflug mit dem Bus.

Frühstücken könnt ihr da drin. Ihr fahrt ein paar Stunden. Wohin, wird nicht verraten, eine Fahrt ins Blaue. Eine Überraschung, beeilt euch, nehmt euch etwas Warmes mit, falls es auf der Rückfahrt kühl wird. Ihr wollt euch doch nicht erkälten. Nein, es dürfen nicht alle mit.

Er war vor dem eigentlichen Dienstbeginn gekommen. Es waren ja nur ein paar Schritte von seiner Wohnung hierher, weil er wie die meisten Klinikärzte und Pfleger mit der Familie direkt auf dem Krankenhausgelände wohnte.

So war er am See entlang, am Friedhof und der Kapelle vorbei unter den hohen Bäumen ganz in Ruhe, allein und ohne jemand zu treffen bis in sein Dienstzimmer gelangt und hatte seinen Schrank aufgeschlossen.

Dort lagen die 140 Akten von denen, die heute abtransportiert werden sollten, so, wie er sie gestern hinterlassen hatte. 14 Stapel zu je zehn Akten.

Wegen dieser Akten hatte er gestern nicht pünktlich Dienstschluss machen können, denn als überraschend aus Berlin die Nachricht kam, welche Patienten sie heute früh bereithalten sollten, hatte er sich alle 140 Krankenakten vom Stationspfleger und der Stationsschwester heraussuchen lassen und in jede hineingeschrieben: 18.7.41 Verlegt in eine andere Anstalt. Außen auf jeder Akte musste er das auch vermerken. Und das 140-mal.

Demnach hatte er gestern das heutige Datum 280-mal schreiben müssen.

Das hatte ihm schließlich niemand abnehmen können, denn eine Verwechslung durfte nun wirklich nicht passieren.

Durch das Eingangstor der Nervenklinik sah er die Busse heranrollen, zuerst im Gegenlicht schwarz, aber nun blau aus der Nähe. Nur die Glasfenster waren schwarz gestrichen.

Die Busse hielten direkt vor dem Eingang unter dem Balkon, und die Fahrer und je zwei Helfer in weißen Kitteln und schwarzen Stiefeln stiegen aus und vertraten sich die Beine. Wenn die weißen Kittel der Helfer beim Gehen aufschlugen, sah man sicher, dass ihnen die schwarzen, glänzend geputzten Stiefel bis zum Knie reichten. SS-Männer.

Victoria hatte sich von den Wärterinnen losgerissen und erschien neben ihm auf dem Balkon. Schrie sie »Totenkopfverbrechertum«, als sie die Busse und die Männer sah, wie so oft in den letzten Monaten?

Wenn sie nicht verrückt wäre, hätte man sie schon lange einen Kopf kürzer machen müssen, war sein Gedanke.

Konnten die Pflegerinnen sie bändigen? Mussten sie eine Spritze aufziehen?

Kommen Sie mal hoch in den ersten Stock, rief der Oberarzt vom Balkon herunter zwei SS-Männern zu.

Die Männer wären dann in Laufschritt gefallen, die genagelten Knobelbecher hallten auf der Treppe, schon klopften sie, traten ein, standen innen im Frauenschlafsaal zu beiden Seiten an den Türpfosten.

Halten Sie die Frau mal, befahl der Oberarzt.

Ein geübter Griff, und die schreiende Person konnte gespritzt werden.

Will noch jemand?, rief der Oberarzt den anderen Frauen zu. Er fand, dass auch Auguste, die Zeugin Jehovas, tückisch guckte, die mit ihrer Handtasche in der hinteren Ecke stand.

Das war schon in der Akte vermerkt: Sie war die letzte Zeit erregt und laut und darum ins Einzelzimmer gesperrt worden. Nein, nein, Auguste lehnte starr an der Wand.

Dass Victoria mit ihrem Feuerlöscher-Generalvertretungs-Wahn auf der Liste stand, hatte ihn nicht überrascht: Sie machte ja seit Jahren Eingaben, erstattete Anzeigen und füllte damit ihre Akte. Natürlich verließ nichts davon die Anstalt, und sie bekam nie Besuch von der Familie. Aber dass Auguste schon mit diesem ersten Transport wegkam, wunderte den Oberarzt. Wo doch der Sohn hier in Schwerin beim Militär war, ihre Begnadigung aus dem Zuchthaus erwirkt und sie sogar gegen ärztlichen Rat hier aus der Anstalt nach Hause geholt hatte.

Aber lange hatte der Sohn es zu Hause nicht mit ihr ausgehalten und sie wieder in die Anstalt gebracht.

Nicht einmal an einem so warmen Sommertag dürfen die Männer in Straßenschuhen gehen, dachte der Oberarzt und betrachtete kurz seine Tennisschuhe. Seine leichten weißen Tennisschuhe.

Er war hier zwar nur Oberarzt, noch nur Oberarzt, genauer gesagt, aber tauschen mit diesen Männern? Jeden Tag mit den unruhigen Kranken die vielen Stunden im Bus durch Deutschland? Irgendwann kriegte ja jeder mit, dass das kein Ausflug war. Man konnte sie ja nicht alle am Sitz festbinden.

Wenn die Lebensmittelrationierungen für die Kranken nicht wären und die Nachrichten im Radio über den Krieg in Russland und den Vormarsch der deutschen Truppen auf Moskau, hätte er vom Krieg eigentlich gar nichts gemerkt, dann gäbe es eigentlich gar keinen Unterschied zum Frieden.

An die Front musste er bestimmt nie, wird er sich beruhigt

haben, denn als Verbindungsarzt zur Zentrale in Berlin war er unabkömmlich: Alkoholiker, Schwachsinnige, Hirnverletzte nach einem Unfall, Psychotiker würde es immer geben.

Spät genug heute, dieser erste Transport, in den anderen Anstalten ging es doch schon vor neun Monaten los.

Naja, Mecklenburg, da passierte alles hundert Jahre später.

Bringen Sie die Frauen runter, ich gehe jetzt zu den Männern, sagte er zu den Pflegern und den Transportbegleitern.

Der Morgen war angenehm warm. Der Wind kam von Norden.

Dr. Alfred L. schloss seine Augen, atmete die salzige Luft der Ostsee und hörte auf das Gekreisch verirrter Möwen in den Wipfeln der Parkbäume. Wenn heute Abend nicht die Einladung zum Gauleiter wäre, könnte man direkt an die Ostsee fahren.

Auf dem Rondell vor dem Pflegehaus blühten Rosen. Sie waren lachsrosa. Ideal, dieser Lehmboden, dachte er.

Im Männerhaus roch es nach Urin, denn einige der Patienten machten unter sich, und die Pfleger waren mit dem Bettenbeziehen nicht hinterhergekommen.

Nach Dienstschluss wollte er drei Rosen abschneiden und seiner Frau schenken. Anschließend konnten sie die Rosen dann ja der Frau des Gauleiters mitnehmen. Zwei Fliegen mit einer Klappe sozusagen.

Ja, heute war ein besonderer Tag.

Eigentlich sollte es ja geheim bleiben. Er wusste noch nicht, ob er seiner Frau überhaupt etwas davon erzählen würde. Eine wichtige Etappe, so viel stand fest. Und wenn er dem Gauleiter heute Abend berichten sollte? Dann bat der ihn bestimmt ins Herrenzimmer. Der wusste ja, was das Leben mit Behinderten bedeutet. Denn seine kleine Tochter, geistig schwer behindert, hatte er bei sich zu Haus. Der wird sich hüten, sie herzubringen.

Zwölf Jahre später vor Gericht in Köln, 1953, wird der Oberarzt Dr. Alfred L. gerade mit diesem engen Verhältnis zum Gauleiter Hildebrandt begründen, dass er doch gar nichts gegen geistig behinderte Kinder gehabt haben konnte, denn er behandelte doch die kleine Tochter des Gauleiters öfter zu Hause. Natürlich hat sie den Krieg wohlbehalten erlebt. Ihr Vater allerdings wurde nach dem Krieg hingerichtet, als Kriegsverbrecher.

Vielleicht hat Dr. Alfred L. so gedacht: Mal sehen, was die Patienten sagten, wie sie reagierten, wenn plötzlich 140 ihrer Mitpatienten fehlten.

Und die Kollegen? Was, wenn der wieder anfing, von einer Mörderanstalt zu faseln?

Wie bei den Frauen gab es auch hier bei den Männern natürlich einen Wortführer: Otto. Hielt große Reden. Tat, als ob er den Arzt nicht sah, drehte sich nicht um. Auch nicht, als die anderen Männer, die ihm zuhörten, rückwärts zu ihren Eisenbetten gingen und Haltung annahmen, als der Oberarzt auf sie zukam.

Otto, der Musikdirektor, mit seinen 66 Jahren. Der hatte ja sogar einen Rektor als Bruder. Aber zu Hause haben wollte der ihn auch nicht.

Hilft und arbeitet, hat ihm jemand noch in diesem Jahr, in seinem Todesjahr, in die Krankenakte geschrieben. Er half und arbeitete wirklich, und Klavierspielen konnte er auch. Aber wo sollte er hin? Im Armenhaus würde er verhungern, weil er keine Hilfe annahm. Wo sollte so einer hin? Konnte eigentlich nur unter Aufsicht leben, so wie in dieser Anstalt. Tat ja keinem was. Und dass er vor 10 Jahren den alten Stadtrat bedroht hatte auf der Straße? War eigentlich nur ein Hilferuf gewesen: Gebt mir zu essen, bringt mich unter, sorgt für mich, aber ich will nicht drum bitten.

Warum wohl Otto wegkam? Eigentlich würde bei dem niemand an Euthanasie denken. Das war unter Umständen ein Zeichen, dass mit der Zeit doch ausnahmslos alle Patienten der Nervenklinik der Euthanasie zugeführt werden sollten. Dass in der T4-Zentrale der Begriff des Lebensunwerten doch weiter gefasst wurde, als man das in den geheimen Konferenzen zunächst verstehen konnte. Wenn man sich dort schon für den Abtransport von so einem wie Otto entschied. Aber das Denken sollte man den Pferden überlassen. Die haben den größeren Kopf.

Wer hatte den Meldezettel für Otto eigentlich ausgefüllt? Hatte der den Otto aus Absicht falsch beschrieben, seinen Zustand als besonders unhaltbar dargestellt, damit der bloß nirgends woanders hinkam, eventuell sogar an die Ostfront, damit er wirklich nirgends gebraucht werden konnte, damit er nicht aus der Klinik wegkam? Die anderen Kollegen wussten wohl nicht im Einzelnen, welchen tieferen Sinn das Ausfüllen des Meldezettels für jeden einzelnen Patienten, jede einzelne Patientin hatte.

Wollte derjenige, der den Meldezettel über Otto ausgefüllt hatte, einfach einen so guten Musiker in der Klinik behalten? Hatte der Chef selbst den Meldezettel ausgefüllt? Aber der wusste doch Bescheid.

Das kam davon, wenn man zu viel dachte und sich klüger wähnte als die Zentrale. Dann wurde der Falsche abtransportiert. Müsste man dem Chef bei der nächsten Dienstbesprechung sagen, damit nicht wieder so ein Fehler passierte.

Es sollte überhaupt einen geben, der in der Klinik selbst entschied, wer eine Spritze bekam, so, wie das bisher war, denn wie sollte denn schließlich ein Gutachter in Berlin, nur nach dem Lesen des Meldezettels, eine so weitreichende Entscheidung über Leben und Tod eines Patienten verantwortlich treffen? Der Oberarzt wollte das in der T4-Zentrale gelegentlich zur Sprache bringen und vorschlagen, dass in Zukunft nur einer in der Anstalt die Meldezettel ausfüllen durfte.

Er legte Otto eine Hand auf das dünne Schulterblatt: Sie machen heute eine Busfahrt mit, der Bus wartet schon.

Ich weiß, sagte Otto vielleicht.

Helmuth, der in den letzten Wochen immer häufiger seine epileptischen Anfälle bekam, und Ludwig, der in der letzten Zeit bewegungslos auf dem Gang gestanden hatte, warteten schon am Ausgang des Schlafsaals. Sie nahmen Otto in die Mitte und gingen zusammen zum Bus. Und die anderen aufgerufenen Männer folgten ihnen.

Sie stiegen in die Busse ein, jeder und jede der 140 Kranken hatte einen Sitzplatz.

Die Pfleger und die Krankenschwestern und der Oberarzt Dr. Alfred L. und der Klinikchef und die anderen Oberärzte und die Assistenzärzte und die zurückgebliebenen Patienten und die Sekretärinnen und die Reinigungskräfte sahen den Bussen hinterher, als sie anfuhren. Sie winkten nicht, denn sie konnten niemanden erkennen, weil die Fenster ja undurchsichtig waren. So konnte niemand hinaus-, aber auch niemand hineinsehen.

Eigentlich ein wenig zu viel Aufsehen, dachte der Oberarzt.

Das nächste Mal sollten sie nachts wegkommen. Aber dann konnte man sich die Tarnung mit dem Ausflug sparen. Glaubte dann sowieso keiner mehr.

Das nächste Mal gehe ich so lange weg, dachte der Oberarzt, irgendwohin, die Verlegungslisten müssen genügen. Beim nächsten Transport stehe ich nicht mehr hier. Sieht ja aus, als ob ich die verabschiede, als ob ich irgendetwas mit diesen Transporten zu tun hätte. Nichts habe ich damit zu tun. Ich habe nur die Meldezettel ausgefüllt, habe auf dem Formular vorschriftsmäßig und wahrheitsgetreu eingetragen, was der Kranke für eine Diagnose hat und mit welchen Symptomen, ob und was er arbeitet, ob und von wem er Besuch bekommt, ob er unheilbar ist, nichts weiter. Meldezettel ausfüllen, war die Anweisung. Haben die anderen ja auch gemacht, auch für die Kinder. Was andere damit machten, war deren Sache. Wenn die Gutachter in der Berliner Zentrale die alle heute für lebensunwert hielten, war das deren Entscheidung. So leid es ihm tat.

Vielleicht hat er das beim Zurückbleiben gedacht.

Und die Rosen wollte er jetzt auch nicht mehr schneiden, das konnte am Nachmittag der Pfleger Wilhelm für ihn machen. Wie sah das sonst aus.

Ein komisches Gefühl war es doch, dachte er. Es war das erste Mal, dass es so viele auf einmal waren. So wie es bisher war, dass er es allein in der Hand hatte, ganz genau wusste, wo nichts mehr zu machen war, allein entschied und allein spritzte oder mal dem Pfleger oder der Schwester die Anweisung dazu gab, hatte es ihm besser gefallen. Viele Köche verdarben den Brei.

Frühstück, Herr Oberarzt, rief Schwester Elisabeth.

Sie hatte frisches Himbeergelee gekocht und ihm schon eine Scheibe Brot damit bestrichen.

Das haben wir uns jetzt verdient.

Sollen wir die Betten gleich neu beziehen, oder sollen wir lieber damit bis morgen warten, Herr Oberarzt?

Er dachte: Das ist jetzt ein Dammbruch, es wissen ziemlich viele davon, es kann jeden treffen, der heute noch in den Schlafsälen zurückgeblieben ist. Und wenn nun doch ein Angehöriger zu Besuch kommt? Hoffentlich sind heute wirklich nur die weggekommen, die in den letzten Jahren niemand mehr besuchte. Auf jeden Fall hat es den Vorteil, dass ich jetzt nicht die Beileidsbriefe schreiben muss. Das können die dort in Bernburg machen.

Und laut sagte er: Sie können die Betten sofort neu beziehen, denn die Patienten sind ja für immer verlegt.

Die kommen nicht mehr zurück.

Vielleicht hat er das alles gedacht.

Oder war er an diesem Tag gar nicht in der Klinik? Bei dieser guten Vorbereitung hätte es auch ohne ihn geklappt. Man kann ihn nicht mehr fragen. Er wird wohl nicht mehr am Leben sein, er wäre heute, am 27. Mai 2002, schon 102 Jahre alt.

Vor Gericht in Köln, viele Jahre nach diesem ersten Abtransport seiner Patienten in die Tötungsanstalt, stellte er sich jedenfalls als einen geheimen Gegner der Euthanasie dar, als einen Saboteur, der möglichst viele seiner Patienten vor dem befohlenen Tod retten wollte.

Ausflug ins Gas – 18. Juli 1941

Niemand von den Kranken hat diesen Tag erlebt, niemand weiß, wie es wirklich war.

Dieser Julitag drohte heiß zu werden.

Hoffentlich können wir bald losfahren, wünschte sich der Kraftfahrer im ersten Bus. Er war schließlich schon die ganze Tour von Bernburg hergefahren. Die ganzen letzten Monate musste er jeden Tag um 2 Uhr früh los und dann die ganze Tour zurück. Da kamen schon täglich acht bis neun Stunden zusammen. Jeden Tag in eine andere Richtung, in eine andere Irrenanstalt. Das war aber immer noch zehnmal besser als an der Front, womöglich jetzt in Russland wie sein Bruder.

In den ersten Monaten war ihm ja mulmig gewesen bei dem Gedanken, in seinem Rücken lauter Verrückte sitzen zu haben. Aber die Kameraden passten da schon auf. Er versuchte, niemandem von den Kranken ins Gesicht zu sehen und überhaupt so zu tun, als hörte er ihre gelegentlichen Fragen nicht: Wo es denn eigentlich hingehe, wo sie sich befänden. Er kannte das schon: Sie wurden mit der Zeit immer stiller. Und spätestens, wenn der Erste um eine Pause bat oder überhaupt nach einer Rast fragte und ihm klar wurde, dass da keine Pause kam und keine Rast, wurde die Stimmung immer bedrückter.

Ich bin hier nur der Kraftfahrer, sagte er sich dann und versuchte, sich auf die Straße zu konzentrieren. Schließlich war es seine Aufgabe, alle wohlbehalten in Bernburg abzuliefern. Mit allem anderen hatte er nichts zu tun, und es ging ihn auch nichts an. Er würde so fahren, wie er hergekommen war, die Strecke kannte er schon. Also: die Reichsstraße bis Ludwigslust, dann über Grabow nach Perleberg, Wittenberge, Seehausen, Osterburg, Stendal, Dolle, Wolmirstedt, Magdeburg, Förderstedt, und dann Bernburg. 220 Kilometer.

Er verließ Schwerin und fuhr in Richtung Ludwigslust.

Die beiden Busse fuhren hintereinander. So konnte man sich helfen, falls man mal eine Panne hatte.

In der ersten und der letzten Reihe im Bus saß jeweils das Begleitkommando.

Otto, der Musikdirektor, wurde im Alter von 56 Jahren, im Februar 1931, von einem Polizeibeamten in die Anstalt gebracht. Vorher hatte er im Armenhaus in N. gelebt, öfter reichlich Alkohol genossen und war dort fast verhungert.

Er glaubte, von der Stadtverwaltung angefeindet zu werden, denn der unmittelbare Grund für seine Einweisung war ein Bericht der Stadt N. an das Wohlfahrtsamt Wismar vom 20. Dezember 1930, also vier Tage vor Heiligabend: Im hiesigen Armenhause wohnt der geisteskranke Musiker Otto … Er galt bisher als harmlos. Sein Zustand scheint sich aber verschlimmert zu haben. Er leidet an Verfolgungswahn und sogenannten fixen Ideen. Bisher sprach er nur gelegentlich davon, dass bestimmte Personen ihn verfolgten, ihn vernichten wollten usw. Vor einigen Tagen jedoch fiel er den Stadtrat H…, einen alten Herrn von 70 Jahren, auf der Straße an mit der Behauptung, auch er verfolge ihn, und er würde ihn niederschlagen.

Ein Unglück wurde nur durch das Dazwischentreten des Stadtrats von der H… verhütet. Es besteht die Gefahr, dass die Geisteskrankheit des Otto … gemeingefährlichen Charakter annimmt. Die Bevölkerung ist deshalb mit Recht beunruhigt. Hinzu kommt, dass M. körperlich immer mehr herunterkommt, da er keine Unterstützung, auch nicht in Form von Naturalien, annimmt. Einkommen und Vermögen hat er nicht. Er soll gelegentlich von Freunden und Verwandten etwas zu essen bekommen. Zeitweilig ist er dem Verhungern nahe. Vor einiger Zeit wurde er vom Hauswart … in seinem Zimmer völlig entkräftet und besinnungslos aufgefunden. Aus den angegebenen Gründen muss er in einer Anstalt untergebracht werden. Wir bitten um baldgefällige Nachricht, ob das Amt die Kosten der Unterbringung zu übernehmen bereit ist.

Am 29. Dezember 1930, also fünf Tage nach Heiligabend, erhielt Otto daraufhin den Hausbesuch eines Arztes, der dem Wohlfahrtsamt folgenden Bericht abgab: Ein Besuch in dem Zimmer des Musikers Otto … zeigte von Anfang an, dass eine Untersuchung im Guten unmöglich ist. Da der Mann allem und jedem misstraut, war auch keine Auskunft zu erhalten. Die versuchte Unterhaltung musste abgebrochen werden, da die Lage immer ungemütlicher wurde. Da der Vater an Größenwahn litt, ist bei dem Musiker Heredität anzunehmen. Es handelt sich um eine Paranoia chronica mit gemeingefährlichem Wesen. Anstaltsunterbringung ist vorläufig nötig, oft treten lange Pausen ein, wo der Zustand sehr gebessert ist.

Bei der Aufnahme in der Anstalt im Februar 1931 war Otto körperlich sehr verwahrlost und wog bei einer Größe von 1,78 Meter nur 64 Kilogramm.

Auf Befragen gab er zu, in den letzten Jahren täglich einen viertel Liter Schnaps getrunken zu haben. Seit Kindheit sei er daran gewöhnt.

Er glaubte fest, die Stadt N. wolle ihn zwingen, seine verwitwete Schwägerin zu heiraten: Er solle zu ihr ziehen und für sie sorgen, damit die Stadt die Unterstützung für sie sparte.

Der Schweriner Aufnahmearzt dachte bei Otto zuerst an eine hypomanische Psychopathie, denn Otto machte ziemlich ungewöhnliche Angaben über sein Leben: Er sei Musikdirektor und Komponist im Ausland gewesen, besonders in Schweden, seine gesamte Familie mache in der Stadt N. seit 45 Jahren Musik, und man wolle ihren Familiennamen deshalb dort auslöschen. Er habe es aber dem Vater, auch Musikdirektor, auf dem Sterbebett versprochen, sich nicht aus der Stadt vertreiben zu lassen. Seine drei Brüder wären gesund und erfolgreich, einer von ihnen hätte es sogar zum Rektor gebracht.

Woran seine Mutter, vier seiner Geschwister schon als Kinder und ein Bruder als Jugendlicher gestorben waren, konnte Otto nicht beantworten. Vom neunten Lebensjahr an lernte er jedenfalls viele Instrumente zu spielen und stand vom elften Lebensjahr an schon im Beruf.

Bis zum Beginn des Ersten Weltkriegs hatte er dreizehn Musikschüler und konnte gut davon leben. Aber ab 1915, mit 41 Jahren, begann er unter Gedächtnisstörungen zu leiden, war leicht erregt und bei schlechter Stimmung. Vielleicht, meinte er, kam es auch vom Hunger, denn er konnte ja im Krieg mit Musikmachen kein Geld verdienen. Im November 1916 wurde er zum Militär eingezogen, aber schon einen Monat später lag er zur Beobachtung seines Geisteszustandes in der Rostocker

Nervenklinik. Er litt unter »Beeinträchtigungsideen« und glaubte, seine Musikerkollegen wollten verhindern, dass er nach dem Krieg wieder seine Musikkapelle in N. eröffne. Denn bei Kriegsausbruch hätten die Bürger von N. gesagt: Gott sei Dank, nun kriegen wir endlich den Namen M… raus, und sein kleiner niedlicher Hund sei mit Holzpantoffeln beworfen worden. Das ganze Leben sei umgekoppelt, erklärte er, diesen Dienst könne er nicht machen.

Mit der Diagnose Psychopathie und chronischer Alkoholismus wurde Otto daraufhin 1917 im Reservelazarett a. v. (arbeitsverwendungsfähig) geschrieben.

Nun, 1931, nach vierzehn Jahren, saß er wieder vor dem Aufnahmearzt einer Anstalt.

Er redet oft, ohne gefragt zu sein, notierte der Arzt. Ihm fiel auch Ottos ungeniertes Wesen auf: Er setzte sich, ohne aufgefordert zu sein, und spielte, während er mit dem Arzt sprach, mit allen möglichen Gegenständen, die ihm gerade in die Hand kamen. In seinen Bewegungen erschien er dem Arzt außerordentlich ungeschickt und unbeholfen. Dann, berichtete der Arzt, nahm Otto plötzlich aus seiner Hose einen Fußlappen und schnauzte sich die Nase hinein und fand nichts dabei. Auch die Aufforderung, sich auf den Stuhl zu stellen und wieder herunterzusteigen, kam Otto absolut nicht absonderlich vor. Danach gefragt meinte er: Das habe ich schon oft gesehen, dass jemand auf den Stuhl gestiegen ist.

Ich weiß nicht, ich kann mir immer die Tage nicht behalten. Dann erklärte er plötzlich, er habe sich einmal das Rückgrat ausgesetzt, als er beim Spielen mit Kindern von einem Berg, so hoch wie ein Haus, heruntergesprungen war (Kiesgrube, fügte der Arzt in die Mitschrift ein). Da hätten ihm dann die Knaben in ihrem Unverstand das Knie in den Rücken gestoßen, sonst wäre er unbedingt gestorben. Später meinte er, dass sein Bruder ihn wohl auf diese Weise gerettet habe, zu Hause hätten sie aber aus Angst vor den Eltern nichts erzählt.

»Das ist so wahr, wie ich hier stehe, oder, Pardon, wie ich hier liege.«

Dann lachte Otto ausgelassen, schimpfte aber gleich darauf wieder auf seine Umgebung.

Als Soldat hatte er das Gefühl gehabt, zu wenig zum Essen zu bekommen. Er verlief sich wegen der vielen Treppen und Flure in den großen Kasernen und litt sehr darunter, dass er immer früh aufstehen musste, denn er brauchte körperliche Ruhe und wollte gern bis um elf Uhr vormittags schlafen, erzählte Otto dem Arzt.

Er bezeichnete sich als einen Pechvogel, denn schon bei der Geburt wurde ihm ein Arm gebrochen. Als zwei- oder dreijähriges Kind war er skrofulös, später, immer noch als kleines Kind, musste er wegen tränender und vereiterter Augen viel in der Dunkelkammer sitzen. In der Schule fehlte er oft wegen der Drüsen und lernte deshalb schlecht.

In der Anstalt konnte sich Otto von Anfang an endlich einmal satt essen.

Schon in der ersten Woche hatte er zugenommen und wog bald 74 Kilogramm. Dieses Gewicht behielt er die nächsten sieben Jahre, solange noch Frieden war. Aber vom Beginn des Zweiten Weltkriegs an nahm er sehr ab: Zuerst vier Kilogramm in einem Monat und dann noch mehr, bis er schließlich im August 1940 nur noch 57 Kilogramm wog, also sieben Kilogramm weniger als damals bei seiner Aufnahme.

Bis auf einen einzigen Tag sollte er die letzten neun Jahre seines Lebens in der Anstalt bleiben, denn 1932, ein Jahr nach seiner Einweisung, wurde Otto zwar als gebessert in das Augustenstift entlassen, aber schon einen Tag später wieder zurückgeschickt: Er war dort unzufrieden gewesen, hatte geschimpft, weil er gern eigene Möbel gehabt hätte und ein eigenes Zimmer beanspruchte.

66 Jahre war Otto alt, als er in den Bus zur Tötungsanstalt Bernburg einsteigen sollte. Neben ihm saß Victoria.

Victoria hatte man in die zweite Reihe gesetzt, um sie schnell überwältigen zu können, falls sie Unruhe stiften wollte. Aber noch wirkte die starke Beruhigungsspritze, und sie fühlte sich wie in einer Zwangsjacke. Sie wollte aufspringen und wieder vom Verbrechertum mit dem Totenkopf anfangen, aber sie konnte kaum ihre Zunge bewegen.

Das ist doch kein Ausflug, wenn man nicht aus den Fenstern hinaussehen kann, versuchte sie zu rufen.

Aber ihr Mund kam ihr vor wie mit Watte gefüllt.

Außerdem war keine einzige Krankenschwester aus der Klinik dabei.

Victoria half auch kein heimliches Kratzen mit den Fingernägeln an der Busscheibe. Die Farbe war also von außen aufgestrichen worden. Aber warum?

Ob es ganz egal war, ob sie hinausschauen konnten oder nicht? Ging es darum, dass andere nicht in den Bus hineinschauen können? Aber warum? Schofliche Machinationen, Schurkereien, wollte sie sagen, aber sie lallte nur, und der Motorenlärm übertönte alles.

Ach, die hinter uns will noch eine Spritze, was?

Der junge Mann mit den schwarzen Knobelbechern unter dem weißen Kittel vorn seitlich sah Victoria kurz an: Sie braucht nur Bescheid zu sagen.

Ich bin inkognito, unter falschem Namen hier, man hat mich verwechselt. Ich bin Generalvertreterin für den Feuerlöscher Flammex, man will mich mundtot machen, weil durch Bestechung in höchsten Ebenen nicht mein Feuerlöscher bestellt wird, sondern die Konkurrenzprodukte. Der Landwirtschaftsminister und der Finanzminister sind in Wirklichkeit Vertreter für Feuerlöscher. Sie müssen wissen, alle Feuerlöscher werden von Ministern verkauft, und da sie selbst kein Geld haben, arbeiten sie natürlich mit dem Geld der Steuerzahler, auch der Reichsbahnpräsident hat bis zu seinem Tod 300 000 Reichsmark durch die Feuerlöscher verdient, die er in der Bahn anbringen ließ.

Am liebsten hätte ich ihn mit der Reitpeitsche durchgeprügelt, sagte Victoria hastig zu den Männern des Begleitkommandos.

Die anderen Frauen aus ihrem Schlafsaal kannten das schon, denn das hatte sie in den letzten 13 Jahren in der Anstalt sehr oft erzählt.

Nun war sie 62 Jahre alt und diesem dunklen Bus ausgeliefert. Was hatten sie vor mit ihr? Und warum waren noch so viele andere mit im Bus?

Ich sehe und höre leider immer viel zu viel, sagte sie. Aha, sagte der junge Mann amüsiert.

Meine Schwestern und Brüder spielen eine schmutzige Rolle, ich gehe hier nicht her, fuhr sie fort.

Hast du das gehört, die ist gut, sagte der Mann und stieß seinen Nachbarn an und lachte.

Aber wir müssen auch die anderen Hottentotten im Auge behalten, mahnte der.

Hinter Victoria saß Adele.

Adele war früher ein Dienstmädchen und hatte sehr geweint, als sie aus dem Frauensiechenhaus in die Schweriner Nervenklinik überwiesen worden war: Sie wusste nämlich nicht, wo man ihr fünfjähriges Kind gelassen hatte, ob es überhaupt noch lebte. Trotz aller Bemühungen konnte sie nichts darüber in Erfahrung bringen, denn man hatte es ihr weggenommen. (Sie schreit nach ihrem unehelichen Kind, steht in der Akte.)

Adele war ihrer Dienstherrschaft weggelaufen, hatte einen liederlichen Lebenswandel geführt und sich beim Nächtigen in Scheunen beide Füße erfroren. Da man ihr daraufhin beide Füße amputiert hatte und sie sich nur mühsam auf den schlecht geheilten Stümpfen bewegen konnte, rutschte sie lieber auf den Knien herum.

Mit 28 Jahren war sie von einem Bauern in das Frauensiechenhaus gebracht worden, weil sie nicht mehr für ihn arbeitete und sich vor allem gegen eine abermalige Operation sträubte, die sie nach Ansicht einer Fachärztin wieder erwerbsfähig hätte machen können. (Aber nicht aus Angst vor dieser Operation, meinte der überweisende Arzt aus dem Frauensiechenhaus, ließe Adele sich nicht operieren, sondern nur wegen des Hintergedankens, dann wieder arbeiten zu müssen.)

Bei der Intelligenzprüfung konnte sie lesen, schreiben und auch die 10 Gebote aufsagen. Sie wusste aber nicht, was drei Äpfel kosten, wenn einer für zwei Pfennige zu haben ist. Sie konnte »Deutschland, Deutschland, über alles« richtig singen.

Adele ohne Füße sprach mit Stimmen, die sie durch die Wand zu hören vermeinte, glaubte, das Essen sei vergiftet, und goss darum den Kaffee fort. Später biss und kratzte sie, zerriss einer Wärterin die Bluse, kippte einer anderen Kranken den Nachttopf über den Kopf und schimpfte über Räuberei und Morderei.

Da bei ihr vor zwei Monaten die Kontrollmessungen eine erhöhte Temperatur ergeben hatten, war sie wegen Verdachts auf Lungentuberkulose isoliert und ins Seuchenhaus verlegt worden. Dort hatte sie ganz zerfahren geredet und ihre Notdurft gelegentlich im Zimmer verrichtet. Ihre Körpertemperatur war abends fast ständig erhöht, Tuberkelbakterien wurden aber nicht gefunden.

Adele war in diesem Jahr 1941 ganz dünn geworden: Als sie vor 21 Jahren aus dem Frauensiechenhaus gekommen war, hatte sie noch 54 und ein halbes Kilogramm und im Oktober 1929 sogar noch 10 Kilogramm mehr gewogen. Aber nun hatte sie nur noch ein Gewicht von 34 und einem halben Kilo, 30 Kilogramm weniger als vor 12 Jahren.

In den 21 Jahren seit ihrer Aufnahme hatte sie die Anstalt nicht einen einzigen Tag verlassen. Neben Adele saß Adelheid.

Auch die 52-jährige Adelheid neben ihr hatte in den 25 Jahren ihrer beiden Anstaltsbehandlungen sehr abgenommen: Von 62 Kilogramm am Anfang über 55 Kilogramm im Jahre 1935 bis 44,5 Kilogramm bei ihrem letzten Wiegen.

Adelheid gehörte zu den 227 Neuaufnahmen des Jahres 1926, war also seit 15 Jahren in dieser Anstalt. Sie kam im März, als sie gerade 37 Jahre alt geworden war, in Begleitung einer Gemeindepflegerin, die sie aus den Kückenmühler Anstalten bei Stettin transferierte. Dort hatte sie bereits seit 10 Jahren, also seit ihrem 27. Lebensjahr, ununterbrochen gelebt.

Am Schluss ihres Lebens wird die Diagnose einer angeborenen Idiotie in der Akte stehen. Adelheid war nämlich nicht in der Lage, den Inhalt eines Gedichts nachzuerzählen, nachdem sie es vorher fließend vorgelesen hatte.

Ihre Mutter starb, als Adelheid erst ein Jahr alt war. Und auch ihr eigenes Kind, das sie gerade ein Vierteljahr vor ihrer ersten Einlieferung geboren hatte, außerehelich, wie in der Akte extra vermerkt wurde, am 13. Juli 1916, schon zwei Jahre war Krieg, auch ihr eigenes Kind musste ohne Mutter aufwachsen. In der Krankenakte war nie wieder die Rede von ihm.

Adelheids Vater war Fischzüchter. Von frühester Jugend an galt das Kind als zurückgeblieben. So lernte sie erst mit zweieinhalb Jahren gehen und sprechen, war skrofulös und etwas schwerhörig. Der Vater schickte sie auf eine Privattöchterschule, in der sie lernen sollte, sich schriftlich zu verständigen und auch zu lesen.

Als sie aber mit 27 Jahren ihr Kind gebar, brachte der Vater seine Tochter zu ihrer ersten stationären Behandlung in die Kückenmühler Anstalten.

Ihr Verhalten war äußerlich ruhig und geordnet. Nachdem sie dort aufgenommen worden war, beschäftigte sie sich mit Handarbeiten.

Der Arzt versuchte wie bei allen neuen Patienten eine Intelligenzprüfung. Auf die Frage nach der Zahl der Erdteile antwortete Adelheid richtig: Fünf. Als sie aber deren Namen aufzählen sollte, sagte sie: Europa, Asien, Amerika, Asien und Australien.

Als Flüsse in Deutschland nannte sie: Donau, Rhein, Elbe, Weser, Oder und Weichsel. Auf seine Frage, was 1870/71 geschehen war, antwortete sie: Da hat Deutschland mit Österreich zusammen gegen die Russen gekämpft.

Wer war Bismarck?, wollte der Arzt wissen.

Der Vater unseres Kaisers?, gab Adelheid unsicher zurück, und dann antwortete sie: Friedrich Wilhelm I.

Der Arzt fragte Adelheid nach dem Fünften Gebot.

Sie antwortete: Du sollst nicht ehebrechen.

Weshalb feiern wir Weihnachten?

Weil unser Heiland geboren ist.

Der Arzt fragte nach Pfingsten.

Weil der Heilige Geist, antwortete Adelheid.

Wie viel Tage hat ein Jahr?

365, war ihre Antwort.

Wo geht die Sonne auf?

Im Westen.

Immer? Ja.

Woraus wird Geld gemacht?

Gold, Silber und Kupfer.

Ein 10-Pfennig-Stück besteht aus Silber.

Eine 10-Pfennig-Marke ist rot.

Dann fragte der Arzt Adelheid nach dem Unterschied zwischen einem Zwerg und einem Kind.

Der Zwerg ist kleiner.

Nach dem zwischen Treppe und Leiter: Treppe ist gerade, Leiter steil.

Zwischen Fluss und Teich. Der Fluss ist lang und schmal, der Teich klein und rund.

Was ist Gerechtigkeit?

Wenn unrecht gegen einen gehandelt wird, antwortete sie.

Was denken Sie über Ihre Zukunft?, fragte der Arzt zum Schluss.

Ich bleib immer hier, antwortete Adelheid da prophetisch.

In den folgenden zehn Jahren bis zur Verlegung in die Schweriner Anstalt zeigte Adelheid nach Ansicht eines Arztes ein stumpfes und gleichgültiges Verhalten und hatte kein Verständnis für Situationen.

Im Jahre 1919, als sie 30 Jahre alt geworden war, konnte man sie einige Tage nicht zum Aufstehen bewegen, weil sie behauptete, schwer krank zu sein. Sie fühle, sagte sie, wie es mit ihr zu Ende gehe, und wollte deshalb von mehreren Ärzten untersucht werden. Dabei war sie sehr zänkisch und wurde auch gegen ihre Mitkranken aggressiv.

Eines Tages bekam sie einen Erregungszustand, schrie, schimpfte und zerriss das Bett. Nachdem sie deshalb in ein Einzelzimmer verlegt worden war, war sie schnell friedlich und sagte (behauptete, steht in der Akte), die Ruhe bekäme ihr sehr gut und sie fühle sich bereits viel kräftiger. Als sie Besserung gelobt hatte, durfte sie auf die Station zurück.

Ein Jahr später, mit 31 Jahren, in ihrem fünften Anstaltsjahr, lief Adelheid oft schon viele Stunden vor dem Aufstehen im Hause herum, ließ sich von dem Pflegepersonal aber nichts sagen und wurde daraufhin eingeschlossen. Sie war jetzt häufig sehr unruhig, blieb viel im Bett, arbeitete nicht und schimpfte viel. Derber erotischer Zug, notierte ein Arzt in Adelheids Akte.

Ende November und Mitte Dezember 1920 war sie sehr erregt, schlug eine Schwester und eine Pflegerin und riss ihr Haare aus.

Am ersten Weihnachtstag lief Adelheid heimlich fort, wurde aber wieder aufgegriffen.

Als sie vier Monate später Besuch bekam, war sie anschließend sehr erregt.

Schon einen Monat später, im Mai 1921, sie war 32 und schon das sechste Jahr in der Anstalt, geriet sie in ständige Unruhe, war bei der Unterhaltung nicht fixierbar und nicht imstande, Mitteilungen logisch aufzufassen. Sie halluzinierte, sprach mit Gott und sah im Spiegel das Bild des verstorbenen … (Der Name des Verstorbenen ist ein sinnloses Wortgekritzel, denn die gesamte, bei der Verlegung in die Schweriner Anstalt mitgegebene Akte ist eine mit der Hand ordentlich ausgeführte Abschrift, in der der Abschreibende einzelne für ihn unleserliche oder unverständliche Wörter einfach nur abzeichnete. Diese Methode des vorläufigen genauen Abzeichnens ohne Sinnverständnis sei in der Geschichtswissenschaft üblich, erklärte mir später am Getränkeautomaten im Archiv eine ABM-Wissenschaftlerin. Später ergebe sich aus dem Gesamtzusammenhang manchmal doch noch ein Sinn, sagte sie. Ich weiß also nicht, wessen Bild Adelheid im Spiegel erblickte.) Sie war überzeugt, in diesem Jahr 1921 noch große Reisen machen zu können.

Mitte Juli, drei Tage nach dem Geburtstag ihres Kindes, das an diesem Tag fünf Jahre alt wurde, aber sie wusste ja nicht, wo, war Adelheid sehr aufgeregt, wollte sich des Morgens nicht fertigmachen lassen und zerkratzte darum der Pflegerin das Gesicht.

Ende Juli war sie wieder erregt und nahm keine Nahrung zu sich.

Im August war sie körperlich sehr elend und aß, wie der Arzt in der Akte berichtete, sehr schnell. Außer Anämie war aber kein krankhafter Befund festzustellen. Der Arzt beschrieb sie als psychisch verwirrt und depressiv, denn sie bereitete sich auf den Tod vor.

Sie sei schon tot, sagte sie dem Arzt und bemühte sich, wie eine Tote dazuliegen.

Unbelehrbar, schrieb der Arzt.

Im nächsten Jahr, kurz nachdem sie 33 Jahre alt geworden war, wurde Adelheid wieder erregt und unruhig. Sie kommandierte und wollte General werden. Sie sei befohlen, und der Kaiser wolle sie demnächst empfangen, sagte sie zur Begründung.

Im nächsten Jahr lag sie andauernd im Bett, war sehr abweisend, schlug, nässte sehr oft ein oder goss den Nachttopf absichtlich ins Zimmer, sodass die Dielen bereits zu faulen anfingen. Sie wurde daraufhin Ende April 1923 in ein Einzelzimmer mit Steinboden verlegt. In diesem Einzelzimmer musste Adelheid auch das nächste Jahr verbringen. Sie beschmutzte das Bett und verkroch sich unter der Decke, wenn der Arzt in das Zimmer trat.

Eines Morgens, als sie 35 Jahre alt war und schon acht Jahre in der Anstalt, entwendete sie eine Schere und schnitt sich damit den Zopf ab. Sie wollte jetzt auch eine andere Frisur haben.

Ende 1925 machte Adelheid mit Waschwasser und Getränken dauernd den Fußboden nass, sodass auch diese Dielen faulten. Anfang 1926, mit 37 Jahren, schnitt sie sich wieder die Haare mit einer Schere ab, diesmal mit einer, die sie bei der Handarbeit gebraucht hatte. Sonst, schrieb der Arzt, verhielt sie sich ruhig und geordnet und bot nichts Besonderes. So half sie sogar bei kleinen Arbeiten im Haus.

Kurz danach lag sie wieder im Bett, war dem Arzt gegenüber recht abweisend, aber dann wieder ruhig. Sie hielt sich tagsüber im Tagesraum auf, schlief auch im allgemeinen Saal, stand aber nachts öfter auf und schlug ihre Mitpatienten. Mit zwei Unterschriften von Ärzten endet die Akte der Kückenmühler Anstalten.

Die Ärzte bestätigten, dass Adelheid am 4. März 1926 als ungeheilt nach Schwerin-Sachsenberg überführt werden sollte.

Sie war gerade 37 Jahre alt geworden: Eine ledige Haustochter mit einer Größe von 1,52 Metern und einem Gewicht von 62 Kilogramm, wie der Aufnahmearzt der Schweriner Anstalt feststellte. Seit ihrer Aufnahme blieb Adelheid in stumpfer gleichgültiger Ruhe, sprach nicht und schien ihre Umgebung überhaupt nicht zu beachten. Zwischenhinein, schrieb der Arzt, erfolgte spontan eine abrupte, beziehungslose Äußerung, wie zum Beispiel: Ich möchte bei Tag meine Ruhe, wenn ich nachts Wache halten soll. Adelheid reagierte bei seiner Untersuchung weder auf Fragen noch auf Aufforderungen, blieb mit zusammengekniffenen Augen ruhig liegen und platzte, wie er schrieb, plötzlich und beziehungslos mit der Äußerung heraus: Ich darf mich niemals melden, das duldet Gott nicht, nicht auszuhalten, den ganzen Tag Tobwirtschaft. Dann warf sie sich im Bett mit einem heftigen Ruck auf die Seite zur Wand, zog die Decke über den Kopf und gab heulende, schluchzende Töne von sich, die dem Arzt gezwungen und unnatürlich erschienen und seiner Meinung nach eines wirklichen Affektes entbehrten. Dann hörte sie plötzlich damit auf und summte weiter. Der Arzt protokollierte verschiedene Missbildungen: Adelheids rechtes Auge stand schräg, und die rechte Lidspalte war enger. Mitten in der Untersuchung begann sie mit einer gewissen Gereiztheit ein konfuses

Geschwatze erotischen Inhaltes und forderte den Arzt dabei auf, mit ihr zu verkehren. Dann, berichtete der Arzt, heulte sie affektlos einige Minuten in stereotypen Tönen. Im ganzen Verlauf der Untersuchung schien sie ihm ein völlig zerfahrenes, teilweise läppisch-affektiertes Gebaren mit Affektsprüngen zu zeigen, wobei ihn die jeweilige Affektäußerung völlig hohl und gezwungen anmutete. Seine Untersuchung war wegen ihrer mehrfachen, abruptsinnlosen Gegenwehr erschwert und zum Teil nicht möglich.

Ein Jahr nach ihrer Verlegung in die Schweriner Anstalt, in ihrem 12. Anstaltsjahr, als sie gerade 38 Jahre alt geworden war, gab sie auf Fragen des Arztes Folgendes an: Ich gehe nach Schleswig-Holstein. Ich bin zehn Jahre im Inland gewesen. Sachsen-Weimar ist doch Inland, und hier ist Ausland, hier gefällt's mir nicht. Ich bin von Herrn Direktor versetzt nach Schleswig-Holstein. Adelheid redete vielfach vorbei. Sie antwortete aber zutreffend, dass sie zehn Jahre in Kückenmühle gewesen sei und die Schule in M. besucht habe. Aus der Klasse II a sei sie konfirmiert worden. Die fremden Sprachen seien ihr schwergefallen.

Auf die Frage nach ihren Eltern antwortete sie: Auf Eltern gäbe sie nichts so recht.

Sie sei hier zur Oberaufsicht hergekommen, erklärte sie auf eine entsprechende Frage. Nun bleibe sie noch drei Jahre hier und führe diese Oberaufsicht.

Drei Monate später, im Mai 1927, erzählte sie unvermittelt, sie müsse allein Konfirmation feiern und Konfirmandenunterricht halten. Zu diesem Zweck brauchte sie ein Frackkorsett, dann wollte sie als Eisenbahnaspirant in ihrem Beruf auftreten, wofür sie zwei Millionen Mark Gehalt bekomme.

Die Patientin ist meist zugänglich, notierte der Arzt, und zeigt einige affektive Wärme, zu einer Tätigkeit ist sie aber nicht zu bringen.

Mitte August wurde sie in das Pflegehaus verlegt. Mitte Dezember war sie leidlich ruhig.

Auf Befragen äußerte sie sich zerfahren wie folgt: Ich habe mich zu Herrn S. (das war der richtige Name ihres Vaters) gehalten, der hat Gut Wendorf für mich gepachtet, da soll ich bleiben für immer und soll mich verziehen, Schneiderei und Putz einrichten auf dem Lande. Herrn S. habe ich als Papa angesprochen, Fräulein von T. war meine rechte Schwester, und zwischen uns war die große Johanna geboren.

Adelheid berichtete, dass sie Fernrufe von jungen Herren oder Damen hörte.

1928, in ihrem 13. Anstaltsjahr, kam sie einmal bei der Visite ganz geheimnisvoll tuend an den Arzt heran, nahm ihn beiseite und flüsterte ihm ins Ohr: Nun werde ich abreisen, in Brunshaupten treffen wir uns dann wohl am besten wieder. Jetzt aber müsse sie leider die Anstalt verlassen, sagte Adelheid, leise vor sich hin lachend und die Hand vor den Mund haltend, zum Zeichen, dass der Arzt darüber schweigen solle.

Ende April, nachdem sie inzwischen 39 Jahre alt geworden war, murmelte sie unverständlich vor sich hin und gestikulierte zum Fenster hinaus. Bei der Begrüßung durch den Arzt war sie ablehnend und antwortete ihm nicht.

Anfang September warf sie dem Arzt vor, er dulde hier allerlei Ungerechtigkeiten, die ihr von Wärterinnen und Mitkranken zugefügt würden. In erregtem und schimpfendem Tonfall forderte sie von ihm die Abstellung der Schikanen.

Die 40-jährige Adelheid war in ihrem 14. Anstaltsjahr meist ablehnend. Sie schimpfte ganz unvermittelt los, schrieb der Arzt, war nicht zu einer Beschäftigung zu bewegen und saß steif-gebunden in den Ecken herum. Ende November sprach sie leise vor sich hin, lächelte dabei, stumpfte immer mehr ab und nässte ein.

1931, in ihrem 16. Anstaltsjahr, brauchte sie ständig beruhigende Medikamente.

Ein Jahr später wurde sie ins Pflegehaus verlegt, weil sie nicht mehr ansprechbar war, Erregungszustände hatte, aus dem Bett drängte, die Wärterinnen schlug und spuckte. Sie stand fast dauernd unter narkotischen Mitteln und war manchmal sehr laut.

Am 4. Januar 1933 beschrieb der Arzt seine Patientin Adelheid als sehr aggressiv, widerstrebend, unzugänglich und verödet. Laut und außer Bett, zerreißt, lässt keinen Verband sitzen, schloss er.

(16 Tage später, am 30. Januar 1933, wurde Hitler von Hindenburg zum Reichskanzler ernannt, und am 5. März 1933 erhielt die NSDAP bei den Reichstagswahlen 44 % der Stimmen. 56 von hundert zur Wahl gegangenen Deutschen haben also die Nationalsozialisten nicht gewählt, waren also nicht von vornherein für den Sieg der Starken über die Schwachen. Zusammen mit den 8 % der Kampffront Schwarz-weiß-rot hatte Hitler aber die Mehrheit. Ohne gesetzliche Grundlage hat er schon 17 Tage später, am 22. März 1933, das erste Konzentrationslager bei Dachau eröffnen lassen, in das, wie der Reichsführer SS Heinrich Himmler sagte, das ganze kriminelle Volk hereingeholt wurde, um den Untermenschen, den es in jedem Volk gibt, auszuschalten.)

Aus der nächsten Eintragung über Adelheid im Dezember 1933 ist zu entnehmen, dass sie bei der Exploration sehr ablehnend war, sich den Kopf hielt, vor sich nieder sah und völlig stumm blieb.

Einmal, im Januar 1935, lief sie zeitweilig unruhig hin und her, kam dann auf den Arzt zu, suchte ihm Sachen aus dem Mantel zu nehmen und seinen Arm zu fassen. Sie war laut, zerriss (was?) und schlug andere Kranke, die ihr im Wege standen. In den folgenden Jahren wird ihr manieriertes Wesen beschrieben, dass sie sonst stumpf und teilnahmslos, spielerisch, verschroben, nicht ansprechbar, verkehrt, eitel, putzsüchtig, sehr abgebaut ist und dass sie gerne herumtanzt.

Sie kann sich nicht einmal ordentlich anziehen, fand ein Arzt. *Sie putzt sich gern, grimassiert stark, ist zu keiner Arbeit zu gebrauchen und völlig mutistisch.*

(Adelheid tanzte gern.)

Hinter Adelheid saß Helmuth mit Schrammen und einer Beule an der Stirn, weil er sich wie so oft bei seinen epileptischen Anfällen im Gesicht verletzt hatte. Er schwieg.

Seit vier Jahren war er in dieser Anstalt. Einmal hatte er geglaubt, durch die Wände das Rufen seiner Mutter zu hören. Und einmal sang er Weihnachtslieder zu einer falschen Jahreszeit. In den letzten Wochen war er sehr unruhig, gereizt und laut gewesen und hatte vermehrt epileptische Anfälle.

Der 32-jährige Arbeiter war im Jahre 1937 zunächst nur für sieben Tage im Juli in die Anstalt aufgenommen worden, denn die Landesversicherungsanstalt hatte ein Gutachten über ihn angefordert. Gleich nach der Aufnahme hatte er zwei epileptische Anfälle. Dr. Alfred L. erstellte das Gutachten und bestätigte darin, dass Helmuth Epileptiker war und eine Besserung des Zustandes nicht mehr zu erwarten sei, sodass Nachuntersuchungen sich erübrigen dürften. Es sei wohl erblich bei ihm, denn seine Großmutter mütterlicherseits und ein Bruder derselben litten auch an solchen Anfällen. Ein anderer Bruder sei zwar gesund, aber die Mutter sehr nervös. Helmuth hatte eine zweiklassige Schule besucht, dann nach seiner Konfirmation im Jahre 1919 beim Bauern gedient, später in einer Ziegelei und dann noch ein Jahr in einer Papierfabrik gearbeitet. Wie lange er die verschiedenen Arbeitsstellen innehatte, konnte er auch nicht mehr annähernd sagen, schrieb Dr. Alfred L. in seinem Gutachten. Seinen ersten Anfall erlebte Helmuth mit zehn Jahren in der Schule und mit 19 den zweiten. Sichere Angaben über die Häufigkeit der Anfälle konnte er dem Gutachter aber nicht machen. Auch widersprach er sich dauernd, wie dieser bemängelte. Die Anfälle seien aber sowohl tags als auch nachts aufgetreten. Er merke sie nicht kommen, falle hin, und wenn er aufwache, sei er schlapp und müsse im Bett liegen. Vielfach beiße er sich auf die Zunge, und bis er sich erholt habe, dauere es manchmal acht Tage. Auch könne er bei kaltem Wetter nicht nach draußen gehen, er werde dann sofort krank und habe es im Kopf. Fast den ganzen Winter musste er deshalb im Bett liegen. In gebückter Haltung könne er überhaupt nicht arbeiten. Er sei leicht aufgeregt und reizbar, aber er rauche und trinke nicht.

In der Papierfabrik hatte Helmuth einmal in den Jahren 1923 oder 1924, also im Alter von 19 oder 20 Jahren, einen Anfall bekommen, bei dem er auf die Treppe gestürzt war. Seitdem nahm er keine Arbeit mehr an, wirtschaftete zu Hause mit seiner Mutter und beschäftigte sich etwas im Garten.

Helmuth konnte nur ganz einfache Rechenaufgaben lösen, und bei einfachen Geldrechnungen machte er meist schon Fehler. Auch das Allgemein- und Gegenwartswissen sei schlecht, schrieb der Gutachter, Oberarzt Dr. Alfred L. Bei einer längeren Unterhaltung fiel ihm Helmuths Umständlichkeit, erschwerte Auffassung und Kritikschwäche auf. Er fand ihn erheblich eingeengt und äußerst leicht reizbar. Auch die Bewegung und Mimik beurteilte er als sehr schwerfällig und langsam.

Helmuth sei nach seinem körperlichen Zustand noch zu wesentlichen Arbeiten imstande, meinte der Gutachter, nur machten es die erhebliche psychische Einengung, Reizbarkeit, Umständlichkeit und Schwerfälligkeit unmöglich, dass er irgendwelche Lohnarbeiten verrichtete. Auch in der eigenen Wirtschaft würde Helmuth, so prophezeite der Arzt, nur vorübergehend leichtere Arbeiten versehen können. Darum schätzte er Helmuths Erwerbsfähigkeit auf höchstens 20 % ein. Nach diesem Gutachten wurde Helmuth, wie vorgesehen, nach sieben Tagen zu seiner Mutter nach Hause entlassen.

Aber schon drei Monate danach, im Oktober 1937, erfolgte auf die Einweisung eines Landarztes hin Helmuths zweite Aufnahme. Der Landarzt hatte ihm Morphium gespritzt und mit Bleistift auf ein kleines Blatt geschrieben: Wegen Tobsucht auf Rechnung der Gemeinde …

Helmuth wurde im Dämmerzustand eingeliefert. Am nächsten Tag aber erkannte er seine Umgebung und wusste sogar noch einige Namen der Pflegepersonen.

Er erschien dem Anstaltsarzt in seinem Verhalten übertrieben freundlich und höflich und in seinem Gesichtsausdruck recht blöde. Bei jeder Visite machte er sich durch wiederholte Höflichkeitsbezeugungen bemerkbar, wobei er sich dem Arzt freundlich grüßend und grinsend näherte. Er war ruhig und lenkbar, aber zu keiner Beschäftigung zu bewegen.

Bei seinen schweren epileptischen Anfällen verletzte er sich oft. So hatte er einmal eine große Platzwunde über dem Nasenbein.

Manchmal befand er sich in einem anhaltenden Dämmerzustand, in dem er sehr aggressiv und laut war und auch viele Einläufe benötigte, schreibt ein Arzt. Die wirkten aber nur für kurze Zeit.

1938 wurde für ihn ein Kalender der Tobsuchtsanfälle geführt, aus dem hervorgeht, dass er im ganzen Jahr insgesamt 70 epileptische Anfälle hatte: Im Monat zwischen drei und neun, an einem einzigen Tag einmal sogar vier, und in einer Nacht sieben. Vor seinen Anfällen soll er immer sehr zudringlich und laut und im Allgemeinen geistig weitgehend abgebaut gewesen sein. Seine Klagen brachte er lachend und freundlich vor. Auch ließ er sich vom Arzt leicht vertrösten.

Am Tag des Herbstanfangs sang er Weihnachtslieder und glaubte dabei, seine Mutter nach ihm rufen zu hören. Diesmal wurde er nicht mehr zu ihr nach Hause entlassen.

Hella war ihrer Mutter zuliebe in die Psychiatrie gegangen.

Als sie vor 34 Jahren im Jahre 1907 in die Anstalt kam, war sie ledig und hatte 13 Jahre lang hintereinander und ohne Tadel in einer Stellung als Köchin gearbeitet. Aber das letzte Jahr hatte sich alles geändert: Sie wurde sehr nervös, aufgeregt, schlaflos, sie fühlte sich verfolgt, verlor ihre Stellung und versuchte sich zu Hause ein wenig Geld mit Nähen zu verdienen.

Hella war die Älteste von sieben Geschwistern. Außer ihren fünf Schwestern gab es noch einen Bruder. Bei ihm und seiner Frau hatte sie bis zu ihrer Einweisung wohnen dürfen.

Es war zu Zwistigkeiten mit dieser einzigen Schwägerin gekommen. Als Hella in ihrer Erregung noch dazu die eigene Mutter geschlagen hatte, kam der Stadtwachtmeister und brachte sie zu einem Arzt. Der hielt sie für gemeingefährlich und traute ihr sogar Mord und Selbstmord zu. So verstand es jedenfalls der Stadtwachtmeister.

Der Magistrat forderte daraufhin von einem Sanitätsrat einen Bericht über Hellas Geisteszustand an. Der untersuchte sie und sprach auch mit Hellas Bruder und ihrer Mutter.

Hella erzählte ihm, dass auf dem Heuboden ein Scheinwerfer stünde, durch den sie beleuchtet und beobachtet werde. Und ein Mann aus Neumünster, dessen Namen sie nannte, stelle ihr Hormonsystem um. Zu Hause und in der Stadt glaubte sie sich durch Menschen, die mit Messern herumschlichen und das Blut vergifteten, verfolgt. Sie suchte oft im Heuboden herum, denn sie glaubte, dort habe sich jemand versteckt.

Sie schimpfte auch aus dem Fenster hinaus und klopfte Wände und Fußboden ab. Dahinter steckte jemand, glaubte sie. Der begutachtende Arzt hielt Hella für chronisch verrückt mit einer veränderten Persönlichkeit. Sie sei nicht mehr fähig, ihre Angelegenheiten selbstständig zu besorgen, und neige zu Gewaltakten.

Nach Auskunft ihrer Mutter hatte sie trotz einer kleinen Invalidenrente alle ihre Ersparnisse aufgebraucht und war nun mittellos. Darum zeigte sich die Mutter auch mit der Aufnahme ihrer Tochter in eine Irrenanstalt einverstanden.

Hella war es hier oft zu laut. Sie hörte auch hier Stimmen unter dem Fußboden.

Etwa vier Wochen nach ihrer Aufnahme in die Anstalt erklärte sie die Wärterin für geisteskrank und für eine Kontrolldirne und forderte sehr bestimmt die Entlassung: Sie habe es nicht nötig, hier zu bleiben, und noch viel weniger, hier zu arbeiten. Das könne man nicht, wenn die Nerven bald hierhin und bald dorthin gezogen werden, Salz fehle und Gift im Essen sei.

Bleiben Sie mit Ihrer Schwefelsäure draußen.

Außerdem sei sie keine Köchin, sondern habe auf Stabsarzt gelernt.

Sie hielt die Abteilungsleiterin für eine Tante von der Insel Rügen und verkannte auch andere Menschen. Manchmal bedrohte sie ihre Mitpatienten, hatte anhaltend viele Gefühlstäuschungen in der sexuellen Sphäre, wie sich ein Arzt ausdrückte, hielt Frauen für Männer, erzählte öfter, dass ihr Mann sie besuchte, und ließ die Entgegnung nicht gelten, dass sie ja unverheiratet sei.

Wir gehen alle auf Schmidt durch, weil wir uns unseres Lebens nicht sicher sind.

Im ersten Anstaltsmonat kamen die Schwestern einmal zu Besuch, dann erst nach 14 Jahren wieder.

Nach sieben Jahren Anstaltsaufenthalt, im Jahre 1914, begoss Hella eine Frau auf der Station mit Kaffee, eine andere mit Urin.

In Kleidung und Essen hielt sie sich stets sehr sauber und ordentlich, auch ihr Bett und ihren Platz, duldete keinen Schmutz daran, nahm nur ungern unnötig viel Wasser zum Aufwischen.

Im Mai 1927, da war sie schon 20 Jahre ununterbrochen in der Anstalt, sagte sie dem Arzt, sie habe den Mord von den Kindern gehört. Das machten die Sachsen. Sie erzählte von nächtlichen Überfällen und dass jemand sie an der Kehle gepackt hätte.

In das von der Wärterin ausgeteilte Brot krieche der Vater hinein.

Jeglicher gesunde Umweltkonnex fehlt, schrieb ein Arzt 1930 in die Akte.

Zu diesem Zeitpunkt war Hella schon 23 Jahre ununterbrochen in der Anstalt.

Zwei Jahre später war sie örtlich ganz unorientiert und meinte in Magdeburg zu sein, wusste auch nicht das Jahr zu sagen, aber den Tag und den Monat.

Wiederum zwei Jahre später glaubte sie, statt 1869 schon 1859 geboren worden zu sein. Auf die Frage nach ihrem Beruf antwortete sie, sie hätte Flachs gesponnen.

Im Klosette ist der Fischfang und ein Himmel.

All die Jahre berichten die ärztlichen Eintragungen vom zerfahrenen Gedankengang, vom Vorbeireden.

Im April 1939, da ist sie seit 32 Jahren in der Anstalt und 70 Jahre alt geworden, schrieb ein Arzt: Hat sich nicht wesentlich geändert, ganz verschroben und verkehrt, antwortet vorbei, kein Kontakt mit Umgebung, arbeitet auch nicht.

Im September 1940 wird berichtet: Schizophrener Endzustand, affektiv erlahmt, zerfahren. Negativistisch. Beschäftigt sich nur wenig auf Abteilung.

Ein Arbeitstag

Die Kranken hatten in den vielen Stunden der Fahrt nichts gegessen und nichts getrunken. Weder eine Schwester noch ein Arzt waren bei ihnen. Als die Wirkung der Medikamente nachließ, hielten es einige kaum aus, stundenlang ruhig zu sitzen.

Der Busfahrer hatte zwischendurch nicht gehalten, denn er musste seinen Zeitplan einhalten. Und jetzt fuhr er nach Bernburg hinein. Die Landes-Heil- und Pflegeanstalt für Geisteskranke dort war nur eine der sechs Tötungsanstalten im Reich. Es war ein ganz normaler Arbeitstag.

Eine Durchgangsstraße, Wohnhäuser in der Nähe.

(Eigentlich niemand in der Stadt, sagte der Bernburger Taxifahrer, der mich im Oktober 1998 durch die vollkommen dunklen und einsamen abendlichen Straßen zu meiner Pension fuhr, hätte damals im Zweiten Weltkrieg gewusst, warum die blauen Busse so oft durch die Leopoldstraße fuhren. Aber erinnern kann er sich genau: Blau, nicht schwarz, waren sie.) Hier war der Eingang.

Der Busfahrer bog auf das Klinikgelände ein. Nur noch ein paar Meter, gleich, hinter hohen Mauern, in einer Busgarage, hielt er. Diese Busgarage war so groß, dass zwei bis drei Fahrzeuge vollständig hineinpassten. Sie waren am Ziel.

Die Kranken durften erst aussteigen, als niemand anderes sie beim Aussteigen mehr sehen konnte. Über eine geschlossene

Rampe wurden sie in das Erdgeschoss des Gebäudes gebracht. An der Tür stand: Aktion T4. Sie wurden registriert.

Sie mussten sich entkleiden, weil sie nach der Aufnahme angeblich duschen sollten. Sie mussten ihr persönliches Eigentum abgeben, ihre Ringe, ihre Uhren und all ihre Kleidungsstücke. Dann fotografierte man sie.

Ein Arzt musste die Nummern auf den Verlegungslisten mit den Nummern auf ihrer Haut vergleichen, zwar keine medizinische Untersuchung mehr vornehmen, sich aber doch charakteristische Merkmale notieren, weil er sich ja Todesursachen für die Totenscheine und die Beileidsbriefe an die Angehörigen ausdenken musste.

Nackt wurden sie in den Raum geführt, der wie eine Dusche aussah und in der Tür ein Sichtfenster hatte.

75 Menschen auf einmal gingen hinein. Also musste die andere Hälfte draußen warten.

Vielleicht war es so auf dem ersten Transport am 18. Juli 1941 von der Nervenheilanstalt auf dem Sachsenberg in Schwerin in die Tötungskammer des Krankenhauses Bernburg.

Im Bernburger Duschraum

Ein Entfremdungsgefühl besänftigte mich in dieser umgebauten Dusche wie Morphium, gleich dem wunderbaren, schmerzlosen, heiteren Zustand nach schweren Operationen. Ich weiß nicht, wie es anderen geht, aber wenn ich an einem Ort mit außerordentlicher mörderischer Vergangenheit stehe, dann schützt mich meine Seele: mit einer Endorphin-Ausschüttung, auf die ich mich verlassen kann. Ich gehe dann einfach eine Weile hinaus aus mir und komme erst wieder in meinen Körper zurück, wenn das Schlimmste vorbei ist.

Ich lebe nicht in Deutschland Anfang der vierziger Jahre in einer Nervenheilanstalt. Ich bin dort weder Krankenpflegerin noch Ärztin. Keine meiner Patientinnen wird gerade vom Arbeitsplatz oder aus dem Bett oder vom Essen geholt, weil sie in einen Bus steigen soll, der sie wegtransportiert. Die Mitglieder des Transportkommandos tragen schwarze Stiefel unter ihren weißen Krankenhauskitteln. Ich werde nicht weggebracht. Die Scheiben der Busse sind schwarz gestrichen, damit ich nicht hinein-, aber auch nicht hinaussehen kann. Vielleicht ist das um mich herum nur eine Nachbildung dieses Ortes, Disneyland, und das Unheilvolle geschieht woanders, dachte ich, denn so alltäglich und normal kann es einfach nicht gewesen sein. Dann könnte ja jeder kommen und in einem Krankenhaus einfach so und so viel Kranke in einen schon wartenden Bus steigen lassen, unter den Augen einer ganzen Krankenhausbelegschaft, und sie in ein anderes Krankenhaus fahren, weil sie dort ermordet werden sollen. Hier kann es nicht gewesen sein, nicht hier im Keller des Männerhauses II, wo es so kühl ist, nicht hier auf diesen vergilbten Fliesen mit den schwarzen Fugen, es ist ja eine richtige Türklinke an der schweren Tür zwischen Vorraum und Dusche.

Es muss doch einen Unterschied geben zum Möglichen, einen Schutz. Sonst könnte ja jeder in einen solchen Bus geraten, mitten im Sommer, dann kann ja jeder Begleiterin sein oder Fahrer, Kranke, Ärztin oder Pfleger.

Hier sind die übertölpelten nackten dünnen weißen Menschen vergiftet zusammengebrochen, hätte ich eigentlich denken müssen, sage ich mir jetzt. Dabei sah ich mir die Fugen zwischen den Fliesen an: Sie waren schmutziggraubraun. Es waren die Fugen von damals.

Da lagen sie übereinander wie bei der Apokalypse von Bosch, hätte ich auch denken können. Natürlich hätte ich in erster Linie an die Opfer denken müssen in diesem getarnten Duschraum, genauer gesagt, in dieser Gaskammer in diesem Keller in diesem ehemaligen Männerhaus II in diesem roten Krankenhaus-Backsteinbau der Nervenklinik Bernburg, statt an einen anderen roten Backsteinbau, in dem ich die erste psychotische Frau in meinem Leben sah, meine erste leibhaftige Geisteskranke sprechen hörte: Ich hätte ja nun wenigstens daran denken können, dass solche Menschen wie diese psychotische junge Frau damals in der Bernburger Gaskammer ermordet worden wären, aber ehrlich gesagt, ich fragte mich: Wo ist hier der Geruch nach Desinfektionsmitteln? Es ist nur noch ein Museum für diese Tötungsart, dachte ich, auch wenn es natürlich genau hier geschah vor 57 Jahren. Ich lebte damals schon ein Jahr und acht Monate und renne auf einem 6-mal-9-Foto mit einem großen Besen in der Hand auf die Fotografierende zu. Und genau zur gleichen Zeit, am 18. Juli und am 1. August 1941, sind die 275 Menschen aus der Schweriner Nervenklinik in dieser Gaskammer ermordet worden. In ihren Krankenakten ist von einem Busausflug nicht die Rede. Dort steht nur: Verlegt in eine andere Anstalt. Kein Wort mehr, auch nicht der Name der anderen Anstalt. Sonst war es in den Akten üblich, die Verlegung in den Wachsaal, in den Isolierraum, in das Pflegehaus zu vermerken oder den Grund und das Ziel einer Verlegung in das Krankenhaus einer anderen Stadt. Nach jüngsten Forschungsergebnissen, las ich in einer Zeitung von 1999, war das amerikanische Außenministerium durch seine Diplomaten in Deutschland nicht erst 1941, sondern schon seit 1940 über das Euthanasie-Programm der Nationalsozialisten informiert. Tausende von Leben hätten gerettet werden können, schreibt darum der Leiter des Simon-Wiesenthal-Zentrums in Los Angeles, wenn die amerikanischen Behörden die Morde unmittelbar nach Bekanntwerden verurteilt hätten. Ich werde warten, bis die anderen unserer Gruppe wieder nach draußen in den Kellerflur getreten sind. Denn ich will allein in der Dusche sein. Alle 179 Menschen, deren Akten ich las, haben in diesem Raum gestanden und sind hier gestorben. Die Fenster vergittert. Die ehemals weißen Fliesen reichen bis über meinen Kopf.

Wenn die Menschen in dem Duschraum sterben, erbrechen sie sich, und wenn sie bewusstlos werden, entleeren sich Blasen und Därme. Alles das muss doch wieder sauber gemacht werden, bevor die nächste Gruppe getötet werden kann. Also spritzt man die weißen Fliesen nachher mit Wasser aus einem Schlauch ab. Wie in einem Schwimmbad. Die Glasluke in der schweren Tür. Das Giftgas darf nicht aus dem Raum dringen. Das Gefühl, wenn aus einem Duschkopf statt des erwarteten Wassers Luft kommt. Gas. Bis zum Ersticken vergeht noch Zeit. Da nützt kein Atemanhalten. Ich werde nicht mit einem Bus in die Nervenklinik Bernburg in Sachsen-Anhalt transportiert, noch am gleichen Abend in einem umgebauten Duschraum mit Gas vergiftet und am nächsten Morgen, wenn es wieder hell ist, verbrannt. In der Nacht könnte man sonst weithin in der Stadt den Schein der Flammen aus dem Schornstein bemerken. Oder man könnte ihn aus den anderen Krankenzimmern sehen. Denn die Duschkammer befindet sich mitten im Krankenhaus. Die Aufbewahrungsflaschen für das Giftgas stehen da wie Torpedos in ihrem Aufbewahrungsraum, der so groß ist wie eine Besenkammer. Sie sind genauso schmal wie die Propangasflaschen auf den Zeltplätzen, aber doppelt so hoch. Dieser weiß gekachelte getarnte Duschraum im Keller des ehemaligen Männerhauses II ist der einzige noch original erhaltene derartige Tötungsraum in Deutschland, sagt die Historikerin, die uns führt. Vom 21. November 1940 bis zum 24. August 1941 sind hier 9385 Kranke und Behinderte vergiftet worden.

Diese 9385 Menschen kamen in kleinen Gruppen (die erste umfasste 25 Menschen) abends aus verschiedenen psychiatrischen Einrichtungen Nord- und Mitteldeutschlands in Transportbussen an, stiegen aus und gingen direkt, so wie sie waren, in das Obergeschoss des Männerhauses II. Durch einen Holzvorbau, weil die Kranken in den Nachbarhäusern des Männerhauses II, die nicht getötet werden sollten, sie nicht beim Hineingehen bemerken sollten.

Denn sie gingen ja nie wieder hinaus.

Die Tür hinter ihnen wurde fest verschlossen. Die Gasflaschen im Nebenraum wurden mit dem Rohrsystem im Duschraum verbunden. Nun mussten nur noch die Ventile geöffnet werden.

Nach den 9385 Kranken und Behinderten wurden in Bernburg von August 1941 bis März 1943 fünftausend fast ausschließlich jüdische Häftlinge aus den Konzentrationslagern Buchenwald, Flossenbürg, Groß-Rosen, Neuengamme, Ravensbrück und Sachsenhausen vergiftet. Sonderbehandlung 14f13 hieß diese Aktion.

Eine Schreibkraft soll um ihre Entpflichtung gebeten haben, und beim Tötungspersonal soll es Unruhe gegeben haben, als nicht mehr nur Behinderte, sondern sogenannte Normale aus den Konzentrationslagern vergiftet werden sollten.

Die sind ja klüger als wir, soll einer vom Personal geäußert haben. Aber geweigert hat sich sonst niemand, dort zu arbeiten.

Nun steigen wir ein, wir zum Tode Verurteilten

Wussten sie, was sie erwartete, als sie in den blauen Bus steigen mussten?

Auch in der Schweriner Nervenklinik lag doch sicher, wie in der Vergasungsanstalt Grafeneck, Hitlers ›Mein Kampf‹ aus. Auf Seite 144 hielt Hitler die Erhaltung des Minderwertigen für eine Verhöhnung der Natur.

Auf dieser Seite 144 hatte er auch gelesen, so schrieb der Patient Richard H. in einem Bericht, den er in der Nazizeit verfasst hatte und der dem Nachkriegsgericht beim Grafeneck-Prozess gegen das dortige Euthanasie-Tötungspersonal vorlag, man sollte möglichst viele Kinder erzeugen, müsste dann aber, um der Überbevölkerung vorzubeugen, die erzeugten Menschen prüfen und sodann alles geistig oder körperlich Schwache vernichten. Jeder Humanitätsdusel sei hier nur Feigheit. Alle konnten es lesen.

Nun steigen wir ein, wir zum Tode Verurteilten.

Weiter nichts als diesen Satz hatte ich in dem Dokumentenband von Ernst Klee gelesen. Eine katholische Ordensschwester sprach ihn aus, als sie in den Bus steigen musste. Sie hatte recht, denn sie war wirklich zum Tode verurteilt. Aber ohne Gerichtsverhandlung. Sie war nicht angeklagt worden. Sie hatte niemandem etwas getan. Kein Richter hatte ihr das Urteil verkündet. Sie war ohne Rechtsbeistand, durfte sich nicht einmal verteidigen.

Sie war nicht todkrank. Und sie wollte leben, nicht sterben. Sie war zum Tode verurteilt. Und sie träumte es nicht. Es geschah in der Anstalt Emmendingen.

Warum war die Ordensfrau Patientin in der Psychiatrie? Vielleicht hatte sie manchmal Depressionen, vielleicht wusste sie nicht immer, welcher Tag gerade war, vielleicht war sie unkonzentriert und vergesslich geworden, vielleicht hörte sie Stimmen und hatte einen religiösen Wahn, vielleicht bekam sie hin und wieder einen epileptischen Anfall.

Irgendeinen Grund musste es gegeben haben, dass sie in der Anstalt behandelt wurde und nicht im Kloster lebte.

Weil es sich auch dort herumgesprochen hatte, dass noch am selben Tag die Kleidungsstücke derjenigen zurückkamen, die aus Emmendingen von diesen merkwürdigen Bussen mit den schwarz gestrichenen Scheiben in eine andere Anstalt verlegt worden waren, hatten die Patienten Angst vor der Verlegung. Fräulein Sofie, dableiben, i bei der Fräulein Anne bleiben, Fräulein Sofie, hol mi wieder, so schrie ein 19-jähriges Mädchen, als sie in den Bus gezerrt werden sollte. Sie lief weg, hielt sich an Türklinken und am Treppengeländer fest und wurde schließlich unter dem spöttischen Lachen des Transportpersonals in den Bus gestoßen.

Eine 50-Jährige leistete in derselben Anstalt einen solchen Widerstand gegen ihren Abtransport, dass zwei Männer und zwei Frauen des Transportpersonals Mühe hatten, sie mit Gewalt in den Bus zu zerren.

Ein Arzt der Anstalt Stetten schilderte am 3. Dezember 1947 vor Gericht, dass ein Mädchen mit dem Vornamen Marie vor seinem geplanten Abtransport bis zum nächsten Bahnhof fliehen konnte, dort schrie, dass sie getötet werden solle, von einem Reisenden Geld für ihre Heimfahrt zum Vater bekam, den Vater tatsächlich auch vorfand und von ihm einige Tage aufgenommen wurde.

Während sie bei ihm war, bekam der Vater die Mitteilung, dass Marie bei einer Verlegung mit dem Auto tödlich verunglückt sei, schon verbrannt worden war und ihre Asche in Grafeneck abgeholt werden könnte.

Da siehst du, dass ich getötet werden sollte, sagte da die Tochter zu ihrem Vater.

Der Arzt gab 1947 vor Gericht an, dass er aufgrund dieses Vorfalls damals mit dem Euthanasie-Verantwortlichen für Württemberg sprach und daraufhin von ihm über den genauen Tötungsvorgang in der Anstalt Grafeneck, wohin Marie gebracht werden sollte, informiert wurde. Wenn er darüber etwas sage, werde er sein Leben riskieren, hatte der Euthanasie-Verantwortliche ihm gedroht.

Und am Schluss seiner Aussage vor Gericht sagte der Arzt: Die Marie G. ist übrigens später auch in Grafeneck getötet worden.

Die Marie G. ist übrigens später auch in Grafeneck getötet worden? Der Vater hat sie also in die Anstalt zurückgegeben, obwohl die gefälschte Todesnachricht gekommen war? Nicht nur die Todesursache war ausgedacht, sondern auch die Verbrennung ihrer Leiche. Es gab einen Brief mit der Unterschrift eines echten Arztes und eines Sonder-Standesbeamten. Marie G. war zu dem einzigen Menschen geflohen, der sie vor der Ermordung bewahren konnte: ihrem Vater. Er war gewarnt durch den Brief. Ihre Furcht bestätigte sich durch den Brief. Sie hat alles richtig durchschaut.

Und trotzdem muss sie wieder in die Nervenheilanstalt gebracht worden sein. Von ihrem Vater mit Gewalt?

Direkt von zu Hause ist doch keiner der 100 000 erwachsenen Kranken in die Tötungsanstalten gebracht worden? Immer wurden sie vorher in die zuständige Nervenheilanstalt eingeliefert, von ihren Angehörigen oder den Fürsorgeschwestern oder der Polizei. So wie auch Henriette von ihrem Vater in die Klinik auf dem Sachsenberg gebracht wurde.

Das ist elend ihre Krankheit

Henriette hatte sich nach einer Hirnentzündung so verändert, dass ihr Vater sie acht Jahre später, nach dem Tod von Henriettes Mutter, seiner Frau, die sie immer geschützt und entschuldigt hatte, nicht mehr zu Hause ertrug und sie nach weiteren acht Jahren mithilfe der Behörden im Alter von 25 Jahren in die geschlossene Anstalt zwangseinweisen ließ. Erst nach sechs Jahren Verwahrung durfte sie zum ersten Mal versuchsweise wegen einer Konfirmation drei Wochen zu Hause bei ihm und seiner neuen Frau sein. Er brachte aber seine Tochter sogar noch Ende April 1941, als es schon Gerüchte wegen der vielen plötzlichen Sterbefälle in der Anstalt gegeben haben musste, wieder zurück. Denn sie störte ihn mit ihrer Trägheit und Vergesslichkeit. Dass das nur eine Folge der schweren Gehirnentzündung damals mit neun Jahren war, wussten alle beobachtenden Ärzte, die Stiefmutter und auch der Vater.

Auf der Innenseite des Krankenakten-Deckblatts ist Henriettes Original-Geburtsurkunde eingeklebt: Vor dem unterzeichneten Standesbeamten erschien heute, der Persönlichkeit nach bekannt, der Arbeitsmann lutherischer Religion, und zeigte an, dass von der Henriette, seiner Ehefrau, lutherischer Religion, wohnhaft in des Anzeigenden Wohnung am siebenten November des Jahres tausendneunhundertundneun – vormittags um sieben Uhr ein Mädchen geboren worden sei und dass das Kind den Vornamen Henriette erhalten habe – die Tochter bekam also den Vornamen ihrer Mutter. (Dann folgten drei Leerzeilen.) Vorgelesen, genehmigt und unterschrieben. Unterschrift des Vaters. Der Standesbeamte.

Vier Jahre später hatte am 7. November 1913, noch fast ein Jahr vor dem Ersten Weltkrieg, in einem kleinen Dorf in der Nähe Schwerins das kleine Mädchen Henriette Geburtstag. Seine Mutter Henriette lebte noch und hat ihm bestimmt einen Kindergeburtstag ausgerichtet und einen Kuchen gebacken mit vier Lichtern darauf zum Auspusten.

Sie war nun noch fünf Jahre lang gesund.

Das Unglück geschah erst 1919, als Henriette neun war: Sie steckte sich mit einer epidemischen Encephalitis, einer Gehirnentzündung, an. Ihr Vater, ein Forstarbeiter, war zu diesem Zeitpunkt 34 und ihre Mutter 32 Jahre alt. Ihre Mutter, der von ihren sieben Kindern nur diese Neunjährige und die 15-jährige Paula geblieben waren, saß die ganze Zeit an ihrem Bett.

Gerda war im Alter von wenigen Tagen gestorben, Kurt mit einem halben Jahr, Erna mit vier Wochen, Günther mit einer Woche, und Paul wurde nur eindreiviertel Jahr alt.

Anning, bleib mir nicht tot, schrie die Mutter.

Sie weinte und flehte so lange, bis Henriette nach zwei Wochen aus dem Koma aufwachte.

Meine Mutter hat mich aufgeschrien, erzählte sie später.

Nach fünf Jahren hatte sich Henriette sehr verändert: Sie war oft schläfrig, zeigte weniger Interesse als früher, konnte sich schlechter erinnern und war reizbarer. Aber sie schloss die Volksschule nach 8 Jahren ab, ohne sitzen zu bleiben, und wurde mit 15 Jahren in der Oberstufe eingesegnet. Nach der Schulentlassung erlernte sie keinen Beruf, sondern durfte zu Hause bleiben und half der Mutter im Haushalt.

Aber alles änderte sich, als ihre Mutter 1927 im Alter von 40 Jahren an Tuberkulose starb. Sie hatte ihre aus dem Koma wundersam gerettete Tochter sehr geliebt und ihr alle Schwächen nachgesehen. Henriette war gerade 18 geworden und blieb nun allein bei ihrem Vater, der nach wie vor als Flößer und im Forst arbeitete. Ihre 24-jährige Schwester Paula hatte geheiratet und lebte in einem anderen Dorf.

Der Vater versuchte, Henriette als Hausangestellte unterzubringen, was ihm aber immer nur für kurze Zeit gelang, weshalb er ihr erlaubte, vorläufig noch zu Hause zu leben.

Ein reichliches Jahr nach dem Tod seiner Frau, am 7. Januar 1929, es ist sehr kalt um diese Zeit, die Tage sind kurz, die erste Woche im neuen Jahr, eine Woche nach Silvester und zwei nach dem Heiligen Abend, Henriette war gerade 19 Jahre alt geworden, verlor der Vater aber die Geduld: Er stellte einen Antrag an das Wohlfahrtsamt Neustrelitz mit der Bitte, seine Tochter in ein Arbeitsheim einzuweisen, weil er sich schon die größte Mühe gemacht hätte, sie in irgendeiner guten Stellung unterzubringen, da er sie doch zu Hause nicht gebrauchen könnte, wo doch die mütterliche Anleitung fehle, da seine Frau gestorben sei. Aber es nützte alles nichts, weil sie, wenn sie von einem Vergnügen käme, immer zu aufgeregt und dann zu frech gegen ihre Herrschaft werde. Sie sei zänkisch, lügenhaft, geltungssüchtig und streitsüchtig, klagte er, und für schwere Arbeit zu schwach. Wenn sie eine ruhige Anleitung hätte, sei sie sehr folgsam und arbeite fleißig, aber ohne Anleitung machte sie nichts. Das ist elend ihre Krankheit, so schloss ihr Vater seinen Antrag. Er war jetzt 44 Jahre alt und wollte nach dem Trauerjahr so gern wieder heiraten.

Henriette wurde daraufhin drei Wochen später von einem Arzt im Auftrag des Wohlfahrtsamtes untersucht. Nach der Kopfgrippe im Jahre 1919, während der die Patientin nach Angabe des Vaters 14 Tage bewusstlos war, schrieb dieser, stellte sich eine außerordentlich starke Schläfrigkeit, Interesselosigkeit und Gedächtnisschwäche ein, die sich nur wenig gebessert hat. Der Nachtschlaf sei gut und ruhig, die Stimmung sehr wechselnd. Zeitweise beobachte man erhöhte Reizbarkeit. Lähmungserscheinungen bestünden nicht. Häusliche Arbeiten führe die Patientin ordentlich aus, wenn sie dauernd (das hat der Arzt unterstrichen) beaufsichtigt werde. Einkäufe beim Kaufmann wären wegen der Gedächtnislosigkeit fast unmöglich, selbstständige Arbeiten unmöglich.

Henriette wurde aufgrund dieses Gutachtens nicht zwangsweise in einem Arbeitsheim untergebracht, wie der Vater es beantragt hatte. Aber bereits zehn Wochen später, am 18. April 1929, Henriette war noch nicht 20 Jahre alt, stellte ihr Vater beim Wohlfahrtsamt den nächsten Antrag auf ihre dauernde Unterbringung: »Da ich bereits wieder mit meiner Tochter Henriette in Stellung versucht habe in der Sportschule Mirow. Es war leider wieder vergebens, sie war ganze 4 Wochen da, sie wurde wieder entlassen auf Grund, sie ist zu schwach und kann ihre obliegenden Arbeiten nicht verrichten.« (Laut ärztliches Gutachten, fügte der Vater in Klammern hinzu.)

Eine zwangsweise Einweisung erfolgte auch nach diesem Antrag nicht. Anderthalb Jahre später, eine Woche vor Heiligabend 1930, wiederholte ihr Vater den Antrag, Henriette dauernd in ein Heim einzuweisen. Er forderte, sie als Schwachsinnige unterzubringen, weil sie müde, dickfällig und niederträchtig sei. Niemand hielte es aus bei ihr (in Klammern fügte er hinzu: keine Frau). Er möchte wieder heiraten. Und seine Tochter müsste dauernd beaufsichtigt werden.

Im Sommer 1933 ging beim Wohlfahrtsamt Neustrelitz ein erneuter väterlicher Antrag auf Unterbringung seiner Tochter Henriette ein, »möglichst in Zwangsarbeit oder in sonstiger Anstalt«, weil sie nicht arbeiten wolle und unverträglich sei mit der Stiefmutter. Eine Woche später berichtete die Fürsorgeschwester Luise W. aufgrund des väterlichen Antrags: Henriette sei faul, schläfrig, interesselos, sehr vergesslich und neige zum Herumtreiben. Die Landesheilanstalt Domjüch bei Altstrelitz nahm sie nach diesen vielen Anträgen ihres Vaters schließlich vier Monate später zur Begutachtung auf, entließ sie nach vier Tagen als ungeheilt und berichtete dem Wohlfahrtsamt, dass die Beobachtung der ledigen Henriette M. vom 25. bis 29. November 1933 einwandfrei ergeben hätte, dass dieselbe an den chronischen Folgezuständen einer früher nach den Angaben des Vaters und des Arztes Dr. G. im Jahre 1919 durchgemachten Hirnentzündung (Encephalitis epidemica oder Kopfgrippe genannt) leide. Die Folgen zeigten sich sowohl in nachweisbaren und ganz charakteristischen körperlichen Störungen in Form der eigentlichen Erstarrungen der Willkürbewegungsvorgänge als auch in seelisch-geistigen Störungen in Form charakterlicher Entartung. Schwachsinn bestehe nicht. Als solche erscheinende Auffälligkeiten wären lediglich Zeichen der krankhaften hirnbedingten Charakterveränderung. Die geschilderten körperlichen und geistigen Folgezustände der Hirnerkrankung wären unheilbar und dauernder und völlig unberechenbarer Verschlechterung fähig.

Wären im Elternhaus günstigere Bedingungen hinsichtlich Beaufsichtigung und Behandlung vorhanden, schrieb der Klinikarzt, so sollte Henriette am besten zu Hause behalten werden. Wenigstens könnte sie zu Hause behalten werden, schloss er. Für die Arbeit in fremden Diensten halte er sie nicht geeignet, auch nicht für die Unterbringung im Landarbeitshaus. Er schlug vor, Henriette in das Haus Bethanien in Neubrandenburg einzuweisen, wenn ihre Unterbringung als leichte Haushilfe im Städtischen Krankenhaus zu Altstrelitz scheitern sollte.

Dieser Klinikarzt, ein *Medicinalrat*, betonte, dass die Notwendigkeit einer Unterbringung in der Landesheilanstalt Domjüch nicht gegeben sei, bei Belassung in der Außenwelt wegen der angegebenen sexuellen Haltlosigkeit, die bei solchen Kranken häufig eine besonders charakteristische und sozial bedenkliche Erscheinung wäre, jedoch die Sterilisierung notwendig sei, weil Schwangerschaft auf organische Nervenleiden stets verschlimmernd einwirke.

Am 15. März 1935 war es schließlich so weit: Henriette wurde für immer in die Nervenklinik am Sachsenberg in Schwerin eingewiesen. Sie war mittlerweile 25 Jahre alt. Ihr Vater war 50 und in zweiter Ehe verheiratet. Sie erschien in Begleitung einer Fürsorgerin des Mecklenburger Frauenhilfsvereins, eines Fräulein von S.

Der Aufnahmearzt notierte in der Akte, die jetzt bis zu ihrem Tod in sechs Jahren und viereinhalb Monaten, am 1. August 1941, ununterbrochen geführt wurde, dass über Henriettes Familie nichts bekannt wäre. Henriette sei gegen Hausgenossen aggressiv geworden, hätte gelärmt, gesungen, andere von der Arbeit abgehalten, selbst aber nicht gearbeitet. Damals aus der Heilanstalt Domjüch entlassen, hätte sie in das Heim Bethanien bei Neubrandenburg kommen sollen. Die Aufnahme wäre aber abgelehnt worden. Dann wäre auch der Versuch einer Aufnahme im Fürsorge-Erziehungsheim in Werle bei Mistorf gescheitert, denn auch hier hätte sie nicht gehalten werden können. Sie sei schließlich durch das Kreiswohlfahrtsamt Stargard nach Sachsenberg eingewiesen worden. Der Aufnahmearzt forderte eine Beurteilung der Schule an. Bereits neun Tage nach der Aufnahme, am 24. März 1935, antwortete der Rektor der Stadtschule in M. in einem handschriftlichen Brief im Querformat DIN A5 mit Schulstempel: Aus Veranlassung der Anfrage vom 20.3. habe er bei Herrn Lehrer im Ruhestand S. Erkundigungen über seine ehemalige Schülerin Henriette eingezogen. Der Lehrer hätte ihm mitgeteilt, dass Henriettes Lernfähigkeit sehr gering gewesen sei, dass sie aber doch Lesen und Schreiben gelernt habe. Als besondere Auffälligkeiten bei Henriette bezeichnete der Lehrer ihr verstocktes Wesen, gepaart mit Trotz und Widersetzlichkeit, das bei milder Behandlung und Nachsicht häufig zur Frechheit ausartete. Oft sei sie schwer zum Reden zu bringen gewesen, dann sei es aber auch kaum möglich gewesen, den Redefluss zu hemmen. Nach einigen Wochen ergänzte der Klinikarzt die Diagnose des Folgezustands nach epidemischer Encephalitis durch die Diagnose Parkinsonismus mit charakterologischer Entartung. Die häuslichen Verhältnisse für Henriette wären ungünstig, da sie zu Hause unerwünscht sei, steht in der Akte. Henriette werde nachgesagt, dass sie frech, vorlaut und anspruchsvoll sei. Außerdem gelte sie als sehr erotisch. Am ganzen

Körper und in der Wäsche, schrieb der Klinikarzt, war sie bei der Aufnahme hochgradig verschmutzt und direkt stinkend, sie füge sich in der Klinik aber glatt ein und mische sich ungefragt in vieles mit kindlicher Neugier und Ungehemmtheit. Auf Befragen gebe sie sinngemäße Antworten. Seit dem Tod der Mutter vor sieben Jahren an Schwindsucht träume sie jede Nacht von ihr. Sie hätten viel voneinander gehalten. Die Mutter hätte sie, Henriette, am liebsten gehabt und etwas verzogen. Da der Vater seit 1933 wieder verheiratet sei, könne und wolle sie jetzt nicht wieder zu Hause sein, sondern möglichst bei ihrer verheirateten Schwester Paula, die jetzt 30 Jahre alt war. Bei der würde sie gerne mitarbeiten. Zwar gebe sie, Henriette, oft Widerworte, sei aber friedlich. Auch ihren Schwager möge sie gerne. Allerdings hätte der angekündigt, sie rauszuschmeißen. Ick smiet di rut, hätte der gesagt.

Henriette bemerkte die Veränderungen an sich auch selbst: Sie erzählte dem Klinikarzt, dass sie es nirgends aushielt und von jeder Stelle gleich wieder weglief, wenn ihr irgendeine Kleinigkeit nicht passte, und dass sie seit ihrer Krankheit immer viel Schlaf brauche. Sie könne nicht mehr so flott laufen, könne nicht mit, schlafe auch bei der Arbeit beinahe ein. Nachts wiederum schlafe sie nicht richtig und fantasiere viel.

Auffassung und Schulwissen ist gut, schrieb der Arzt. Was das Heilige Abendmahl bedeute, wisse sie nicht, es sei eine heilige Handlung, sie brauchte es auch mal wieder zur Vergebung ihrer Sünden. Eine Sünde sei eine Erbsünde. Sie liest fließend (das unterstrich der Arzt sogar) und rechnet auch richtig: 3 mal 15 ist 45, 3 mal 10 ist 30, 3 mal 5 ist 15, 14 mal 15 ist 210, 13 mal 11 ist 143. Alles beantwortet sie prompt, notierte der Arzt.

Sachen hätte sie nie selbst eingekauft, denn sie bekomme kein Geld, weil sie nasche und so gern Schokolade esse. Stehlen sei verboten, das ist das siebte Gebot, sagte sie. (Sie folgt dem Arzt mit scharfer Aufmerksamkeit und nicht unkritisch, notierte der Arzt in Klammern.) Sie laufe aus ihren Stellungen weg, weil es ihr eben nirgends gefalle, sie möchte am liebsten in der Stadt sein (wie zum Beispiel in Neustrelitz) und in einem Zimmer arbeiten. Sie möge gern tanzen und sich gut kleiden. Wenn sie sich anständig betrage, möchte sie vielleicht mal einer zur Frau, hoffe sie, schrieb der Arzt. Sie habe oft Ziehen im Kopf und viel Speichel im Mund, besonders nachts, sodass sie viel schlucken müsse oder es ihr aus dem Mund laufe. Sie könne sich nur langsamer bewegen und habe sogar schon im Gehen geschlafen. Bei der körperlichen Untersuchung fiel dem Arzt auf, dass Henriette für ihre Jahre infantil wirkte. Bei einer Größe von 1,48 Meter wog sie ohne Kleider 94 Pfund, also 47 Kilogramm.

Was ist der Zweck der Konfirmation, fragte er die 25-Jährige bei der Prüfung ihres Allgemeinwissens. Sie antwortete: Da wird das Kind bestätigt.

Die Haut sei rein und gesund, notierte der Arzt. Sie habe die Neigung, den Mund etwas geöffnet zu halten, der Blick sei starr, und sie zeige auch eine deutlich ausgeprägte Starre des Gesichts, der Kopfhaltung und des Oberkörpers. Beim Gehen bemerkte er keine deutliche Störung, doch schwang der linke Arm nicht richtig mit. Ihre Sprache sei leicht monoton singend, sonst jedoch ohne artikulatorische Störung, die Pupillen seien nicht ganz rund und reagierten etwas langsam. Der Muskeltonus besonders am linken Bein sei etwas erhöht. Henriettes Hände und ihre Augenlider zitterten bei der Untersuchung.

Sie behielten sie in der Klinik.

Nun hatte sie bis zu ihrem Tod noch sechs Jahre und viereinhalb Monate zu leben. Im Juni 1937 wog die inzwischen 27-jährige Henriette 122 Pfund: Sie hatte also seit ihrer Aufnahme in der Anstalt vor zwei Jahren 28 Pfund zugenommen. Da sie so gern Süßes aß, aber kein Geld hatte, stahl sie manchmal aus den Nachttischschubladen der anderen Kranken Schokolade. Du sollst nicht stehlen, das ist das siebte Gebot, hatte sie dem Aufnahmearzt der Anstalt geantwortet.

Am 29. März 1941, mit 31 Jahren, durfte sie zum ersten Mal seit sechs Jahren nach Hause zurück, denn es sollte eine Konfirmation gefeiert werden. Bei dieser Gelegenheit konnte Henriette vielleicht noch einmal alle sehen, die sie nicht in ihrem Haushalt haben wollten: ihren Vater, ihre Stiefmutter und ihre Schwester Paula mit ihrem Mann. In der Akte findet sich ein vom Arzt minutiös ausgefüllter Erbgesundheitsbogen. Darin sind außer den Geschwistern Henriettes, auch den toten, alle Geschwister und Eltern der Eltern aufgeführt, mit Geburtsjahr, Beruf und gesundheitlichen Problemen. Vielleicht saß einer von ihnen mit Henriette beim Mittagessen nach der Kirche an einem Tisch? Henriettes Mutter zum Beispiel hatte acht Geschwister, von denen noch fünf lebten: Eine Tante war in Berlin-Neukölln verheiratet (im Berliner Telefonbuch gibt es heute 38 Eintragungen mit ihrem Namen), eine Tante wohnte in einem Dorf bei R. und galt als nervenleidend, ein kinderloser Onkel lebte in W. als Arbeiter, ein anderer Onkel mit seinen sieben Kindern wohnte als Arbeiter in K., eine Tante mit ihren neun Kindern in S., ein Onkel war schon im Ersten Weltkrieg gefallen, ein anderer im Alter von 50 bis 60 Jahren als Arbeiter in Z. gestorben und eine Tante im gleichen Alter in L.; der Großvater, der Vater der Mutter, ein Schäfer, war im Alter von 89 Jahren schwerhörig an Altersschwäche gestorben, auch seine Frau, Henriettes Großmutter, war schon gestorben: mit 68 an einem *Magengewächs*. Die Geschwister des Vaters nahmen Henriette ebenfalls nicht auf: weder die Tante im gleichen Dorf noch seine Stiefschwester in Breslau. Ein Onkel war als Vizefeldwebel 1917 im Felde gefallen, wie es im Erbfragebogen heißt.

Wer war das Kind, das konfirmiert wurde, so wie Henriette 17 Jahre zuvor, als ihre Mutter noch lebte und sie noch zu Hause sein durfte, schläfrig und vergesslich und ein bisschen vernascht? Vielleicht war es ein Kind der Schwester? Eine Nichte oder ein Neffe? Oder wurde ein Kind ihres Vaters konfirmiert? Ein Halbbruder oder eine Halbschwester? Ein Kind, das Henriettes Vater mit seiner neuen Frau hatte? Ein Konfirmand im Jahre 1941 hätte aber schon 1927 geboren werden müssen, und damals lebte Henriettes Mutter noch. Stammte das Kind von der Frau? Henriettes Schwester war 37 Jahre alt, als sie sie bei dieser Konfirmation zum letzten Mal sah. Da war ein Kind bestätigt worden, so wie Henriette vor sechs Jahren dem Aufnahmearzt in der Anstalt eine Konfirmation erklärt hatte. Besaß sie überhaupt noch ein Kleid für den Kirchgang? Wo sollte es denn gehangen haben? Niemand wartete auf sie. Aber warum lud man sie zur Konfirmation ein? Vielleicht war es doch eine Probeentlassung? Der Versuch eines Arztes, sie zu retten? Der Versuch des Vaters, sie vielleicht doch wieder aufzunehmen? Denn sie blieb ja vom 29. März bis zum 21. April 1941 in der Freiheit. Aus ihrer Krankenakte geht hervor, dass Henriette am 29. März 1941 regelrecht aus der Anstalt entlassen wurde. Nicht zu einem Urlaub. Sie wurde entlassen. Und dann wurde sie regelrecht wieder aufgenommen. Wie eine neue Patientin. So wie 548 andere neue Patienten in diesem Jahr auch. Henriette hat sicher bei der Konfirmation mit allen das Vaterunser gebetet. Und hat das Kind gesehen. Am Altar. Und zum Nachtisch und zum Kaffee gab es bestimmt etwas Süßes.

Am 21. April 1941, drei Wochen nach der Konfirmation, brachte der Vater seine Tochter wieder zurück in die Nervenklinik.

Nach ihrer Beurlaubung zur Konfirmation wieder aufgenommen, steht als vorletzte Eintragung in der Akte. Im Juli 1941, wenige Tage vor ihrem Tod, wog Henriette nur noch 93 Pfund, weniger als bei ihrer Einweisung sechs Jahre zuvor. Die letzte Eintragung in der Akte lautet: 1.8.1941, verlegt in eine andere Anstalt. An diesem Tag, drei Monate und zehn Tage waren vergangen, seit ihr Vater sie nach der Konfirmation in die Anstalt zurückgebracht hatte, musste sie sterben. Sie wurde 31 Jahre alt.

Henriette gehörte zum zweiten Transport.

Der zweite Transport

Der zweite Transport von Schwerin in die Tötungsanstalt Bernburg fand genau zwei Wochen nach dem ersten statt, am 1. August 1941.

Vielleicht war es so: Es war sicher kein Geheimnis mehr am Morgen. Die jetzt aufgerufen werden und in die Busse dort unten einsteigen müssen, sie würden nicht mehr zurückkommen. Sicher hat es sich herumgesprochen unter den Kranken, dass die Kleidungsstücke derjenigen vom vorigen Transport schon am nächsten Tag, schon am 19. Juli, ohne ihre Besitzer zurückgekommen sind.

Heute wird niemand schreien. Nur nicht auffallen. Jeder und jede wird hoffen, dableiben zu dürfen, nicht aufgerufen zu werden. Niemand vom medizinischen Personal, kein Arzt und auch keiner der Begleiter mit den schwarzen hohen Lederstiefeln unter den weißen Kitteln wird heute einen Ausflug versprechen.

Als Erste geht Emma aus dem Schlafraum zum Bus hinunter, Emma, die Pensionatsbesitzersfrau.

Wir waren uns bis zum Schluss über ihre Krankheit nicht einig, werden die Ärzte denken, die schweigend auf dem Vorplatz des Pflegehauses stehen und sich nicht überwinden können, aufmunternd zu lächeln: Ist es wirklich eine Schizophrenie?

Die blinde und taubstumme Lucie legt sich ihre neue, ihre einzige Strickjacke auf den Schoß. Die anderen im Schlafsaal haben sie an der Farbe und dem Muster gleich wiedererkannt: Das ist ja die Strickjacke von Berta, der Zeugin Jehovas. Und Lucie spürt: Es riecht und fühlt sich an wie ihre Bettnachbarin, die ihr schon so lange fehlt. Niemand schreibt ihr den Grund dafür in die Hand. So wie es sonst geschah.

Sie ist schon seit 17 Jahren in der Anstalt, gehörte zu den 178 Neuen vom Jahre 1924. Damals war sie schon 53 Jahre alt, klein, zierlich und bei einer Größe von 1,53 Metern nur 48 Kilogramm schwer. Zwei Jahre davor war sie aus der fünfjährigen Betreuung in Domjüch in die Rostock-Gehlsheimer Klinik verlegt worden. Lucies Eltern waren miteinander blutsverwandt, nämlich Vetter und Base, und alle ihre Geschwister eigentümliche, in sich gekehrte Menschen. Sie war von Geburt an taubstumm und schon seit einer Reihe von Jahren auf dem linken Auge völlig blind. Rechts nahm sie nur noch einen Lichtschimmer wahr. Von Jugend auf galt sie als imbezill. (Zu damaliger Zeit verstand man darunter einen angeborenen oder im frühen Kindesalter erworbenen mittelgradigen Schwachsinn mit beträchtlicher Urteilsschwäche und der Unfähigkeit, einen Beruf auszuüben, weil Lesen, Schreiben und Rechnen nicht den Anforderungen des täglichen Lebens genügen.) Bevor sie in die Schweriner Anstalt kam, hatte Lucie in den beiden vorigen Anstalten häufige Erregungszustände: Sie schlug dabei Mitpatientinnen und Wärterinnen und warf ihr Essen in den Saal.

Hier auf dem Sachsenberg war sie aber meist ruhig und zutraulich: Sie erkannte die Ärzte durch Tasten, drückte sie dann erotisch an sich, wie jemand in der Akte notierte, und schrieb ihre Wünsche auf seine Handfläche.

So nahm sie auch Antworten entgegen und gab Dank und

Freude durch Drücken und Streicheln zu verstehen. Sie fand sich im Saal zurecht, saß meist still neben ihrem Bett, lachte vor sich hin, schreckte nur bei plötzlicher Berührung zusammen, reagierte dann zuweilen mit deutlichem Ärger, machte Gebärden des Schimpfens, besonders, wenn sie sich von der Umgebung vernachlässigt oder geärgert glaubte, und warf dann Gegenstände in den Saal. Sie verständigte sich prompt durch Schreiben, meist auf die dargebotene Handfläche oder auf Papier.

Gemütsrapport gut, urteilte ein Anstaltsarzt einmal in Lucies Akte, bei klarer und prompter schriftlicher Verständigungsmöglichkeit in den einfachen, gewöhnlichen Dingen des täglichen Lebens. Hält sich sehr sauber und ordentlich, fügte er hinzu. Sonst strickte sie fast den ganzen Tag eifrig, tadellos und ohne Fehler.

Aber heute saß sie starr auf ihrem Bett. Sie legt die Jacke von Berta um die Schulter, als jemand Fremdes sie am Arm nimmt und aus dem Schlafsaal führt, die Treppe hinunter, über den Sand, eine hohe Stufe hinauf und sie auf einen gepolsterten Sitz drückt. Lucie fühlt und schnuppert neben sich: Da sitzt ja Emma mit ihrem duftenden Taschentuch.

Als Amalie an diesem 1. August 1941 in den blauen Bus mit den schwarz gestrichenen Scheiben stieg, drehte sie sich noch einmal um und sah eine Pflegerin fragend an: Kommen Sie nicht mit uns?

Nein, wir bleiben heute hier, keine Zeit für einen Ausflug. Na dann, auf Wiedersehen, sagte Amalie zu ihnen. Bis jemand die Bustür von innen zuschloss.

Ich doch Dein Liebe Frau

Von den 140 Patienten, die am 1. August 1941 von Schwerin nach Bernburg gefahren werden sollen, war Amalie am längsten in Behandlung, denn ihr Mann hatte sie zum ersten Mal schon im März 1908 in die Anstalt gebracht. Da war sie 29 Jahre alt. Sie hatte so getobt, dass er sich Verstärkung holen musste. Drei Männer zusammen hatten sie zu bändigen gewusst, sodass sie schließlich auf dem stundenlangen Transport zwischen Ludwigslust und Schwerin still geworden war und sich freiwillig auf die geschlossene Abteilung führen ließ. In den nächsten 31 Jahren kam Amalie noch fünfmal in sehr großer Angst und Erregung gegen ihren Willen in die Anstalt. Wenn es wieder gut war mit ihr, nahm ihr Mann sie immer wieder zu Hause auf.

Sieben Kinder hatten sie zusammen, drei von ihnen starben früh. Amalies Ehemann war von Beruf Güterbodenarbeiter. Das war in ihrer Krankenakte in Sütterlinschrift deutlich geschrieben. Anders sah es beim Beruf seiner Begleiter aus: Viehhändler?

Ich hätte hier etwas für eine Medizinhistorikerin (nein, ich nahm die männliche Berufsbezeichnung), sagte ich daher zu der Dame von der Lesesaalaufsicht des Bundesarchivs. Nein, orakelte sie über der vergilbten undeutlichen Schrift, das kann ich so nicht erkennen, hier steht doch Vorständler.

Aber sehen Sie doch, wie der Arzt dort das s und hier das h

schreibt, widersprach ich: Die beiden Buchstaben sehen doch genauso aus.

Sie kam ins Zweifeln und schickte den Schriftsachverständigen zu mir, einen Historiker, der selbst die schwierigsten Fälle im Lesesaal zu lösen versucht, indem er innerhalb der Schriftprobe an verschiedenen Stellen die Buchstabenschreibung genauestens vergleicht. Er nahm die Akte und sagte: Auf den ersten Blick könnte man denken, dass es Vorständler heißt.

Aber warum, fragte ich, soll denn ein Güterbodenarbeiter mit der Hilfe von zwei Vorständlern seine Frau in die Psychiatrie bringen? Wem oder was sollten denn die vorstehen?

Der Historiker erinnerte mich an die vielen Vereine im Deutschland der Kaiserzeit. Außerdem hätte es damals eine ziemliche Titelsucht gegeben. Vielleicht waren es Vorständler vom Kleingarten- oder vom Sportverein, schlug er vor.

Ich war enttäuscht, denn mein Wunschberuf für die beiden Männer hätte für eine Geschichte viel besser gepasst: Viehhändler bringen eine tobende Geisteskranke am Anfang des 20. Jahrhunderts in Mecklenburg, womöglich gefesselt auf einem Viehtransportkarren, von einer Stadt in die Irrenanstalt einer anderen Stadt. Eine passende Symbolik für das Machtverhältnis zwischen einer Geisteskranken und ihrem ratlosen Ehemann, dachte ich.

Aber der Historiker sah natürlich beim zweiten Blick auch, dass der Arzt kaum einen Unterschied zwischen s und h machte, und erbat sich die Seite. Nach einer Weile kehrte er zurück und sagte: Viehhändler. Ganz eindeutig Viehhändler, sehen Sie doch einmal, wie das s geschrieben ist. Und dann sehen Sie hier einmal das h an.

Ich hatte inzwischen weitergelesen und entdeckt, dass sich der Ehemann bei der nächsten Einweisung seiner Frau vier Jahre später sogar einen Schlachtermeister mitgenommen hatte. So fügte sich die Geschichte.

Die drei Männer wiesen die Einweisung des Kreis-Psychiaters vor, aus der hervorging, dass ein Arzt die junge Frau gegen Mittag auf Bitten ihres Ehemannes in der Wohnung besucht hatte. Nach Angabe ihrer Verwandten, schrieb der Arzt, stammte Amalie aus geistesgesunder Familie, war früher nie schwer krank und insbesondere nie geistig gestört. Nun war sie seit vier Jahren verheiratet und Mutter zweier Töchter, einer dreijährigen, die an schwerer Rachitis litt, und einer elf Monate alten, die sie noch an der Brust hatte. In der vorvorigen Nacht war Amalie (der überweisende Arzt schrieb: Die Frau) plötzlich, ohne dass angeblich etwas Besonderes vorausgegangen wäre, laut geworden, schalt heftig auf den neben ihr im Bett liegenden Ehemann, zeigte Angst und schwatzte namentlich in verwirrter Weise vom Tode, von Vergiften, Teufeln und Mördern, die alle um sie herum wären, ihr nach Geld und Leben trachteten, und betete laut. Die Leute im Haus waren zusammengelaufen. Sie musste schließlich gehalten werden, weil sie die anderen angriff und sich aus dem Zimmer stürzen wollte. Um ein Uhr in dieser Nacht zum Frühlingsanfang 1908 wurde sie wieder ruhiger und soll sich ihres Zustandes nicht mehr erinnert haben. So war sie auch den ganzen folgenden Tag über vollkommen ruhig, nur etwas tüdrig, und besorgte ihre häuslichen Arbeiten. Sie war den anderen noch durch ihren Blick aufgefallen, aber einen Arzt holte nach dieser ersten Angstnacht niemand. In der darauffolgenden Nacht hatte Amalie während der Nachtschicht ihres

Mannes mit ihren beiden Kindern schon im Bett gelegen, als sie gegen drei Uhr plötzlich laut schreiend, ihren Säugling im Arm, das größere hatte sie wohl zurückgelassen, aus dem Haus zu ihrem Mann lief, der in einer Dachkammer des Bahnhofs arbeitete. Mutter und Kind waren nur mit einem Hemd bekleidet. Sie wurde nach Haus zurückgebracht (blieb der Mann an seiner Arbeitsstelle, bekam er in diesem Ausnahmefall nicht frei?), war bis zum Mittag ständig laut und erregt, musste stets von mehreren Menschen bewacht und oft noch gehalten werden. Als der endlich herbeigerufene Arzt in ihr Eheschlafzimmer trat, stand sie nur im Hemd aufrecht im Bett und schrie in heftigster Erregung, versuchte, während ihre Gesichtszüge heftigste Angst ausdrückten, aus dem Fenster oder der Tür hinauszukommen und ließ sich jedes Mal nur mit Mühe zurückhalten. Zwischendurch stand sie mit starrem Blick still im Bett, um dann wieder loszuschelten und einen erneuten Versuch zum Ausbruch zu machen. Ihre Gesichtsfarbe war dabei sehr blass. Nach Meinung des überweisenden Arztes war Amalie in Geistesstörung verfallen und bedurfte, da sie sich in einem Zustand heftigster Angst und tobsüchtiger Erregung befand, der beschleunigten Überführung in die Irrenheilanstalt.

Der Aufnahmearzt in Schwerin nahm eine einfache Seelenstörung an (Jahre später rundet sich in der Akte die Vermutung, dass es sich wohl von Anfang an um eine Schizophrenie gehandelt haben könnte). Als er an ihr Krankenbett trat, lag Amalie mit weit geöffneten Augen und einem etwas ängstlichen Gesichtsausdruck im Bett und sah unentwegt zur Stubendecke. Als er sie ansprach, richtete sie sich auf, sah ihn erstaunt an und bewegte dabei die Lippen, ohne mehr als ein leises, aber ganz unverständliches Flüstern hören zu lassen. Erst auf sein wiederholtes Fragen gab Amalie mit langsamer, heiserer Stimme kurze Antworten.

Ihren Geburtstag nannte sie richtig als den 10. Oktober, aber anstatt des Geburtsjahres 1878 sagte sie: Ein und sieben und achtzig. Vor vier Jahren hätte sie geheiratet (richtig, schrieb der Arzt in Klammern dahinter). Zwei Kinder sollten da sein, sagte Amalie, aber ob sie noch lebten, wüsste sie nicht. Sie sei in Sachsenberg, hier sei alles so mall, so verrückt sei sie nie gewesen. Die Leute sähen ihr alle so schwarz an.

Nach einer Weile absoluten Schweigens, während der sie den Arzt ununterbrochen angesehen hatte, fragte sie ihn plötzlich, ob er nicht Karl Niehus sei, und tat, als ob sie sich über ihn als einen alten Bekannten sehr freute. Sie flüsterte ihm leise für ihn nicht verständliche Worte ins Ohr, die sich stellenweise anhörten wie: Weißt du wohl noch – nichts aufseggen. Dann legte sie den Kopf zurück und bewegte, den Blick wieder zur Decke gerichtet, leise flüsternd die Lippen und reagierte nicht mehr. (Es ist die Schrift meines Vaters, an die ich mich erinnerte, als ich diesen Arztbericht las, eine regelmäßige deutliche deutsche Schrift. Und vielleicht konnte ich deshalb so selbstbewusst meine Viehhändler gegen die Vorständler der anderen verteidigen, weil ich die vielen Briefe meines Vaters aus dem Krieg, kurz vor seinem Tod 1941, so oft las.)

In der ersten Anstaltsnacht lief Amalie viel von ihrem Bett weg, stellte sich dann wieder aufrecht ins Bett und sprach unverständliche Worte, in den nächsten Tagen aß und schlief sie nur wenig, sprach viel vor sich hin, blieb manchmal unbekleidet und gab dem Arzt manchmal spielerische Antworten, ohne ihm direkt zu antworten. Sie wusste nicht, wo sie sich befand, wie lange sie in der Anstalt war, erkannte niemanden, sah viel auf ihre Hände, sprach, nachdem sie angefangen hatte, laut zu antworten, dann plötzlich leise weiter und lachte zwischendurch. Einen Monat nach ihrer Einlieferung erhielt Amalie den ersten Besuch von ihrem Ehemann, wusste aber danach anscheinend nichts mehr davon.

Einmal sang und tanzte sie im Bett, einmal sagte sie, als der Arzt das Krankenzimmer betrat: Jetzt kommt mein Mann. Einmal warf sie alle Decken und Kissen aus dem Zimmer, schlug nach den Wärterinnen, sprang mit aufgelösten Haaren im Bett umher, warf ihr Butterbrot in die Stube und das Frühstück nach den Wärterinnen.

Manchmal lief sie fast den ganzen Tag neben dem Bett umher in freudig erregter Stimmung, anscheinend *mit oft erotischer Färbung*.

Ein Vierteljahr nach ihrer Einlieferung bekam sie den zweiten Besuch von ihrem Ehemann: Sie hat sich gefreut und unterhalten.

Nach drei Wochen kam er zum dritten Mal, inzwischen war schon Sommer, aber diesmal war sie sehr gereizt zu ihm. Am nächsten Tag schrieb der Arzt: Thut heute sehr verständig, gibt einige richtige Antworten: Sei krank.

Was fehlt Ihnen denn?, fragte der Arzt.

Schwindsucht, antwortete sie.

Dem Arzt fielen ihre glänzenden Augen dabei auf.

Zwei Wochen später wurde sie ins Gitterzimmer verlegt, sprang abends aus dem Fenster und warf am nächsten Tag ihre Betten zum Fenster hinaus.

Soll mit dem Mann bei seinem Besuch etwas verständig gesprochen haben, zwischendurch aber auch ganz verkehrt. Als er wieder weg war, hätte sie in ihrer albernen spielerischen Art über ihn geredet.

Einmal benutzte sie Verbandsgaze als Kopfputz (so etwas war einmal in der Inszenierung des Theaterstücks von Peter Weiß über die Ermordung Marats, dargestellt von Anstaltsinsassen, zu sehen), einmal hielt sie einen bestimmten Arzt für den Pastor Erich und bot an, ihm die Wirtschaft zu führen.

Kopfkrank sei sie nicht, auch nicht gewesen, hätte nur Stiche in der Seite gehabt. Dabei redete sie den Arzt mit Du an, sie sei in der Marienschule, drinnen sei Bethlehem.

Für alles fand sie andere Namen.

Ende September 1908, kurz vor ihrem 30. Geburtstag, wurde sie mit der Diagnose einer einfachen Seelenstörung entlassen. Vom Frühlingsanfang bis zum Herbstanfang war sie in der Nervenklinik gewesen.

Auf dem Abschlussbericht dieser ersten Aufnahme 1908 hatte der Arzt, der 1941 immer die Verlegungsvermerke in die Tötungsanstalt Bernburg, »Verlegt in eine andere Anstalt«, auf den Aktendeckeln und auf dem Deckblatt eintrug, geschrieben: Erbl. Belastung siehe 6. Aufn. Das unterstrich er deutlich, 33 Jahre später, als Amalie zum sechsten Mal in ihrem Leben in die Anstalt musste. Das Blatt von 1908 ist beherrscht von diesen todbringenden Korrekturen aus dem Jahre 1941.

Bis zur nächsten Einweisung konnte Amalie vier Jahre zu Hause bleiben. In dieser Zeit zwischen der ersten und der zweiten Anstaltsbehandlung wurde sie dreimal schwanger und gebar vier Kinder, denn einmal waren es Zwillinge. Von diesen vier Kindern starben drei: die Zwillinge, weil sie als Frühgeburten zu schwach waren, und ein kleines Kind, weil es einen Brechdurchfall nicht überstand. Nur ein Mädchen, die dritte Tochter, überlebte und war ein Jahr und fünf Monate alt, als ihre Mutter plötzlich wieder vom Vater weggebracht wurde: Am 11.11.1912, also zum Karnevalsbeginn, aber der wird ja in Mecklenburg nicht gefeiert.

Amalie war einen Monat zuvor 34 Jahre alt geworden, zu Hause blieben die drei Töchter, die achtjährige, die fünfjährige und die kleinste.

Diesmal hatte sich ihr Ehemann zur Verstärkung den Schlachtermeister mitgebracht, von dem schon die Rede war. Sie wiesen das ärztliche Zeugnis eines Medizinalrats vor.

Bei dieser Aufnahme wog Amalie neun Pfund weniger als vor zwei Jahren, nur noch 101 Pfund. Eine weitere Untersuchung konnte nicht vorgenommen werden, da sie plötzlich laut schreiend und gestikulierend aus dem Bett heraus und im Zimmer umhersprang und mit der Faust gegen die Fensterscheibe schlug. Ihre Worte reihten sich zusammenhanglos aneinander und waren für den Arzt nur teilweise zu verstehen. Bald wurde sie aber ruhiger und legte sich in ein fremdes leeres Bett, wurde dann in ihr eigenes gebracht und blieb bis zum Ende der Visite still liegen. Amalie wusste, dass sie wieder in der Anstalt war und dass sie sich schon einmal hier aufgehalten hatte. Ihr Essen riss sie vom Tisch. Am Abend desselben Tages begann eine ununterbrochen erregte Phase: Sie war sehr schwer im Bad zu halten (offensichtlich steckte man sie wieder in ein Dauerbad, von dem die Psychiater damals hofften, dass es beruhigen könnte) und zerwarf die Waschschale.

In der Nacht tanzte sie unbekleidet herum, vermutete nun,

sich in Hamburg zu befinden, behauptete, in einem Tannenwald gewesen und dort einem Räuber begegnet zu sein. Sie konnte einfach nicht verstehen, dass sie in dieser Anstalt war, obwohl sie deren Namen auf ihrem Teller las.

Am 5. Dezember 1912 beschäftigte sich Amalie nicht. (Einmal werden wir noch wach, heißa, dann ist Niklaustag. Mein Großvater Karl wurde an diesem Tag 25 Jahre alt und liebte meine Großmutter schon, beide waren schon richtige Lehrer, und ihr Sohn, mein Vater, der neun Monate später geboren wurde, vielleicht hatte er sich schon geteilt als kleines befruchtetes Ei, starb an diesem Tag, 29 Jahre später, kurz vor Moskau durch eine Handgranate.)

Amalie *schwatzte verworren* und versuchte den Arzt zu umarmen. Sie war unbeschäftigt (eine Wortneuschöpfung des Psychiaters?).

Drei Tage vor Heiligabend (Väterchen Stalins Geburtstag, lernten wir in der Schule, an jedem 21. Dezember denke ich an den Diktator, das wird sich nicht ändern, er liegt in meinem Langzeitgedächtnis) war Amalie in der Nähstube beschäftigt.

Wo liegt Sachsenberg?, fragte der Arzt.

Bei Schwerin.

Was ist Sachsenberg?, fragte er weiter.

Bei Hamburg.

Nachts schlief sie wenig, saß viel im Bett, sprach vor sich hin und betete. Einmal meinte sie, etwas im Mund zu haben, obwohl er leer war. (Am Rand der Seite steht in anderer Schrift, wieder in der lateinischen Schrift des Arztes, der nur die negativen Auffälligkeiten bemerkte: Sensationen und inkohärent.) Sie behauptete, ihre Spucke sei anders als bei anderen Menschen.

Im Februar 1913 schrieb Amalie einen vierseitigen Brief an ihren Mann. (Es folgt der Name der Stadt, in der sie mit ihm lebte, und nicht der Ort der Anstalt, in der sie sich befand; aber vielleicht wusste sie wieder einmal nicht, wo sie gerade war.)

19. Febuar Lieber Mann, ich muss, dich es mir wohl geht doch noch bevor! erst noch mahl schreiben ich geht und denke dir es gut. wie geht es doch mahls an Kinder denn dich. Kinder hoffentlich gans gut. Und dich selbst, wnsche ich mir wohl auch, gans gut. Amen. Du was schreiben, mir. Mahl da zu freuen baldt als möglich. Erst wieder noch eine Karte ich habe. Oft mahls und ruhe nach hause gekricht. Zum erst komme. Ich Hause 1. März das du was ich zu daraus ver lasse Komme diech dasich zu Hause Lieber Mann Denn schrenkende Mein icher geht Geht allen gut, sind Nette Wertterinnen Es icher, wir können Alle mit. Ein anderen, gut vertragen. Lieber Mann backe Mein beckuck das vergesen wirs Ver gest auch nicht Dabei gürße vile Heziliche Und Güße mir Vom ich mich Viele Heilige Grüße Und: M/lieben Mann wenn ich dir bitte Noch aus last Frau Wartet Lieb dir Vanil soße für mich viele Herzinliche Grüße an die Kinder, denn er die Kinder Mann Ich Liebe Mann Ich doch dein Liebe Frau Mama Kommt baldt wieder Das weis du doch Und hachten Was Wo Ein Andere Mich Ich freu Mich das zu meinen Kindern Ich. Kann Liebe kannen Die Wieschaft besorgen ich komme doch nun zum Sonntagmittag Den Liebe Frau Schlut ich Bitte Ist ihen noch Führ uns vreiwilling zu mich Liebe Fasu Hasu Schullt ich mus an Mich mahl denken Mich geht es wohl Hohleicht gut Liebe Frau Schlut habe Hei Lieber Mann mache Hei heut mahl frau sausa Gemacht, was ich das

Weis ich Lieber Mann Hembt Honose Schuhe Kleid Rücke Blusse gans Gans Genus Lieber Mann Bitte dich Das die Recht Sauber ist Zu Aansicht Wenn icht Zu Hause komme Lieber Mann Besorge Zu Hauß lass es lissen die Stuben mahs rein Das es verm Orling

Zwei Tage nach diesem Brief wurde Amalie als gebessert entlassen. Die Diagnose lautete wie beim ersten Mal vor fünf Jahren: Einfache Seelenstörung. Sie war nun 34 Jahre alt und durfte für die nächsten achteinhalb Jahre zu ihrem Mann und ihren drei Töchtern nach Hause zurückgehen.

Die bei der Entlassung im Jahre 1913 zweijährige Tochter Amalies wird später wegen angeborenem Schwachsinn aus der 3. Klasse der Volksschule entlassen, im Jahre 1929 einen Trinker heiraten und mit ihm zwei Kinder haben: einen Sohn mit angeborenem Schwachsinn, der unter Krämpfen leidet und mit sechs Jahren noch nicht richtig sprechen kann, und eine Tochter, die geistig zurückbleibt und auch unter Krämpfen leidet. Gegen diese jüngste Tochter wird in der Nazizeit ein erbgesundheitliches Verfahren vor dem Erbgesundheitsgericht in L. laufen.

Die bei dieser Entlassung im Jahre 1913 fünfjährige Tochter wird 1939, wenn Amalie zum sechsten Mal in die Anstalt muss, mit der Diagnose Idiotie schon dort sein.

Die bei dieser Entlassung im Jahre 1913 älteste, achtjährige Tochter wird die Hilfsschule besuchen, bei der letzten Einlieferung der Mutter im Jahre 1939 vier minderjährige Kinder haben und aufgrund eines amtsärztlichen Gutachtens, das ihr angeborenen Schwachsinn bescheinigt, sterilisiert sein.

Ein Jahr nach ihrer Entlassung aus der zweiten Anstaltsbehandlung, im Mai 1914, gebar Amalie ihr siebtes Kind, den einzigen Sohn, der seine Kindheit erlebte. Wenn sie 1939 in die Anstalt kommt, wird sie nicht wissen, wo dieser 25-jährige Sohn ist. Schon 1935 wird er wegen eines angeborenen Schwachsinns und *Jugendirreseins* aufgrund eines amtsärztlichen Gutachtens unfruchtbar gemacht worden sein.

Gegen Ende des Jahres 1921, eine Woche nach dem Nikolaustag, zwischen dem dritten und vierten Advent, musste Amalie zum dritten Mal in ihrem Leben in die Anstalt. Sie war inzwischen 43 Jahre alt.

Diesmal brachten sie weder ihr Ehemann noch ein Viehhändler, noch ein Schlachtermeister, sondern zwei Transporteure, die sie direkt aus ihrer Wohnung überführten. Amalie war gutwillig mitgegangen.

Ihr Mann blieb mit den vier Kindern zurück, den drei Töchtern von 17, 14 und 10 und dem siebenjährigen Sohn. Der Mann und die Kinder hatten miterlebt, wie Amalie in der vorangegangenen Nacht plötzlich mit ihrer Lampe fast sämtliche Fensterscheiben ihres Wohnzimmers entzweigeschlagen hatte und sich seitdem, wie die Untersuchung am Vormittag ergab, in einem Zustand tobsüchtiger Erregung befand. Sie bedürfe wieder der sofortigen Überführung in die Irrenheilanstalt, schrieb der einweisende Arzt.

Dem Aufnahmearzt der Anstalt war Amalies bejammernswerter Zustand wichtiger als Erblichkeit und Familienanlage ihrer Erkrankung, anders als seinem Kollegen 18 Jahre später bei der sechsten Aufnahme, der mit todbringender Genauigkeit jede Auffälligkeit in der Familie ermitteln wird.

Sie wog diesmal nur noch 93 Pfund, ihr Puls war klein und kaum fühlbar. Sie kam in den Wachsaal.

Ihr Beruf und Familienstand war jetzt: Ehefrau. Und die Anstalt hieß nun Heil- und Pflegeanstalt Sachsenberg bei Schwerin in Mecklenburg und nicht mehr Großherzogliche Irrenanstalt Sachsenberg, denn inzwischen hatte Deutschland einen Weltkrieg hinter sich und eine gemäßigte Revolution.

Amalie kam in sehr verschmutztem Zustand und mit Kopfläusen, wirkte sehr hastig, entkleidete sich, redete vor sich hin und war dabei für den Arzt unverständlich. Ihre wunden Knie führte der Arzt auf den Tobanfall zurück.

Nachts konnte sie nur mit starken Medikamenten schlafen. Krank sei sie nicht, sie habe nur Fieber, sagte sie. Sie legte sich in fremde Betten, gab auf Befragen ganz sinnlose Antworten, wenn sie überhaupt antwortete, hatte Gehörstäuschungen mit männlichen und weiblichen Stimmen, gab aber über den Inhalt nichts Näheres an.

Sie habe zu Hause Angst gehabt, dass sie dort totgeschlagen werde.

Am nächsten Tag aber lachte sie zu allem, was sie sagte: Sie sei gesund, wolle nach Hause, denn sie habe ihren Mann und vier Kinder zu versorgen. Bald war sie ruhiger und fleißig, jedoch nur noch in gehobener heiterer Stimmung. (Schrecklich, dachte ich, muss es doch sein, wenn es immer einen Menschen gibt, der meine Heiterkeit beobachtet und einschätzt, ob sie normal oder unnormal ist. Amalie war also ruhig und fleißig, das Einzige, was an ihr noch unnormal war: ihre gehobene, heitere Stimmung.)

Mitte April 1922 durfte sie nach Hause.

»Gebessert entlassen« ist in einer anderen Schrift eingefügt, die das e in Sütterlinschrift schreibt, während der protokollierende Arzt schon das lateinische e verwendete.

Wieder nahm man nur eine *einfache Seelenstörung* an. An einen schizophrenen Schub werden die Ärzte erst beim nächsten Mal in drei Jahren denken. Bis dahin durfte Amalie zu Hause bleiben.

Aber im Jahre 1925 musste sie gleich zweimal eingeliefert werden: Beim vierten Mal, im März 1925, war sie inzwischen 46 Jahre alt. Sie ließ ihren Mann und ihre vier Kinder zu Hause zurück: Ihre älteste Tochter, mit der sie später die Wohnung teilen wird, war zwanzig, die zweitälteste Tochter, die später in derselben Anstalt liegen wird, war siebzehn, die jüngste Tochter dreizehn und ihr Sohn zehn.

Diesmal wurde Amalie von zwei Transporteuren gebracht, die keine Auskunft geben und nur die fünf Tage alte Einweisung eines Polizeiarztes vorweisen konnten: Die seit 16 Jahren kranke und unter Katatonie leidende Hausfrau sei seit einigen Tagen wieder geistig erregt, habe die Fensterscheiben ihrer Wohnung eingeschlagen und sei in den frühen Morgenstunden dieses Tages nackt auf die Straße gelaufen. Zurzeit sei sie im Polizeivernehmungsraum auf dem Rathaus untergebracht und schwatze dort unter lebhaften Gestikulationen unaufhörlich vor sich hin. Sie sei seines Erachtens jetzt wieder im Zustand tobsüchtiger Erregung und bedürfe der sofortigen Überführung in eine öffentliche Irrenanstalt.

Der Aufnahmearzt der Anstalt behielt Amalie da wegen »erneuter akuter Erregung mit sinnlosen Sachbeschädigungen, völliger Zerfahrenheit des Denkens und Handelns bei Rededrang und heiterer Stimmung«.

Nach der Aufnahme lag sie ruhig und teilnahmslos im Bett, erschien dem Arzt zeitweise etwas versonnen und ratlos, zeitweise wie lauschend und kaum ansprechbar. Auf Befragen konnte sie ihren Namen und auch ihr Alter mit 46 Jahren richtig angeben, aber nicht ihr Geburtsdatum. Näher ließ sie sich nicht befragen, ja, sie beantwortete, respektive beachtete, die meisten Fragen des Arztes gar nicht, »redete beziehungslos vorbei und sprach dabei hastig und heiser«. Sie hatte Kopfläuse und war dürftig ernährt, ihr Gebiss lückenhaft, der Blick »leer und etwas unstet«.

Schon sechs Tage später war sie ziemlich ruhig, äußerlich nicht auffällig und besonnen (das ist blau unterstrichen), sie antwortete geordnet, in leicht heiterer Stimmung (ebenfalls blau unterstrichen mit dem gleichen Ölstift, mit dem auch die mit Z beginnende Euthanasie-Aktions-Aktennummer geschrieben ist. Ich kann mich irren, aber ich habe den Eindruck, für die Patienten positive Bemerkungen wurden blau und die gegen ihr Weiterleben sprechenden Beobachtungen rot unterstrichen).

Zehn Tage später begann sie, sich nützlich zu beschäftigen, in Klammern: Nähen, etc.

Zwei Wochen später wurde Amalie als stille und harmlose Patientin in das Parkhaus II verlegt.

Nach zehn Tagen hatte sie sich leicht verändert: Sie sprach leise vor sich hin, lachte dazu, schien abgelenkt und zerstreut, »störte aber nicht und sprach sich nicht aus«.

Zwei Wochen später war sie *anhaltend ruhig, nach außen unauffällig, fleißig affektlos, gleichgültig* (das Wort gleichgültig ist blau unterstrichen), auch gegen zu Hause (ihr Briefsatz »Ich Liebe Mann ich doch dein Liebe Frau« war schon zwölf Jahre alt). Da sich auch einen Monat später nach Einschätzung des Anstaltsarztes keinerlei Veränderung zum Schlechten ergeben hatte, wurde sie als gebessert (das ist wieder blau unterstrichen) vom Mann nach Hause geholt.

Der Arzt fasste seinen Eindruck im Krankenblatt zusammen: Die 47-jährige Arbeiterfrau (sie war aber erst 46 an diesem Entlassungstag im Juni, denn Amalie hatte erst im Oktober Geburtstag; der Anstaltsarzt machte sich also im Gegensatz zum einweisenden Polizeiarzt nicht die Mühe, außer auf das Geburtsjahr noch auf den Geburtsmonat zu sehen) sei ohne erbliche Belastung, und die früheren Gesundheitsverhältnisse wären ohne Befund. Nachdem sie mit 26 Jahren geheiratet und zwei gesunde Kinder zur Welt gebracht hatte, wäre im 30. Jahr mitten in der Nacht ein ganz akuter Ausbruch von Geistesgestörtheit in Form halluzinatorischer Verworrenheit mit ängstlicher Erregung und teilweise (das teilweise ist eingefügt, schränkte also ein) sinnlosen paranoiden Wahnvorstellungen eingetreten und hätte die erste Aufnahme erforderlich gemacht. In der Anstalt hätte man damals für das Vorliegen einer Katatonie typische Beobachtungen gemacht: jäh wechselnde psychomotorische Erregung, Stuporzustände, Halluzinationen, Verkennungen, Negativismen, Affektstörungen, läppisches Wesen, sprachliche Inkohärenz mit Rededrang, Eigenbeziehungen und paranoide Wahnvorstellungen bei Fehlen adäquater Gefühlsbetonung. Nach der vorigen Entlassung vor vier Jahren wäre sie zu Hause gleich wieder abulisch geworden (im Wörterbuch der Medizin steht, dass Abulie aus dem Griechischen kommt und krankhafte Willenlosigkeit, zum Beispiel bei Depression, bedeutet), hätte sich und den Haushalt vernachlässigt und wäre im verwahrlosten Zustande aufgenommen worden. Nun sei sie euphorisch-dement, läppisch, völlig zerfahren, interessenlos und böte alle Zeichen eines schizophrenen Endzustandes. Nach ihrer Beruhigung wäre sie lenksam und fleißig im Haus, aber doch ohne eigentliche Initiative und ohne Selbstständigkeit (das fügte der Arzt nachträglich ein).

Zum ersten Mal stellte der Arzt die klinische Diagnose: Schizophrener Schub.

Amalie durfte nach dieser Entlassung knapp drei Monate zu Hause bleiben. Dann wurde sie im September wieder in der Anstalt aufgenommen und musste nun zum ersten Mal eine lange Zeit bleiben: bis zum Juni 1929, fast vier Jahre.

Sie wurde zu dieser fünften Anstaltsbehandlung im Krankenwagen von zwei Begleitern gebracht, die wie beim vorigen Mal nichts über sie und ihre Krankheit sagen konnten.

Das ärztliche Einweisungsschreiben ist in ihrer Krankenakte als Blatt Nummer 13 vor das Blatt Nummer 14 geheftet. Auf diesem Blatt Nummer 14 steht aber die ärztliche Einweisung vom 13. September 1921, also vor vier Jahren. Sah überhaupt noch jemand genauer in Amalies Akte hinein?

Aus der aktuellen ärztlichen Einweisung ging hervor, dass die Ehefrau des Eisenbahnunterhaltungsarbeiters … zu …, erst vor Kurzem aus der Landesirren- und -pflegeanstalt entlassen, wieder an heftigen Erregungszuständen erkrankte, die eine Gefahr für ihre Familie und die Nachbarn bedeuteten. Sie bedürfe daher der Aufnahme in eine geschlossene Anstalt.

Amalie war wieder an Kleidung und Körper verschmutzt und hatte verfilzte Haare. Seit dem Tage ihrer Entlassung aus der Anstalt, also seit einem Vierteljahr, sei Amalie angeblich nicht zu bewegen gewesen, das Bett zu verlassen.

Die Nacht nach der Aufnahme lag sie ruhig und sprach gelegentlich leise vor sich hin. Nach drei Tagen war sie abwechselnd *bettflüchtig, apathisch-stupurös und nicht zugänglich.*

Die nächste ärztliche Eintragung erfolgte erst zwei Monate später, im November: Demnach lag sie meistens im Bett, war völlig apathisch, interesse- und initiativlos, affekt- und gemütsstumpf. Sie ließ sich in keiner Weise beschäftigen, war läppisch, dement und euphorisch.

Wachsaal I, steht an der Seite.

Am 10. Februar 1926 bescheinigt ein Arzt der Patientin ein ruhiges autistisches Verhalten. Sie sei eifrig und einwandfrei, auch in Nähen und Stricken, tätig auf der Station. (Das ist blau unterstrichen. Wieder ist etwas Positives, das gegen eine Ermordung sprechen könnte, blau unterstrichen.) Unter Aufsicht könne sie brauchbar (dieses merkwürdige Wort) mit mechanischen groben Arbeiten beschäftigt werden.

Man beobachtete Eigentümlichkeiten des Sprachausdruckes: Ihre Mutter habe hier oft *durchgesprochen,* und sie habe dieselbe oft *durchgeschaut* gesehen.

Ob ihr Vater tot sei, wisse sie nicht, er sei vom Tode auferstanden. (In Wirklichkeit war er ja schon vor zwölf Jahren gestorben, zwischen ihrer zweiten und dritten Anstaltsbehandlung.) Sie habe die Blasengallensteinkrankheit. Sie sei vergossen. Hier sei das Krankensiechenhaus Sachsenberger Aufnahme. Sie habe die Beregelung bekommen und höre Stimmen aus dem Vogelsang. Sie sei belegt von der Oberin.

Ob mit ihrer Tochter … auch Beständigung sei? (Patientin ist gegen dieselbe völlig gleichgültig, fügte der Arzt in Klammern dahinter ein.)

Als Amalie dem Arzt wieder einmal ein Sprichwort erklären

sollte, wählte er: Es ist nicht alles Gold, was glänzt. Amalie antwortete: Dass Silber Gold bekommen heißt, dass wir bald Weihnacht haben.

Amalie war inzwischen 50 Jahre alt.

1929 blieb sie nur noch bis zum Sommeranfang, fuhr dann in den Urlaub nach Hause und kam zu dieser fünften Anstaltsbehandlung nicht mehr zurück. Als sie auch nach einem Monat noch fehlte, wurde sie als ungeheilt entlassen ausgetragen.

Zehn Jahre, zwischen ihrem 50. und ihrem 60. Lebensjahr, war Amalie nun zu Hause. Am 2. Juni 1939, also drei Monate vor dem Beginn des Zweiten Weltkriegs und vier Monate vor Hitlers Tötungserlaubnis für unheilbar kranke Menschen, wurde Amalie zum sechsten Mal in der Anstalt aufgenommen. Sie hatte noch zwei Jahre und zwei Monate zum Leben. Diesmal war sie von den Wohlfahrtsschwestern in die Anstalt gebracht worden, die einen ärztlichen Bericht an den Rat ihres Wohnorts vorwiesen: »Sie leidet jetzt wieder an Erregungszuständen zunehmender Intensität, sodass eine häusliche Pflege nicht mehr möglich ist. Sie bedarf daher der Überführung in die Heil- und Pflegeanstalt Sachsenberg.«

Amalie hatte zuletzt mit ihrer Tochter gemeinsam (das ist in der Akte rot unterstrichen) eine kleine Wohnung bewohnt. Diese Tochter (ihr Vorname ist auch rot unterstrichen) soll auch krank und schon sterilisiert sein (in Klammern folgt ein Ausrufezeichen), vermerkt der Aufnahmearzt wachsam. Ein Sohn (wieder rot unterstrichen, und seinem Vornamen folgt in Klammern ein Fragezeichen) hätte angeborenen Schwachsinn. Eine verheiratete (auch das ist rot unterstrichen) Tochter soll auch nicht in Ordnung sein, weitere Angaben könnten nicht gemacht werden, schrieb der Aufnahmearzt nach Rücksprache mit den Wohlfahrtsschwestern und fügte in Klammern hinzu: Sippentafel soll im Gesundheitsamt … aufgenommen sein. (Auch den Städtenamen unterstrich später jemand dick mit rotem Stift. So waren alle ihre blutsverwandten Familienangehörigen gefährdet, wenigstens unfruchtbar gemacht zu werden, wenn ihnen nicht noch Schlimmeres drohte.)

Ihre ursprünglich falschen und lückenhaften Angaben über Kinder, Geschwister und deren Familien korrigierte der Arzt dann mithilfe der angeforderten Sippentafel des staatlichen Gesundheitsamtes. Demnach war Amalies Vater 1915 und ihre Mutter 1916 im Ersten Weltkrieg gestorben (die Eltern hatten also die erste und zweite Einweisung ihrer Tochter in die geschlossene Psychiatrie noch miterlebt).

Amalies Ehemann, inzwischen Invalidenrentner, machte auf den Aufnahmearzt einen *stark beschränkten, trottelhaften Eindruck,* seine Schwester wäre gesund und seine Eltern auch. Ihre Tochter habe einen Lehrer zum Mann (die Stadt, in der er Lehrer war, steht in dem Erbgesundheitsbogen in Klammern dahinter), der invalide und beinamputiert sei. Der nach Amalie geborene Bruder war nach Amerika ausgewandert, der nächste Bruder mit einer Frau verheiratet, deren Vater getrunken haben soll. Die gemeinsame Tochter sei schizophren und befinde sich in Rückbildung in einer Anstalt in … Dann folgte eine Schwester, die es zu einer Zollbeamtenfrau gebracht hatte, darauf eine Schwester, die in Hamburg verheiratet war, und schließlich kam ihr jüngster, verheirateter Bruder, ein Vergolder.

Bei dieser sechsten Einweisung machte Amalie auf den Aufnahmearzt den Eindruck einer *läppischen Verblödung.*

Der Affekt sei nicht *ausgesprochen,* schrieb er. Auf Fragen nach Stimmenhören wich sie aus und begann fortlaufend von 1 an zu zählen.

Sie kannte ihren Aufenthaltsort und auch den Wochentag.

Das Datum der Untersuchung, einen Tag nach ihrer Einweisung, gab sie mit dem 3. Juni 1893 an (Tag und Monat stimmten, aber die beiden letzten Ziffern der Jahreszahl hatte sie verdreht und auch das Jahrhundert verwechselt), den Referenten (also den aufnehmenden Arzt) bezeichnete sie als Dr. Niehus (das hatte sie schon 1908, vor 31 Jahren, bei ihrer ersten Aufnahme in dieser Anstalt vermutet).

Bei der Rechenaufgabe 7 mal 9 nannte sie als Ergebnis 36 statt 63, vertauschte also auch hier die Ziffern. Amalie meinte, sie habe wohl Aufregung: Das komme durch Fieber.

Zur Intelligenzprüfung sollte sie, wie alle Patienten zu Beginn ihrer psychiatrischen Behandlung, Sprichwörter erklären: Bei »Morgenstund hat Gold im Mund« fiel ihr ein: Wie schön leuchtet der Morgenstern. »Hunger ist der beste Koch« konnte sie nicht erklären.

Am 10. Oktober 1939 (sechs Wochen zuvor hatte Hitler mit dem Überfall auf Polen den Zweiten Weltkrieg begonnen) war Amalie in der Regel ruhig und beschäftigungsfähig. Im Wesen erschien sie dem Arzt eigenartig und im Reden zerfahren. Im Jahre 1940 kam Amalie auch manchmal in Tätigkeit mit anderen Patienten, schrieb er. Am 10. Juli 1941 hatte der Oberarzt in der Akte vermerkt, dass Amalie meist ruhig sei und leidlich gut Hausarbeit verrichtete, Erregungen selten waren, sie aber unzusammenhängend redete und dachte.

In den letzten 33 Jahren war sie sechsmal in der Anstalt,

aber diesmal würde ihr Mann sie nicht mehr zurückbekommen.

(Einen dritten Transport von Schwerin in die Tötungsanstalt Bernburg gab es nicht mehr, denn zwei Tage später, am 3. August 1941, hielt Clemens August Graf von Galen in Münster seine mutige Rede: Er verurteilte die Ermordung von Geisteskranken und Gebrechlichen in Deutschland und half zumindest den Massenmord an ihnen mit Giftgas tatsächlich zu beenden. 70 273 Menschen sind bis dahin in den sechs Vergasungs-Anstalten ermordet worden. Dann folgten bis zum Kriegsende die Einzeltötungen in den Kliniken selbst.)

Trost

Zwei Marmorengel vor mir. Abgewandt in den grauen Himmel, der eine weißviolette Wolke trägt wie einen gewaltigen Wal. Sie beschützen die Toten, denn sie wachen am Ausgang, am Hauptweg des Friedhofs.

Die Gräber tragen weinrote Holzkreuze, und an der Seite steht ein Mann ganz allein, gestützt auf seine Krücke. Blickt er in das offene Grab vor sich? Oder spricht er mit dem Raben, der vor ihm auf einem Balken über der Grube sitzt? Alles im Bild fliegt auf diese Engel zu, über ihre gekreuzten Arme mit den Palmwedeln hinweg, hinauf in den tröstlichen, bergenden, violetten Himmel.

Ich habe hier aus meinem Arbeitszimmer in einem abgeschiedenen Dorf, ganz in der Nähe der Nervenheilanstalt, dem Ort der Handlung, oft durch die Glastür in die Wolken gesehen. Sie türmten sich auf vorm Horizont und zerfederten, wenn es Abend wurde, vor einem Himmel, den man mit ein wenig Geraniumlack, mit Zinnoberrot, in venezianischem Rot und in Alicarin-Krapplack malen kann.

Ja, dachte ich, alle seid ihr dort: Der Vogel in deinen Händen, Alwine, lebt und ist eine Nachtigall oder ein Spatz, und du wirst nie mehr hungern, und Emma, du kannst beruhigt schweigen, denn geredet hast du ja meist nur in deiner großen Angst, aber du darfst auch erzählen, soviel und solange es dir Freude macht, du Auguste, wirst deinen Verlobten wiederfinden, und Victoria darf das Abendrot und das Morgenrot löschen, unendliche Male, ihr dürft tanzen und mein lieber Mann und deine liebe Frau sein, sooft ihr wollt, und du, Otto, musst niemanden um etwas bitten, denn es ist alles da, ihr dürft euch irren und naschen und vergessen, und niemand wird euch die Freiheit nehmen, und ihr alle mit dem Kainsmal, Dr. Alfred L. und Schwester Elisabeth und Pfleger Otto und Pfleger Wilhelm: Ihr braucht niemanden mehr zu ermorden.

Denn ihr seid wie die andern.

Wie das so ist im Himmel.

Das grüne Operationstuch

Mit 14 las ich die Göttliche Komödie, spielte stundenlang einsam Klavier, sah aus dem Fenster auf den See, die Grenze zu Westberlin, und stellte mir vor, ganz bildlich, dass ich mich ungehindert mit dem Brieföffner, der auf dem Schreibtisch am Fenster vor der schwarzen Tanne lag, erstechen könnte und dann bei ihm wäre, bei ihm, der aus Liebeskummer wegen einer aus der Abi-Klasse Blausäure getrunken hatte.

Plötzlich wurde ich körperlos – ein Entfremdungserlebnis, wie ich heute weiß. Wie wunderbar, wie erlösend war später oft das Gefühl der Entfremdung, der wahrhaftigen Entfremdung von mir selbst, der plötzlichen Schmerzlosigkeit nach unerträglichem seelischem Schmerz.

Erschrocken über die Grenzenlosigkeit meiner Fantasie gaukelte mir damals wohl meine Seele zum ersten Mal vor, nur zu träumen. Es traf mich ahnungslos, und ich vertraute mich darum der nächsten Erwachsenen an.

Das können Symptome einer Schizophrenie sein, wenn das noch einmal vorkommt, musst du zu einem guten Psychiater, war ihre Antwort.

Mein Erschrecken hielt Jahre an.

Vielleicht wusste die Frau nicht, dass es zur Pubertät gehört, sich für sich selbst zu interessieren und manchmal bei dem Wirrwarr der Abhängigkeit und Widersprüche Angst zu bekommen, verrückt zu sein. Vielleicht hatte ihr das niemand tröstend gesagt, als sie 14 Jahre alt gewesen war.

Jahrelang spürte ich die Verzweiflung, sogar den Wunsch, mich zu töten, wenn ein anderer Mensch, ganz ohne Worte, nur mit einem spöttischen Blick, an meiner Normalität zu zweifeln schien. Dieses Ausgestoßenwerden war die schlimmste Verletzung.

Sechs Jahre später, ich war 20 und wir wohnten noch in derselben Wohnung, hat die Frau ein Vierteljahr nicht mit mir gesprochen, immer mit diesem Blick: Du bist verrückt. Du bist ja übergeschnappt. Du bist nicht normal. Das ist ja schizophren.

Aber ich war stärker geworden, hatte gerade ein Kind geboren, machte Prüfungen im Studium und wusste inzwischen: Das Für-verrückt-Erklären eines anderen Menschen geschieht aus Angst vor dem eigenen Verwirrenden, Unbekannten, Unkonventionellen, Schöpferischen, Fremden. Aber es bleibt eine Gefahr.

Die erste psychotische Patientin

Die erste Geisteskranke in meinem Leben sah ich im Großen Hörsaal der Nervenklinik in der Berliner Charité, Ende der 50er-Jahre, in der Psychiatrie-Vorlesung. Der Professor stellte sie uns als eine Patientin mit optischen Halluzinationen vor. Nun stand die ernst und ganz normal aussehende junge Frau neben dem Pult und beschrieb auf seine Bitte, was sie gerade vor sich sah.

Natürlich sah sie uns vor sich sitzen.

Aber außerdem erzählte sie von kleinen menschenähnlichen Wesen, die gerade eben durch das sonnige Fenster in unsern Saal hereinschwebten.

Der Professor hörte ihr zu. Nach einer Weile fragte sie ihn: Sehen Sie sie nicht?

Er antworte: Nein, aber ich glaube Ihnen, dass Sie die wirklich sehen.

Mir schien damals, dass die junge Frau über diese Antwort etwas bekümmert war, weil sie mit ihren Gesichten, im wahrsten Sinne des Wortes, so allein stand. Und sie hatte wohl auch Mitleid mit dem Arzt, weil er sich über ihre Gefährten, die, nach ihrer Schilderung zu urteilen, mit dem Staub im breiten Sonnenstrahl spielten, nicht auch freuen konnte.

Ich hatte noch nach diesem Berliner Gassenhauer (als ob ein Lied eine kleine Straße schlagen könnte) in der Tanzstunde Polka tanzen gelernt: Du bist verrückt mein Kind, du gehörst nach Plötzensee, da, wo die Verrückten sind, da gehörst du hin. Damit war unzweifelhaft eine Frau gemeint, denn wer würde einen verrückten Mann mit »mein Kind« anreden?

Aber der Professor demütigte und beschämte sie nicht. Und sie schien nicht verzweifelt zu sein.

So möchte ich einmal, wünschte ich mir inständig in diesem Moment, wenn es einmal notwendig werden sollte, auch behandelt werden.

Nur 13 oder 14 Jahre vor dieser Vorlesung wäre die junge Frau vielleicht ermordet worden, von ihrem eigenen Arzt.

Ein Baum wie ein Körper

Einmal erzählte mir ein Forstarbeiterlehrling, dass, als er einen Tag zuvor einen großen Baum fällen musste, dieser Baum ihm plötzlich leidtat, ihm wie ein menschlicher Körper erschien mit einem Rumpf, den er nun durchtrennen sollte. Im Wald hatte plötzlich eine große Stille geherrscht, und er hatte auch keinen Menschen mehr gesehen, sodass er plötzlich das panikartige Gefühl bekommen hatte, der einzige Mensch in der Welt zu sein. Beim Aufrichten sah er bald darauf den Meister und beruhigte sich ein wenig. Ich erzählte ihm von meiner Angst vor dem Brieföffner, damals als Fünfzehnjährige, zwei Jahre jünger als er, und dass ich inzwischen entdeckt hätte, dass man tatsächlich denken kann, was man will, dass man das, was man denkt, nicht auch tun muss. Dass das wohl bei allen so ist und dass ich das mit dem Baum gut verstehen könnte. Atmete er unmerklich auf?

Manchmal, wenn ich sehr erschöpft bin und die Grenze zur Irrealität verschwindet, sehe ich, dass andere Menschen das Schicksal erleiden, das ich für mich selbst befürchtete. Überdeutlich und erschrocken sehe und höre ich das Unglück: Ein Betrunkener in Paris fährt sich und drei Menschen mit Tempo 192 gegen die Betonpfeiler eines Tunnels.

Einmal hat mich ein Buchhändler mit Tempo 220 über die Autobahn in Schleswig-Holstein Richtung Heide gefahren, ich saß hinten rechts und konnte auf den Tacho sehen. Seine Frau saß neben und mein Begleiter vor mir, also auf dem Sitz des Bodyguards in Paris. Ich fragte den Buchhändler, der fortgesetzt auf der linken Spur fuhr, was passierte, wenn plötzlich vor uns ein Porsche zum Überholen ausschert.

Er antwortete: Meine Bremsen sind gut.

Ihr kleines Kind hatten sie zu Hause gelassen, und ich dachte, er riskierte, es zu einer Vollwaise zu machen, ganz abgesehen von unserem Schicksal. Ich hatte das Gefühl, im Auto eines partiell Wahnsinnigen zu sitzen, und wunderte mich, wie fröhlich sich die drei anderen unterhielten. Auf dem Rückweg fahre ich, sagte seine Frau freundlich zu mir.

Es macht keinen Unterschied, sagte der Buchhändler und sah mich im Rückspiegel an, ob ich nun 180 oder 220 fahre.

Vielleicht will er einfach schnell tot sein, dachte ich damals, und sagte, in Ihr Auto setze ich mich nie wieder.

Oder die Frau des Verlegers, die sich in ihrem alten Klapper-Golf auf der linken Autobahnspur bei Tempo 170 eine Zigarette anzündete und mir von ihrem Stress erzählte. Ich beneidete alle, die in den Autos sitzen durften, die wir überholten. Warum, dachte ich, muss ich mich grauen, rauchenden, ausgemergelten Menschen ausliefern, deren Verdrängungsdecke sie wie ein Panzer umhüllt.

Wie Wesen von einem anderen Planeten kommen sie mir oft vor, die anderen. Als ob sie nicht zerrissen, wie Tiere nach der Jagd, hilflos und unkenntlich in brennenden Autowracks liegen könnten. Als ob das nur anderen passiert.

Als ich noch in der Nervenklinik arbeitete, fühlte ich mich jenen Menschen verwandt, denen schnell etwas zu hell war oder zu laut und die zwischen wichtig und unwichtig nicht unterscheiden konnten, die in Panik gerieten und Angst hatten – Menschen ohne Reizfilter. Eine Weile setzte ich in den Pausen zwischen den Gesprächen mit den Patienten, wenn ich allein im Arbeitszimmer war, eine Sonnenbrille auf, denn eigentlich konnte ich das Tageslicht nicht ertragen.

Schlag mich tot, aber dann lass wieder Frieden sein, singt Zerline in Don Giovanni. Sie spricht mir aus dem Herzen. Durch Mozartmusik, das spüre ich nicht nur, wenn ich sie höre, sondern auch, wenn ich nur an sie denke, verschwindet seelisches Gift aus meinem Körper. So, als ob es aus meinem Blut wieder zurück in die Außenwelt geht, aus der ich es eingeatmet habe. Schlag mich tot, aber dann lass wieder Frieden sein.

Es ist eine Berufskrankheit: Ich muss mir alles, alles, was mir erzählt wird oder was ich lese, vorstellen.

Als die kleine ermordete Kim von Spaziergängern bei Amsterdam entdeckt worden war und die Polizei mitgeteilt hatte, dass sie in diesem sehr unzugänglichen Waldgebiet abgelegt worden ist, der Polizeisprecher verwandte das Wort »abgelegt«, entstand in mir das Bild ihres Mörders:

Wie er aus dem Auto steigt, das tote Kind mit den hellblonden Haaren auf seinen Armen vor sich herträgt, auf den Waldboden legt, sich umdreht und es liegen lässt, ganz allein liegen lässt, zurückgeht eine ganze Weile, dieses schreckliche Verbrechen nicht mehr rückgängig machen kann und weiterlebt. Und in seiner warmen Zelle sitzt, vielleicht frühstückt, etwas Banales tut, das ihm Freude macht.

Auch die Kinder in der Schweriner Nervenklinik mussten in den Arm genommen werden, wenn sie tot aus dem Bett geholt wurden, nachdem ihr Arzt sie vorher zum Töten ausgesucht hatte und hungern ließ. Sie waren so leicht. So abgemagert brauchten sie gar keine Überdosis Beruhigungsmittel. Zum Sterben genügte schon die übliche altersgemäße Dosis – in der Krankenakte stand darum nichts Verbotenes. Auch diese Kinder mussten irgendwo abgelegt werden. Es geht nicht ohne Berührung nach dem Mord.

Verdrängung und Vergessenkönnen als heilsame Lebensbewältigung?

Haben wir Menschen nicht zum eigenen Schutz ein Recht auf Geheimnisse vor andern, auch den Liebsten, dürfen wir nicht unsere Augen verschließen vor dem eigenen Versagen und vor den furchtbaren Bildern, die aus der Welt auf uns zukommen? Vielleicht müssen wir dazu ermutigt werden, uns abzuschirmen vor zu grellen und vielfältigen Reizen. So, als ob es eine lebenserhaltende Verdrängungsdecke gibt, mit der jeder behutsam umgehen muss. Vielleicht arbeiten die Chirurgen deshalb mit diesem wohltuenden grünen Tuch, das über den gesamten Körper des Patienten gebreitet ist und in das nur kleine Öffnungen für das jeweilige Operationsgebiet geschnitten werden. Für jeden der elf Leberflecke machte die OP-Schwester einen neuen kleinen Einschnitt in das grüne Tuch. Vielleicht soll der Chirurg nicht abgelenkt werden von der Arbeit, die er noch vor sich hat, und von der schon abgeschlossenen. Er soll sich auf die Gegenwart konzentrieren, auf einen kleinen nächsten Arbeitsschritt, den er bewältigen kann.

Was wäre mein grünes Tuch beim Schreiben?

Interpretieren Sie mich bitte nicht, fuhr mich eine sehr vornehme Dame in Zürich an, nachdem sie mir bei unserem ersten Gespräch ohne ihren Ehemann eine frühere Liebesgeschichte erzählt und ich meiner immerwährenden Versuchung nachgegeben hatte, diesen Kokon zu entwirren: Sie wollte mich mit ihrem Stopp daran hindern, einen Altar zu zerstören.

Nie könnte ich mich so schützen wie sie.

Glaskugeln

Als ich in einer dpa-Meldung las, die vom US-Präsidenten eingesetzte Ethik-Kommission wolle dem amerikanischen Kongress empfehlen, Forschungen zum Klonen menschlicher Embryos grundsätzlich zuzulassen, dachte ich, so schlimm kann es nicht werden. Sicher werden in einem Labor nicht tausend Glaskugeln mit im Fruchtwasser schwimmenden, Fäuste ballenden Kindern mit diesen großen weißen Köpfen stehen. So weit kommt es nicht.

Und der zweite Teil der dpa-Meldung lautete ja auch: Verboten werden soll hingegen, dass aus diesen Embryos Kinder entstehen.

Aber so wie in England kürzlich die überflüssigen tiefgefrorenen, befruchteten, menschlichen Eizellen, die sich schon geteilt hatten, weggeworfen worden waren, müssen wohl auch die geklonten Menschen-Zellen in einem sicher schon vielfach geteilten Zustand vernichtet werden. Warum sollte nicht ein Forscher alle ethischen Bedenken hintanstellen? Der Mutterkuchen und das Fruchtwasser – beides kann doch kein Geheimnis mehr für einen Bio-Technologen sein? So eine Menschen-Aufzucht-Apparatur, seine eigene Verdoppelungs- oder Verdreifachungsmaschine könnte er doch in den Hobbyraum stellen und neun Monate warten?

Als Ersatzteil-Lieferanten, als Spielgefährten, als Erben?

Eines Tages müssen die Geklonten aus dem Glas heraus.

Staubwischen mit Virginia Woolf

Im selben Monat, in dem der Assistenzarzt Dr. Bra. in Deutschland gegenüber seinem Vorgesetzten von einer Mörderanstalt sprach, versuchte in England ein Arzt eine zu diesem Zeitpunkt sehr irritierte Schriftstellerin zu beruhigen: Gleichmut – üben Sie sich in Gleichmut, Mrs. Woolf. Aber Virginia Woolf lief, nachdem sie drei Abschiedsbriefe, nämlich zwei an ihren Mann und einen an ihre Schwester, geschrieben und auf den Kaminsims gestellt hatte, mit 59 Jahren, um halb zwölf Uhr mittags direkt aus dem Kaminzimmer ihres Ferienhauses eilig ins Wasser, um sich zu töten. Und damit sie es sich an diesem sonnigen Tag, es war der 28. März 1941, im kalten Wasser des Flusses Ouse nicht noch anders überlegen konnte, packte sie Steine in ihre Manteltaschen, die sie dann in die tödliche Tiefe zogen.

Als Leonard, der Ehemann, der sich mit ihr an diesem Vormittag wie immer im selben Haus aufgehalten hatte, sie nach anderthalb Stunden am Mittagstisch vermisste, suchte er sie unter anderem auch im Kaminzimmer, fand die Briefe an ihn und an seine Schwägerin (Virginias zweiten Brief an ihn fand er später auf ihrem Schreibblock im Gartenhaus). Er öffnete den Brief, den Virginia an ihn gerichtet hatte, und las darin, dass er ihr vollkommenes Glück geschenkt hätte, sie aber nun fürchtete, ihm durch diese Krankheit sein Leben zu ruinieren. Sie hatte schon seit einigen Jahren unter immer wiederkehrenden seelischen Störungen gelitten und ärztliche Hilfe in Anspruch genommen. Nun fühlte sie eine neue Erkrankung kommen. Es ist dieser Wahnsinn, schrieb sie und: Du kannst arbeiten, und es wird dir ohne mich viel besser gehen.

Als er das gelesen hatte, lief er zum Fluss. Dort sah er im Morast des Ufers nur noch ihren Spazierstock.

Erst drei Wochen später fanden Kinder, die am Fluss entlanggingen, ihre Leiche unter der Uferböschung. Der einsame Selbstmord seiner Frau entsprach nicht der Abmachung zwischen ihnen, denn eigentlich hatten sie schon seit einem Dreivierteljahr einen gemeinsamen Tod geplant, sobald die Deutschen England besetzt haben würden – Leonard war Jude. Zunächst erwogen sie das Einatmen von Autoabgasen in der Garage, aber dann hatten sie sich von Virginias jüngerem Bruder, einem Arzt, genügend Morphium besorgt. Als dann ihre Londoner Wohnung ein halbes Jahr zuvor, im September 1940, durch einen Bombenangriff zerstört worden war, zogen sie ganz in dieses Ferienhaus in einem Dorf an der englischen Südküste um. Hier blieb ihre Angst vor den Deutschen, denn immerzu flogen die Bomber Richtung London über sie hinweg, und auch in ihrer Nähe gab es Einschläge. Virginia fühlte sich in dem Dorf einsam und isoliert, London fehlte ihr sehr. Und sie lebte zwischen zwei Büchern: Auf das gerade fertiggestellte bekam sie keine Resonanz, und für ihr nächstes musste sie aus ihrer Gegenwart ganz in ihren Kindheitserinnerungen versinken: Sieben Geschwister, sie die Zweitjüngste, der Jüngste war der Bruder, der ihr die tödliche Morphium-Dosis verschafft hatte. Sowohl die Eltern als auch ihre älteren Geschwister waren schon tot. Sie versuchte mit ihrem Mann, dem einzigen möglichen Gesprächspartner in ihrer Umgebung, über peinliche Erinnerungen zu sprechen. Der aber bat stattdessen eine befreundete Ärztin, sich in privaten Gesprächen heimlich ein Bild vom seelischen Zustand seiner Frau zu machen. Virginia erzählte ihr nun ungewöhnlich viel Privates, aber die Ärztin eröffnete ihr nach wenigen Gesprächen, dass sie den ganzen Familienkram für kompletten Unsinn hielt. Dieser Tag war der Frühlingsanfang des Jahres 1941, eine Woche vor dem Selbstmord. Nun hatte Virginia niemanden mehr, dem sie die qualvollen und im Grübeln immer wieder gewendeten peinlichen Details ihres Lebens erzählen konnte. Zwei Stunden vor ihrem Selbstmord ging ihr Ehemann mit ihr zu der Haushälterin und bat sie um einen Staublappen. Seine Frau wünsche, sagte er, ihr beim Staubwischen in seinem Arbeitszimmer zu helfen.

Als er hinausgegangen war, schrieb Virginia ihre Abschiedsbriefe.

Nach dem 9. November 1989

Dass man die Akten der ermordeten Kranken nun lesen darf, hängt merkwürdigerweise mit dem 9. November 1989 zusammen: Bekanntlich erlaubten überraschte DDR-Grenzoffiziere am Abend dieses Tages allen, die zur Grenze kamen, den Besuch Westberlins ohne das sonst erforderliche Ausreisevisum. Aufgrund eines Missverständnisses in einer Pressekonferenz um 19 Uhr waren nach Dienstschluss einfach zu viele Menschen an die Grenze gekommen. Da man nicht alle erschießen konnte, ließ man sie passieren.

Vier Monate später gab es im Osten die ersten freien Wahlen seit Menschengedenken, denn einige lebten noch, die sich an die letzten Wahlen in der Weimarer Republik erinnerten, und die Archive des Geheimdienstes wurden geöffnet, nachdem sie erst gestürmt und dann besetzt worden waren. Darin lagerten auch die Euthanasie-Opfer-Akten der Anstalten, die 1945 ins Besatzungsgebiet der Roten Armee geraten waren.

(Für Schwerin fehlen übrigens noch 96 Akten: Denn 1941 sind ja in den zwei Transporten am 18. Juli und am 1. August insgesamt 275 Menschen aus der Schweriner Anstalt in die Tötungsanstalt Bernburg gefahren worden.)

Warum sind diese Akten in der DDR nun wirklich unter Verschluss gewesen? Wollte man Wiedergutmachungszahlungen sparen? Wollte man die Ärzte, die nicht in den Westen gegangen waren wie so viele ihrer Berufskollegen, sondern im Osten mit seiner Ärzteknappheit geblieben waren, nicht mit ihrer eventuellen Verwicklung im nationalsozialistischen Deutschland konfrontieren? Wollte man sich für ihr Dableiben dankbar erweisen?

Dagegen spricht, dass die Eintragungen in den Patientenakten selten einem bestimmten Arzt zuzuordnen sind, denn sie sind ja nicht mit dem Namen unterschrieben. So hätte man Schriftvergleiche anstellen müssen, um jemanden zu überführen. Hatte man es getan? Wollte man die eventuell Schuldbeladenen erpressbar machen? Wenigstens einer der Medizin-Professoren in der DDR war ein Euthanasie-Arzt: Sein Name wurde auf einer Tagung über Euthanasie in Mecklenburg in der ehemaligen SS-Ärzteführer-Schule Alt Rhese genannt. Beim anschließenden Abendbrot saßen mir zwei Kinderärzte gegenüber, die beide bei ihm promoviert hatten und nun fünf Jahre nach dem Ende der DDR zum ersten Mal von seiner Vergangenheit etwas hörten. Sie saßen eng beisammen, waren etwas verwirrt und bekamen es nicht zusammen in ihrem Kopf: Unser humorvoller, kompetenter, zuverlässiger, kinderlieber Doktorvater ein Mörder? Oder ein Auftraggeber von Mördern?

Da gab es eine Abteilung 9 im Ministerium für Staatssicherheit der DDR, in der man so etwas sammelte, antwortete mir auf meine Fragen ein Mann, der es wissen muss, denn er war Offizier in dieser Firma. (Zunächst hatte er allerdings auf meine übliche Frage »Was haben Sie denn so vor der Wende gemacht?«, die ich nach der Wende allen neuen Besuchern an unserem Kaffeetisch stellte, geantwortet: Ich komme aus dem Buchhandel.)

Sein Notizbuch mit dem ordentlichen und sehr umfangreichen Telefonverzeichnis war mir aufgefallen und auch seine Sicherheit, die von Macht über Menschen herrühren konnte und die ich bei einem DDR-Buchhändler noch nie gespürt hatte.

Seinen Namen fand ich später auf einer Schautafel, in einer Ausstellung über die Hauptamtlichen in der Bezirksverwaltung der Staatssicherheit, genau dort, wo ich ihn vermutet hatte: ziemlich weit oben, ein Stellvertreter, und natürlich im Offiziersrang. Das bringt das Leben so mit sich, hatte er mir geantwortet, als ich ihn danach fragte, da bleibt es nicht aus, dass man befördert wird.

Das ist doch ganz normal, sagte er nun, dass solche Akten unter Verschluss sind. Er war unangenehm berührt, als ich mich wunderte.

Aber auf diese Weise haben die Angehörigen doch nicht die Wahrheit erfahren?

Bernburg lag auf dem Territorium der DDR, erwiderte er, so sind die Akten in das Ministerium gelangt. Und bevor sich die DDR auflöste, ist bekanntlich dieses Ministerium für Staatssicherheit aufgelöst worden. Da kamen nicht nur diese 179 Akten in das Bundesarchiv.

Der Befragte äußerte höflich-unmutig, dass er sich auch andere Gesprächsgegenstände vorstellen könnte als ausgerechnet immer seine berufliche Vergangenheit. Und schloss das Thema ab.

179 von 275 von 105 000

Das Bundesarchiv ist in Berlin in eine ehemalige preußische Kadettenanstalt in Lichterfelde umgezogen, die zuletzt von den Amerikanern als Kaserne genutzt worden war.

So ging ich nach einer Warte- und Vorbereitungszeit von wenigen Wochen Anfang Mai 1998 mit einem Passierschein durch die Pforte, vorbei an den roten Backsteingebäuden zu dem Neubau mit dem Lesesaal, dessen Fenster fast bis zur Erde reichen. In diesem Lesesaal sitzen Menschen aus vielen Ländern still über den Originalakten aus der Kaiserzeit und der Weimarer Republik, aus der Nazizeit und aus der DDR.

Auch die Stiftung »Parteien und Massenorganisationen der DDR« hat dort ihren Platz. So kam es, dass ich eines Tages vermeinte, einen Geist zu sehen, als Egon Krenz, der letzte DDR-Staatsratsvorsitzende, in einem hellen dicken Lederblouson mit lauter Stimme und mit Handschlag die Aufsichtspersonen begrüßte und alles zu lesen verlangte, was über ihn seit dem 18. Oktober 1989 in diesem Archiv auffindbar sei. Aber auch er musste, so wie wir alle, die ihn ungläubig und erheitert ansahen, selbst nach den entsprechenden Signaturen suchen. Niemand sprang dienstbar und schützend um ihn herum wie früher. Das waren die Glücksmomente bei meiner traurigen Lektüre.

Meine Nachbarin, eine ehemalige Stewardess der Hawaiian Airlines, die eine Arbeit über Zensur in der DDR durch die

Freie Deutsche Jugend schrieb und die ich auf ihn hinwies, war begeistert: Wie im TV.

Die 179 Akten sind zu je 25 bis 30 Stück in dickwandigen Pappkartons aufbewahrt, staubig, mit Wasserflecken. Jede Akte hat auf dem Deckel eine blaue, mit Wachsstift hastig geschriebene Nummer, weniger ordentlich als die Schrift auf dem übrigen Aktendeckel: Die blauen Nummern beginnen mit Z und haben fortlaufende Endziffern.

Vielleicht, dachte ich, haben sie nebeneinander gesessen während der Busfahrt, die vielen Stunden zwischen Schwerin in Mecklenburg und Bernburg in Sachsen-Anhalt: die Menschen mit den aufeinanderfolgenden blauen Z-Zahlen, die sie selbst nicht kannten.

Viele Wochen, von morgens bis abends, bin ich im Lesesaal des Bundesarchivs gewesen und habe sie nun in meine Welt genommen, meine 179 Verrückten. Manche hätte ich auch gefürchtet, so wie ihre erschrockenen Angehörigen, in manchen habe ich etwas von mir selbst wiedererkannt und war heilfroh, dass ich jetzt lebe und nicht damals einen Psychiater brauchte. Eine Weile dachte ich, ich müsste eigentlich alle 179 Menschen, deren Akten ich las, beschreiben. Ich konnte doch jetzt, dachte ich mit einem Anflug von schlechtem Gewissen, jetzt, wo ihre Akten aufgetaucht sind, nicht einige für wichtiger, anrührender halten als andere.

Als ob ich sie nun noch einmal selektierte.

Im Bundesarchiv ist es nicht erlaubt, aus diesen Krankenakten etwas zu kopieren: Sie könnten Schaden nehmen, denn das Papier ist so weich, dass es fast zerfällt, die Metallklammern in den Ordnern sind verrostet.

Aber man darf etwas herausschreiben, und so saß ich wie die anderen Benutzer mit einem Laptop an einem der langen Tische und schrieb den ganzen Sommer lang aus meinen Akten ab, viele hundert Seiten.

Und begriff, dass ich mein ganzes verbleibendes Leben, ich war 58 Jahre alt, Tag für Tag, Sommer und Winter an diesem langen Tisch in diesem Archiv sitzen und Patientenakten abschreiben könnte und nie zum Ende käme. Denn es waren ja nur 179 von 275 Schweriner Akten von 100 000 Erwachsenen und 5000 Kindern im ganzen Deutschen Reich, geistig und körperlich Behinderten, die von dieser kleinen Gruppe deutscher Ärzte, zum Schweigen vergatterter deutscher Krankenpfleger und Krankenschwestern in ausgewählten deutschen Anstalten heimlich umgebracht wurden. Nur ein Bruchteil der Opfer.

Und jedes Leben war unverwechselbar.

Ich verstand plötzlich die Idee für das Holocaust-Denkmal, die Namen der Opfer, Millionen von Namen, auf eine riesige Platte mitten in Berlin zu schreiben. Und ich verstand die Zögernden, die fragten: Aber wenn nur ein Name fehlt?

Gott der Herr hat sie gezählet, dass ihm auch nicht eines fehlet an der ganzen großen Zahl, sang ich als Kind jeden Abend. Aber in dem Lied ist von Gott die Rede.

Ich verstand die Menschen, die einen Tag und eine Nacht lang um den 9. November in der Großen Hamburger Straße in Berlin am Denkmal für die aus Berlin deportierten Juden nacheinander die Namen der Deportierten lasen. Jede und jeder las, solange er konnte.

Die Toten soll man ruhen lassen, sagte mir ein Schweriner Nervenarzt, als ich mit ihm darüber sprechen wollte.

Sie ruhen ja, dachte ich. Ich will sie nicht stören.

Ich habe im Bundesarchiv die Krankenakten vieler später Ermordeter Wort für Wort abgeschrieben, um mich zu verlangsamen, um den Krankheitsverlauf über Jahrzehnte, den seelisch gesunden Lebensabschnitt, die wohlwollende und interessierte, manchmal auch verächtliche Einstellung der behandelnden Ärzte, das wechselnde Leid, die Liebe und die Belastung der Angehörigen mehrmals und immer wieder von vorn nachzuvollziehen und vielleicht zu verstehen.

Wie hat zum Beispiel Emma, die Pensionatsbesitzersfrau (so ihr Beruf in der Krankenakte), ihre 31 letzten Lebensjahre in der Psychiatrie verbracht? Es war mehr als die Hälfte ihres Lebens.

Das Lächeln auf der Fotografie

Juli 1910. Hochsaison im Ostseebad Brunshaupten und in seinen Hotelpensionen. Aber Emma störte ihren Mann, den Pensionatsbesitzer, und mit ihm den ganzen Hotelbetrieb. Sie waren seit 5 Jahren miteinander verheiratet, aber nun hielt er es nicht mehr aus. Sie redete und redete und redete. Sie störte ihn so, dass er schließlich den Hausarzt herbeirief. Dieser schrieb auf einem Blatt Papier mit dem gedruckten Briefkopf der Hotelpension und ihres Besitzers, wie gesagt, Emmas Ehemann, die Einweisung: »Die Patientin ist seit einigen Tagen maniakalisch erregt. Da sich heute die Erregung so gesteigert hat, dass sie in der Häuslichkeit nicht mehr zu halten ist, bedarf sie der Aufnahme in eine geschlossene Anstalt.«

Ihr Vater, ihr Schwiegervater und ein in der Akte nicht näher bezeichneter Bekannter begleiteten sie in die Nervenklinik Gehlsheim bei Rostock. Ihr Ehemann war nicht dabei. Auf die Frage des Aufnahmearztes nach Emmas Alter schwankten ihre Begleiter: wohl 29 oder 30 Jahre. War sie nun 1880 oder 1881 geboren?

Emma hatte sich sehr erschrocken und sich seitdem nicht wieder beruhigen können. Denn ihr kleines Kind, Wilhelm, ihr einziges Kind, der Zweijährige, war vor der Pension unter die Räder eines vorbeifahrenden Wagens geraten. Der Kleine blieb zwar bis auf eine winzige Verletzung an der Augenbraue unversehrt; aber das konnte sie ja nicht wissen, als sie ihn da unten liegen sah.

Familiäre Belastung mit Nervenkrankheiten bestand nicht, sagten Emmas drei Begleiter. Aber sie sei früher schon nervös gewesen und hätte viel an Kopfschmerzen gelitten. Seit 1906 (in Wirklichkeit schon seit 1905, warum erinnerte sich keiner der drei Männer richtig an das Leben der Tochter, der Schwiegertochter, der Bekannten?) sei sie verheiratet und hätte ein gesundes Kind (ihren kleinen Wilhelm).

Pfingsten 1910, also ein paar Wochen zuvor, sei sie schon einmal sehr erregt gewesen, beschwichtigte sich aber bald, erzählten die Männer. Doch vor drei oder vier Tagen sei sie im Hemd auf die Straße gerannt, weil sie einen Badegast gewaltsam aus dem Hause entfernen wollte.

Sie streite sich oft mit ihrer Kaltmamsell herum, fasste alles schief auf und werde dann sehr heftig, sei aber sonst weder gewalttätig noch traurig verstimmt. Auch das Leben nehmen wollte sie sich nicht.

Auf dem Transport ins Krankenhaus hatte Emma viel vom Kaiser, vom Militär und von ihrer Unschuld gesprochen, fürchtete, überfallen und beraubt zu werden wie der Pastor im vorigen Jahr.

An diesem 19. Juli 1910 behielt der Aufnahmearzt Emma da. Er vermutete ein manisches Krankheitsbild: Denn Emma war heiter erregt, schwatzte beständig, mischte sich in alles, wollte kommandieren und hatte in seinen Augen ein stark gehobenes Selbstbewusstsein. Später am Tag wurde sie unruhig, gewalttätig gegen das Personal und zerriss die Wäsche, wie der Arzt in das Krankenblatt schrieb. Daher musste er den Versuch, sie im Wachsaal zu behalten, bald aufgeben, und sie kam in ein Einzelzimmer. Dort war sie trotz starker Medikamente die ganze

Nacht unruhig und laut, am nächsten Tag ängstlich, widerstrebend und misstrauisch: Eine körperliche Untersuchung erwies sich darum als unmöglich, der Puls war sehr schnell und seine Qualität nicht zu prüfen.

Emma verweigerte jede Nahrung, da sie Gift darin vermutete, und wollte ungestüm nach Haus, war zerfahren in den Reden und wiederholte sich oft. Am nächsten Tag schlug sie auf die Wärterinnen ein, die sie anfassen wollten, äußerte Verfolgungsideen, vermutete wieder Gift in dem dargereichten Getränk und redete *ununterbrochen sinnlos in eintöniger und ideenflüchtiger Weise.* Manche Sätze beschloss sie mit den Worten: Im Namen des Vaters und des Sohnes und des Heiligen Geistes. Nachdem sie sieben Stunden in einer Packung gelegen hatte (sieben Stunden in einer Packung, vollständig zusammengebunden und bewegungsunfähig!), beruhigte sie sich, wird in der Akte vermerkt, und nahm auch wieder Nahrung zu sich. Erst gegen Morgen sprach sie wieder viel. In der Akte steht nicht, was sie sagte. Der Puls, der am Vortag 150 Schläge pro Minute betrug, hatte an diesem Tag noch eine Frequenz von 125 Schlägen. In den nächsten Tagen wurde sie oft über viele Stunden eingepackt.

Als sie sich nach insgesamt sechs Wochen *durchaus ruhig und geordnet* hielt, wurde sie von ihrem Mann nach Hause geholt. Für diesmal war sie genesen. Die Abschlussdiagnose lautete: Manische Erregung.

Aber nach zwei Jahren ließ ihr Mann sie wieder in die Anstalt einweisen, wieder vom selben Hausarzt, wieder auf seinem Hotel-Briefpapier. Diesmal brachte er sie selbst.

Sie störe, hatte der Hausarzt geschrieben, durch ihr wirres, unzusammenhängendes Reden und durch ihr aufgeregtes Wesen den ganzen Hotelbetrieb.

Emma war jetzt 31 Jahre alt und wog 141 Pfund, hatte also in den zwei vergangenen Jahren 25 Pfund zugenommen, war, wie der Aufnahmearzt protokollierte, eine mittelgroße Frau mit blauen Augen, blondem Haar, gut gebildeten Ohren und lückenhaften Zähnen, außerordentlich gesprächig, heiter, zu Scherzen aufgelegt und stark *ideenflüchtig* in ihren Reden.

Nach der Entlassung vor zwei Jahren war sie zunächst geordnet gewesen, nur vor einem Jahr wurde sie vorübergehend unruhig und kam daher für vier Wochen zu Verwandten. Doch auch später, im Herbst und Winter, hatte sich die Unruhe gezeigt, dabei hatte sie Anfälle, bei denen sie wie gelähmt war und auch nicht sprechen konnte. Diese traten besonders zur Zeit des Unwohlseins auf und wenn sie schlecht geträumt hatte, erzählte sie.

Emma wusste, dass sie vor zwei Jahren schon einmal etwa sechs Wochen in dieser Klinik gewesen war und sich in großer Erregung befunden hatte. Sie erkannte den Arzt und die Oberin wieder.

Ihr Vater war inzwischen 60 Jahre alt und ihre Mutter, die ebenfalls leicht erregt war und viel redete, 57. Ein Bruder des Vaters trank, notierte der Aufnahmearzt. Emma hatte sechs Brüder und zwei Schwestern. Eine Schwester war an Scharlach gestorben, und ein Bruder vermochte im Leben nicht recht vorwärtszukommen.

In der Schule hatte Emma gut gelernt, aber nur eine Dorfschule besucht. Bis zu ihrem 18. Lebensjahr war sie beim Vater, einem Erbpächter, zu Hause und lernte dann bis zu ihrer Eheschließung mit 24 Jahren Wirtschaft auf dem Lande.

Im ersten Jahr der Ehe hätte sie sich im Hotelbetrieb überanstrengt, war seitdem fast beständig leidend und musste alle vier Wochen für acht oder sogar 14 Tage liegen. Neben Kreuzschmerzen litt sie unter heftigen Kopfschmerzen, besonders rechts in der Schläfe, Erbrechen und Schlaflosigkeit. Manchmal, wenn sie schließlich doch eingeschlafen war, erwachte sie mit einem Schreck, sah Gestalten, wusste nicht, wo sie war, und redete viel durcheinander, was ihr gerade in den Sinn kam. Es traten dann manchmal Zuckungen auf, sodass sie sich ihr Haar nicht recht machen konnte, erzählte sie dem Arzt.

Alles Gelesene gehe ihr in der Nacht immer wieder im Kopf herum, und alles rege sie auf, sie müsse dann fortwährend reden. Wenn es still werde, könnte sie es erst recht nicht aushalten.

Emma erzählte dem Arzt, dass sie vor ihrem verunglückten und so wundersam geretteten Sohn in der Ehe schon einmal ein Kind hatte. Das war mit einem halben Jahr an Zahnkrämpfen gestorben. Von diesem ersten Kind hatte sie bis dahin nie gesprochen. War sie deshalb so zu Tode erschrocken, als ihr zweites, der kleine Junge, unter das Fuhrwerk geriet? Später, in der nächsten Anstaltsbehandlung, wird Emma darüber sprechen, dass dieses erste in der Ehe geborene Kind nicht von ihrem Ehemann war. Will den Schwängerer nicht kennen, wird dann in der Akte stehen. Nie war mehr von diesem andern Mann die Rede. Man erfährt aus der Akte auch nicht, ob sie dies alles nur dem Arzt anvertraute, ob der Ehemann sie heiratete, obwohl er um ihre Schwangerschaft von einem andern wusste, oder ob sie ihm alles verschwiegen hatte. Wollte sie den anderen Mann schützen? War er ein naher Verwandter? War sie von jemandem vergewaltigt worden, vor dem sie sich fürchtete? Liebte sie einen anderen, gebundenen Mann, und rettete ihr Ehemann mit der Heirat die Ehre? Bestrafte er sie mit der lebenslangen Internierung in der Anstalt?

In der Zeit zwischen den beiden Anstaltsbehandlungen bekam sie einmal bei einem Doktor eine Einspritzung, erzählte sie, nach der zuerst eine Besserung eintrat, dann aber plagten sie dauernd Schmerzen an der Injektionsstelle. Später hätte sie einen homöopathischen Arzt befragt, der eigentlich ein Schmied war und 90 Mark für seine Bemühungen verlangte.

Kurz vor ihrer Einweisung hätte sie sich viel über ihre Mamsell ärgern müssen, die sie betrogen und sich mit dem Hausmädchen geprügelt hätte.

Emma schimpfte auch auf ihren Ehemann, weil er keine Ordnung im Haus halten könnte, gab in diesem Zusammenhang aber zu, dass sie selbst schon lange nicht mehr ganz in Ordnung gewesen sei, und merkte selbst, dass sie beim Erzählen den Faden nicht festhalten konnte und lebhafter war als früher.

Sie verwechselte laufend die Personen, bemerkte der Klinikarzt.

Mit ihrer Einlieferung in die Anstalt war sie einverstanden. Am liebsten wäre sie schon im Winter gekommen, weil sie draußen doch keine Ruhe finden könnte. In Kleinen (dem heutigen Bad Kleinen), wo sie sich vor Kurzem mehrere Wochen aufhielt, habe die Wärterin sie wegen ihres Schwatzens auf den Mund geschlagen. So solle man es hier auch nur machen, schlug sie dem Arzt vor. (Sie wollte auf den Mund geschlagen werden, damit sie nicht mehr reden musste.) Auch wollte sie nichts lesen, da ihr Mann es ihr verboten habe. (Ihr Mann hatte ihr das Lesen verboten.)

Bald sprach sie etwas weniger (wieder ist nicht zu erfahren, worüber Emma sprach), klagte aber darüber, dass sie sich nicht beherrschen könne. Nach insgesamt vierwöchiger stationärer Behandlung, am 18. August 1912, wollte sie nach Hause entlassen werden, obwohl sie, wie der Klinikarzt bemerkte, wusste, dass die Pension noch voller Badegäste war. Eine Woche musste sie noch warten, ehe ihr Mann sie abholte. Die Diagnose lautete wie beim ersten Mal: Manische Erregung.

Emma durfte fünf Wochen zu Hause bleiben, bis ihr Mann sie wieder vom selben Hausarzt auf einem gleichen Blatt Papier mit dem Briefkopf des Hotels und seinem Namen einweisen ließ.

Diesmal hielt der Hausarzt einen längeren Aufenthalt in einer geschlossenen Anstalt für notwendig, und man wählte die Schweriner Anstalt für sie aus. Der Ehemann und ein Schwager begleiteten sie.

Als sie in der Klinik angekommen war, gestikulierte sie lebhaft und verharrte oft längere Zeit in solchen Gesten. Einigen anderen Kranken gegenüber zeigte sie gleich eine den Verhältnissen der Lage nicht entsprechende weitgehende Vertraulichkeit, bemerkte der Schweriner Aufnahmearzt. Aus ihren Worten konnte man keinen rechten Sinn erkennen, da es nur Bruchstücke von Sätzen waren: Sie sind zu Zeugen geladen, bin unschuldig usw. Einmal beichtete sie dem Arzt, dass sie etwas Wichtiges verraten hätte, nämlich, dass hier in der Anstalt Bomben waren. Sie solle schuld sein an dem Meuchelmord, heute Morgen habe es in der Zeitung gestanden.

Der Arzt unterstrich diese Selbstbezichtigungen und schrieb an den Seitenrand: Beziehungen.

So wäre eine Bekannte, Dora von Buranzka, aus Rehna verschleppt, als Negerin gestorben, in Südafrika einbalsamiert und nun nach Rehna überführt worden.

Später fiel dem Arzt mit der Sütterlinschrift, die er wie Hieroglyphen verzierte, Folgendes auf: Der Puls ist sehr leicht erregbar, bei Anrede 30 Pulsschläge mehr, beruhigt sich dann auf 84.

Einmal beim Essen flog ihr Kopf ruckweise hin und her. Dies wären unwillkürliche Zuckungen, sagte sie dazu, sie habe gestern ihren Sturm gehabt. Einen solchen Schreck hätte sie zum ersten Mal bekommen, als ihr Sohn vor zweieinhalb Jahren überfahren wurde. Im Anschluss daran seien ihre Erregungszustände ausgebrochen.

Nach zehn Wochen wurde sie als genesen entlassen. Es war fünf Tage vor Heiligabend 1912. Ihr kleiner Sohn mit der winzigen Narbe über dem Auge war nun viereinhalb Jahre, bei dem letzten Weihnachtsfest, das sie mit ihm verbringen durfte. Nicht einmal ein ganzes Jahr wird vergehen, und sie wird für den Rest ihres Lebens in der Anstalt eingeschlossen sein. Denn als Emma zehn Monate später, im Oktober 1913, wieder in der Heilanstalt auf dem Sachsenberg eintrifft, hält sie der einweisende Arzt aus dem Ostseebad für chronisch geistesgestört, weil sie andauernd konfus rede, mit Gewalttätigkeiten drohe und auch einmal ihrer Mutter gegenüber gewalttätig geworden sei. Eine Besserung verspreche er sich nur von einem lang dauernden Aufenthalt in einer Heilanstalt, schreibt er wieder auf dem Blatt mit dem Briefkopf des Ehemannes, des Pensionatsbesitzers. Für mindestens ein Jahr, bittet der einweisende Arzt, sollte man sie in der Anstalt behalten.

Daraus werden 29 Jahre, ununterbrochene 29 Jahre, in denen

Emma von zu Hause weggesperrt ist und nach deren Ablauf sie ermordet wird. In diesen 29 Jahren, beobachten die Nervenärzte, wird ihr Zustand in gleichmäßigen Perioden wechseln: Einer großen Unruhe mit Kopfschmerzen folgt ein unzähmbarer Rededrang, der sie schließlich nur noch mit krächzender, heiserer und gequetschter Stimme sprechen lässt. Danach ist Emma wieder ruhig, ganz still, freundlich und hat Sehnsucht nach zu Hause.

Die Diagnosen wechselten und sind durchgestrichen. Schließlich wurde manisch-depressives Irresein mit zwei Fragezeichen in Klammern gesetzt und Schizophrenie unterstrichen, aber trotzdem mit einem Fragezeichen versehen.

Abgeschrieben ist die Akte 63 Schreibmaschinenseiten lang. Nach der ersten Einweisung, im Jahre 1910, trugen die Ärzte täglich ihre Beobachtungen ein, später mehrmals in der Woche, ab 1938 nur noch einmal im Jahr.

1916, als sie 35 Jahre ist, attackiert Emma eine Wärterin und zerreißt ihr die Bluse. Einen Monat später sieht ein Arzt Wunden in ihrem Gesicht. Behauptet, misshandelt worden zu sein, schreibt er in die Akte.

1923 breitet sie »mit größter Sorgfalt ihre sämtlichen Postkarten, Toilette-Utensilien etc. einzeln nebeneinander auf dem Boden, dem Fensterbrett, der Kommode etc. aus, sodass ihr Zimmer förmlich einer Jahrmarktbude gleicht.«

Sie hat andauernde und starke Halluzinationen.

Von einem benachbarten hohen Baum werde mit dem Revolver zu ihr ins Zimmer geschossen, fortwährend sähen viele Leute in ihr Zimmer. Deshalb besteckte sie ihr ganzes Fenster mit Postkarten. Sie klagte, dass sie Tag und Nacht von Stimmen belästigt werde, hörte Schüsse neben sich einschlagen, griff eine Wärterin an, weil diese gelacht hatte.

Im September 1926, als Emma 45 Jahre alt war und schon seit 14 Jahren ununterbrochen in der Anstalt, schrieb sie eine Postkarte an »Herrn Rittergutsbesitzer Heinrich Kunge auf Testorf bei Schönberg«:

Fieber 41,3 und Puls 11? Rüsch 1783 Pfund Lachs Schinken nicht unter 100 Pfund In Liebe Eure Oberhebame E. H. Emma Annemarie Marie Sofie von Benfes In Liebe Else Schlops Absender Frau Geheimoberconselstärin Emma … geb. L. I. No13 No33 (das ist alles mit Kreisen umrahmt, die in der Mitte noch einen Punkt haben) R No.22 I! I!No auf Reisen. Bitte pr. Eilffacht 1 Tonne Demutz Butter! 1 Ibisteäwergeier.

Diese Postkarte wurde im Original in die Akte eingeheftet. Vielleicht musste sie in ihrer gesunden Zeit als Frau des Hotelbesitzers immer die Lebensmittelbestellungen aufgeben und erinnerte sich nun in einer seelisch ganz und gar verwirrten Zeit daran?

Schon ein Dreivierteljahr später schrieb sie einen Brief an die Angehörigen, der in der Akte nur als handschriftliche Kopie eingeheftet ist und demnach auch wirklich abgesandt wurde:

Sachsenberg b. Schwerin, 7.5.27

Mein lieber Bruder Franz! Ich sende dir noch nachträglich zu deinem Geburtstage die herzlichsten Glück- und Segenswünsche. Möge der liebe Gott dir im neuen Lebensjahre, sowie deine liebe Martha, Hans und Helmuth gute Gesundheit schenken. Entschuldige, dass meine Glückwünsche zu spät eintreffen, ich musste wegen schlechten Befindens wieder 8 Tage das Bett hüten, es geht auch sonst noch nicht besonders.

Für die erhaltene Osterkarte vielen Dank, sowie mein Geburtstagsbrief, auch zu Weihnachten habe ich den Brief erhalten. Wie geht es Euch denn? Hoffentlich gut, dass Hans und Helmuth so gute Zeugnisse Ihre Eltern brachten die Freude war doch auch groß. Wie geht's lieber Bruder mit Deinem Arm? Seid Ihr nun schon fleißig beim Bau, dass Ihr zum Herbst einziehen könnt, es wird auch sehr gemütlich werden. Ich erhielt eine Einladung zu Frl. Marie S. ihre Vermählung muss aber meiner Krankheit wegen abschreiben. Seit Ihr auch eingeladen? Kommt Ihr? Das Wetter ist jetzt schon herrlich im Garten blühen so viele Blumen schon. Kurz vor Ostern hatte ich von meinem Willi Besuch. Es geht ihnen allen gut. Mutter war an meinem Geburtstag hier, ich wurde in diesem Jahr so reichlich beschenkt. Habt Ihr bei diesem schönen Wetter auch schon wieder Ausflüge gemacht? Wie geht's denn in der Liesenbank? Grüßt alle recht herzlich. Wie lange dauert's, so ist Himmelfahrt und Pfingsten herangerückt. Ich wünsche Euch allen recht vergnügte Feiertage. Mit herzlichsten Grüßen Eure Emma …, geb. …

Emmas Sohn, der als einziges ihrer beiden Kinder am Leben geblieben war und über dessen Unfall sie im Jahre 1910 so sehr erschrak, dass sie verrückt wurde, besuchte seine Mutter ihr ganzes Leben lang regelmäßig in der Schweriner Nervenklinik. Als er sie als Soldat im Fronturlaub im August 1941 sehen wollte, sagte ihm der diensthabende Arzt, dass seine Mutter gerade nach Bernburg verlegt worden sei. Er fuhr sofort dorthin, und in der Klinik teilte man ihm mit, dass seine Mutter gerade an einer Grippe verstorben sei. Sie übergaben ihm etwas, das sie als die Asche seiner Mutter ausgaben. Eine Todesurkunde bekam er nicht. Er fuhr nach Hause, ein 33-jähriger deutscher Soldat, der bald wieder zurück in den Krieg musste, im Zug mit der Asche seiner Mutter.

Emmas Sohn starb im Alter von 80 Jahren, 1988, noch vor der Wende. Er hatte immer zu seinen beiden Kindern gesagt: Ich erlebe es nicht mehr, aber ihr werdet es erleben, dass es hier mal anders kommt. Seine beiden Kinder, Emmas Enkel, wurden nach dem Zweiten Weltkrieg geboren.

Im vierten Jahr der DDR-Zeit, 1953, im Rahmen der »Aktion Rose«, klagte man Emmas Sohn zusammen mit seinem Vater, Emmas Witwer, unter dem Vorwand an, im Keller der Pension zu viel Kartoffeln gelagert und dadurch der Volkswirtschaft entzogen zu haben, und verurteilte sie zu einer Freiheitsstrafe. Man inhaftierte sie im Zuchthaus Bützow und entließ sie nach dem Arbeiteraufstand am 17. Juni 1953 vorzeitig.

Sie flohen nicht in den Westen, sondern blieben im Ort, hatten aber nun Angst vor einer erneuten Bestrafung ohne Grund. Als sich der Druck verstärkte, verkauften sie die Pension an den Staat. Emmas Enkel und eine Urenkelin leben noch in dem Ostseebad.

Emma ist noch in ihrem Gedächtnis, obwohl der Großvater und der Urgroßvater wenig von seiner Frau sprach, nur so viel, dass sie wegen Depressionen in der Nervenklinik sein musste. Er bewahrte aber die Heiratsurkunde und eine Fotografie von 1905 auf, vielleicht aus ihrer Verlobungszeit, vielleicht vom Beginn ihrer Ehe. Denn in jenem Jahr im Juni heiratete der Pensionatsbesitzer die 24-jährige Emma, die Tochter eines Gehöftserben und Erbpächters. Diese Fotografie von 1905 zeigt zwei Menschen im Freien vor einer Hecke in Feiertagstracht: Emmas Mann steht in einem Anzug mit offener Jacke, unter der man die Weste mit Uhrkette sieht, und blickt selbstbewusst in die Kamera, aus tief liegenden Augen, wie ein junger Juri Gagarin. Emma trägt ein bodenlanges kariertes Kleid unter einer weißen langen Schürze mit gestärkten gefalteten Flügelärmeln, eine kleine weiße Haube und eine Brille.

Mit dem Anflug eines Lächelns sieht sie weg von ihm. Nicht in die Kamera. Sie hatte ja ein kleines Geheimnis. Vielleicht hatte ihre Mitgift größer sein müssen, weil sie das Kind von einem anderen erwartete, und es reichte ihm für den Kauf der Hotelpension? Vielleicht wusste er gar nicht, dass sie von einem anderen schwanger war? Vielleicht hatte sich ja Emma das alles auch nur ausgedacht, später, als ihr Wilhelm unter dem Wagen lag, um das Entsetzliche auszuhalten?

Der Bräutigam auf der Fotografie jedenfalls starb 72 Jahre später, im Jahre 1977, und überlebte so seine Braut um 36 Jahre. Er hatte sich während ihres Lebens nicht scheiden lassen und nach ihrem Tod nicht wieder geheiratet. Seine Schwester führte ihm die Wirtschaft.

Die Urne mit Emmas Asche hatte er 1941 im Familiengrab an der Kirche einbetonieren lassen.

Alle in Emmas Familie hatten Angst davor, Kinder zu bekommen, weil sie fürchteten, sie hätte ihnen ihre Geisteskrankheit vererbt. Aber ein Nervenarzt, den sie nach dem Zweiten Weltkrieg befragten, beruhigte sie, als sie ihm die Symptome schilderten.

Im Jahre 1999 stand ich mit Emmas Enkelsohn, der fast so alt ist wie ich, an ihrem Grab. Sein Leben lang hat er seine Großmutter dort auf dem Friedhof besucht. Aber erst an diesem Tag erfuhr er die Wahrheit: 58 Jahre nach der Ermordung seiner Großmutter. Denn auch Emmas Akte blieb in der DDR-Zeit unter Verschluss. So wie die aller ihrer Mitpatienten, die am 1. August 1941 in einem blauen Bus mit undurchsichtig gestrichenen Fenstern von Schwerin aus durch die Bernburger Leopoldstraße in die Tötungsanstalt transportiert worden sind.

Wir dachten beide an sie. Sicher war, wie ihm nun klar wurde, ihre Asche gar nicht in der Urne. Aber das, sagte er nun als erwachsener Mann, sei gar nicht so schlimm, er war oft hier gewesen mit seinem Vater und seiner Schwester. Auf diesem Friedhof konnte er seine Großmutter besuchen, die schon tot war, als er noch gar nicht lebte, und von der er nur dieses Lächeln kennt. Mit einem Anflug von Lächeln sieht sie weg von ihm.

Eine Frage

Nach dem Ende der Besuchszeit, noch vor der Schranke des Pförtners, hörte ich die Frage einer Frau: Warum gibt man dem nun keine Spritze? Das wird doch nichts mehr.

Ich sah mich um und versuchte dabei, möglichst gleichgültig zu wirken: Die Frau war Ende fünfzig, so wie ich, der etwa gleichaltrige Mann neben ihr schwieg.

Wir gingen alle nicht so eilig, wie sonst die Ärzte, Pfleger oder Zivildienstleistenden nach Dienstschluss dem Parkplatz zustreben. Es war Sonntag. Auch andere hätten dieses Gespräch mithören können und haben es vielleicht auch gehört.

Hätte ich mich umdrehen und sagen sollen: Bis 1945 sind hier in dieser Nervenklinik am Sachsenberg in Schwerin schwer kranke Patienten mit Spritzen getötet worden, ohne dass sie selbst es wollten, von ihren eigenen Pflegern, von ihrer eigenen Krankenschwester, ausgesucht von ihrem eigenen Arzt? Die genaue Zahl der Ermordeten konnte später niemand beweisen, aber von 1940 bis 1945 starben in dieser Klinik 2927 Patienten unter den verängstigten, entsetzten, mitleidigen oder abgestumpften Blicken ihrer medizinischen Betreuer, die sich davor manchmal über Jahrzehnte um sie gekümmert und ihre Symptome in den Krankenakten notiert hatten.

Hätte ich ihnen vom Sachsenberg-Prozess im August 1946

erzählen sollen, vor dem Schwurgericht Schwerin in der sowjetischen Besatzungszone?

»Lassen Sie Ihr Kind nicht hier!« oder »Nehmen Sie Ihre Mutter wieder mit!«, hätten sie die Angehörigen heimlich gewarnt, sagten die Angeklagten 1946 vor Gericht. Dass sie alles nur auf Anweisung ihres Oberarztes getan hätten, des Dr. Alfred L.

Hätte ich ihnen das erzählen sollen? Aber vielleicht wussten sie es auch, wie so viele, die ich fragte.

Diese Anstalt ist nämlich die erste Irren- und Wirrenanstalt Deutschlands, gegründet 1830, und wenn er nicht gewesen wäre, wenn man einmal von dem Oberarzt Dr. Alfred L. absieht, hat die Anstalt eine patientenfreundliche Tradition, erzählte mir der Verwaltungsdirektor, kurz bevor er entlassen und sogar mit Hausverbot belegt wurde, vor dem Arbeitsgericht klagte, danach wieder eingestellt wurde, aber dann endgültig gehen musste. Er hatte nämlich in einer Einmanndemonstration mit einem selbst gemalten Plakat vor dem Ministerium an die Euthanasie in dieser Klinik erinnert, denn eine bestimmte Krankenkasse wollte die Schlaganfall-Patienten von einem gewissen Alter ab nur noch als Fehlbelegung ansehen und ihre Behandlung nicht mehr länger bezahlen: Die alten, teilweise gelähmten Menschen sollten stattdessen nach Hause entlassen oder in ein Pflegeheim verlegt werden. Die 1,3 Millionen DM an Behandlungskosten, die durch diese verkürzte Behandlung gespart werden könnten, entsprachen nach den Berechnungen dieses Verwaltungsleiters genau den Einsparungen, die die nationalsozialistischen Verwaltungsfachleute durch die Tötung der nutzlosen Esser in den deutschen Heil- und Pflege-Anstalten in ihrem Euthanasie-Programm im Zweiten Weltkrieg erwarteten. Mit dieser Demonstration habe er, sagte ihm mahnend der Arbeitsrichter im Berufungsverfahren, gegen das Loyalitätsgebot im öffentlichen Dienst verstoßen und sei darum für den Arbeitgeber, die Stadt Schwerin, unkalkulierbar geworden.

Außer mir saßen nicht hundert, wie ich vermutet hatte, sondern nur noch drei Zuhörer im Sitzungssaal des Rostocker Landesarbeitsgerichts: eine Betroffene, die schon wiederholt in der Klinik behandelt wurde und dankbar war, der Redakteur einer Zeitschrift für die Angehörigen von Psychiatriepatienten und der Fraktionsvorsitzende einer Partei im Stadtparlament. Man einigte sich auf einen Aufhebungsvertrag, eine Abfindung und den Verzicht auf gegenseitige öffentliche Schuldzuweisungen.

Im September und im Mai war ich tagelang an den weißen restaurierten Villen der Klinik unter den riesigen Kronen ihrer Parkbäume umhergegangen. In einem kleinen Tal hinter der früheren Kinderstation, die heute die Suchtklinik beherbergt, liegt der Anstalts-Friedhof. Nur noch wenige Grabsteine, an die Getöteten erinnerte noch nichts.

Aber seit 1998 trifft sich eine Angehörigengruppe psychiatrischer Patienten mit Psychiatrie-Erfahrenen, so nennen sich die ehemaligen Patienten, die immer wieder selbst Patienten werden könnten, mit der Anstaltsleitung und dem Pastor und dem Archivar.

Sie wollen sich der Geschichte im wahrsten Sinne des Wortes vorsichtig nähern.

Eine Todes-Statistik

Am Jahresende 1941 lebte von den Patienten der Schweriner Anstalt nur noch etwas mehr als die Hälfte: Allein in jenem Jahr starben von den 1166 stationär Behandelten 491 Patienten, und zwar 216 direkt in der Anstalt und die anderen 275 in der Tötungsanstalt Bernburg, noch am selben Tag, an dem sie dorthin verlegt worden waren.

Im Museum dieser Schweriner Nervenklinik gibt es eine Liste mit den Belegungs- und Totenzahlen vom Jahr 1911 bis zum Jahr 1955. Für jedes Jahr ist die Zahl der Patienten angegeben, die zum Jahresbeginn in der Klinik lebten, dann die Zahl der Zugänge, dann die Summe aller Behandelten und dann die der Toten, absolut und prozentual.

Im ersten Jahr zum Beispiel, 1911, wurden zusätzlich zu den 573 Menschen, die schon zum Jahresbeginn als Patienten geführt wurden, noch 135 aufgenommen. Von den insgesamt 708 stationär Behandelten starben im Laufe des Jahres 37, das waren 5 Prozent.

Im Jahr 1933 starben sogar nur 4,7 Prozent, so wenig wie nie vorher und nie nachher. Ausgerechnet im Jahr 1933. Vom Jahr 1937 zum Jahr 1938 stieg die Zahl der Sterbefälle nur wenig, verdreifachte sich aber plötzlich von 1938 bis 1940. Starben im Jahr 1938 noch 77 Patienten, also 8 Prozent, waren es 1940 schon 237 Patienten, also 23 Prozent. Im Jahr 1941 starben 491 Kranke, also 42 Prozent.

1942 starben 285, also 27 Prozent.

1943 starben 583, also 34 Prozent.

1944 starben 550, also 33 Prozent.

Und 1945 starben von 1744 Patienten 781, also 45 Prozent.

Zeitungsmeldungen

Am 6. Dezember 1945, sieben Monate nach dem Ende des Zweiten Weltkriegs, standen in einer Schweriner Tageszeitung unter der Überschrift »Giftmorde als Schlaganfall getarnt« die ersten Meldungen über die Nervenklinik der Stadt. Für jeden Todesfall liege in der Anstalt eine gelbe Zählkarte vor, auf der neben dem Namen auch der Beruf, der Geburtstag und die Todesursache erfasst wurden. Aus diesen Zählkarten gehe hervor, dass bei gleich bleibender Belegungszahl 42 Menschen in den ersten vier Monaten des Jahres 1939 starben, während es 219 in den ersten vier Monaten des Jahres 1944 und 333 in den ersten vier Monaten des Jahres 1945 waren. In den ersten vier Monaten des Jahres 1939 war Schlaganfall kein einziges Mal als Todesursache angegeben, dagegen 26-mal in den ersten vier Monaten des Jahres 1944 und sogar 71-mal in den ersten vier Monaten des Jahres 1945. In den ersten vier Monaten 1944 stammten alle 26 Schlaganfall-Diagnosen von Dr. Alfred L., und in den ersten vier Monaten 1945 waren nur 5 der 71 Schlaganfall-Diagnosen nicht von ihm. Die Diagnose Lungenentzündung als Todesursache wurde in den ersten vier Monaten des Jahres 1939 bei zehn Patienten und im Vergleichszeitraum 1945 bei 42 Patienten gestellt. Die Todesursache Altersschwäche vervierfachte sich ebenfalls nach Kriegsbeginn. Ein paar Tage später veröffentlichte die Zeitung Leserzuschriften zum Thema: 2500 Patienten seien vergiftet worden, und weitere 1000 habe man verhungern lassen. Um sich beim Gauleiter beliebt zu machen, hätte die Verwaltung der Anstalt die an sich schon geringen Mengen an Lebensmitteln für die Patienten beim Ernährungsamt nicht angefordert, jedenfalls nicht in dem Maße, wie sie den Patienten zustanden, stand in den Zuschriften. Ein Pastor in Schwerin hatte die oft zum Skelett abgemagerten Menschen gesehen und deshalb auch Anzeige erstattet. Grauenhafte und haarsträubende Dinge haben sich auf dem Sachsenberg abgespielt, die noch ungesühnt sind, schrieb die Zeitung.

So wären am 20. April 1945 fünf Antifaschisten im Anstaltspark auf Anweisung des Dr. Alfred L. von zwei SS-Männern erschossen und auf Anweisung des Klinikdirektors F. dann nackt ausgezogen und in eine Grube geworfen worden. Sie waren erst am Vortag aus der Landesanstalt Altstrelitz verlegt worden: Den Friedhofsarbeitern wäre streng untersagt worden, darüber zu sprechen.

Ein halbes Jahr später fand der Prozess statt.

Aus heutiger Sicht

Nach dem Ende der Diktatur mussten sich bei diesem Prozess, wie nach dem Ende jeder anderen Diktatur, Menschen plötzlich für Taten vor Gericht verantworten, die vor dem 8. Mai 1945 zu ihrer dienstlichen Tagesroutine gehört hatten und an die sie sich, wenn auch vielleicht mit Skrupeln und Angst, gewöhnt hatten: Die zur Tötung bestimmten Nichtsahnenden hungern lassen, tödliche Spritzen aufziehen und den Opfern geben, einen Gift-Gashahn aufdrehen, durch die Luke im getarnten Duschraum überprüfen, ob alle tot sind, die Leichen zum Verbrennungsofen schieben, sie alle zusammen verbrennen und ihre Asche in bereitgestellte Urnen verteilen, ihre noch warmen Kleidungsstücke sammeln, um sie in das Krankenhaus zurückzufahren, sich Todesursachen ausdenken für die Mitteilungsbriefe an die Angehörigen, die Angehörigen belügen, falls sie nach der plötzlichen Todesnachricht erschrocken ins Krankenhaus kommen sollten.

Je näher am ermordeten Patienten, umso augenscheinlicher war für den Richter der Anteil an der Tötung, umso leichter der Schuldspruch. Einem Pfleger, der das Gift in das Essen gerührt hatte und dabei von Kollegen beobachtet worden war, konnte der Staatsanwalt leichter einen Patientenmord nachweisen als einem Arzt, der mündlich und ohne Zeugen die Anweisung dazu gegeben hatte.

Man hätte sich, wird nun plötzlich nach dem Ende der Diktatur gefordert, auch in der Diktatur unmoralischen Anweisungen entziehen müssen, also tödliche Spritzen weder aufziehen noch geben dürfen, man hätte die Angehörigen der behinderten Kinder und der psychiatrisch erkrankten Erwachsenen warnen und über die beabsichtigte Tötung ihrer Kinder oder Mütter oder Brüder vorab informieren oder die Arbeit verweigern oder um seine Versetzung in eine Abteilung bitten müssen, in der vielleicht nicht getötet wurde.

Das wird nach dem Ende einer Diktatur von den Pflegern und Krankenschwestern und Ärzten verlangt werden, wenn sie vor Gericht stehen.

Sie hätten das Verbotene denken müssen: Diese Diktatur wird einmal zu Ende sein, und ich werde dann immer noch leben – es gibt Zeugen für das, was ich getan habe, und ich kann nicht alle Zeugen töten.

Ein Durchbruch der Gallenblase

Am 7. August 1946, eine Woche vor dem Sachsenberg-Prozess gegen einen Teil des medizinischen Personals der Schweriner Heil- und Pflegeanstalt, erstattete eine Mutter Anzeige gegen deren Direktor und auch gegen den Oberstadtdirektor von Boizenburg. Der Wohnort des Oberstadtdirektors war ihr unbekannt, aber er war in die englische Zone geflohen, das wusste sie. Er hatte vier Jahre zuvor ihren damals 13-jährigen Sohn dem Jugendamt Hagenow gemeldet (mit der Begründung, der Junge hätte mit anderen Kindern unsittliche Handlungen betrieben, sähe unmenschlich aus und müsste verschwinden). Das Jugendamt brachte den Jungen daraufhin am 1. Juni 1942 in die Schweriner Nervenheilanstalt, wo er, wie man der Mutter sagte, mit Hormonen behandelt werden sollte und für den Schulbesuch vorgesehen war.

Die Mutter versuchte, ihren Sohn über das Rathaus in Boizenburg, über das Jugendamt in Hagenow und das Amtsgericht in Züren nach Hause zurückzubekommen, aber es gelang ihr nicht. Ein Vierteljahr nach seiner Einlieferung, am 3. September 1942, erhielt die Mutter folgenden Brief aus der Klinik:

> Sehr geehrte Frau …!
> Leider war es mir nicht möglich, Sie rechtzeitig von der Erkrankung Ihres Kindes zu benachrichtigen, der Junge

hatte einige Tage kaum nennenswerte Beschwerden, die auf einen leichten Katarrh der Gallenwege zurückgeführt werden mussten. Am Abend vor seinem Ableben trat eine plötzliche Verschlimmerung mit hohem Fieber auf, und es erfolgte kurz darauf ein Durchbruch der Gallenblase, der den schnellen Tod des Kindes veranlasste.

Heil Hitler! Dr. L., Medizinalrat

Dr. Alfred L. also hatte diesen Brief verfasst.

Schon am 4. September war die Beerdigung des 13-Jährigen. Die Eltern und seine beiden Schwestern konnten ihn noch einmal sehen und bemerkten dabei vier Einstiche am Kopf, die nicht von den Hormongaben herrühren konnten – das bestätigten außerhalb der Anstalt alle Ärzte, die sie fragten: Hormone werden in Tablettenform verabreicht. Die Mutter vermutete in der Anzeige, dass ihr Sohn mit Wasserstoffspritzen in den Kopf umgebracht worden war.

In unserem Nachbardorf, im Einzugsbereich dieser Klinik, lebte bis in die neunziger Jahre ein Mann, der in der Landwirtschaftlichen Produktionsgenossenschaft gearbeitet hatte. Jetzt erst, bei meinen Nachfragen, erfuhr ich, dass er vor 1945 aus der Nervenklinik entkommen war. Er war einfach weggelaufen. Nein, hatte er zu Hause gesagt, da bleibe ich nicht, da wird man ja umgebracht.

Alle hatten es gewusst.

Der Sachsenberg-Prozess

Am 15. und 16. August 1946, also nur zwei Tage lang, fand vor dem Schwurgericht in Schwerin der Sachsenberg-Prozess statt, in dem ein Arzt, acht Pfleger und eine Krankenschwester als Giftmörder unter Anklage standen.

Der Prozessort war der überfüllte Saal der Landes-Zeitung, des Organs der Sozialistischen Einheitspartei Deutschlands für Mecklenburg-Vorpommern. Der Staatsanwalt wollte für alle Angeklagten, die überführt werden konnten, die Todesstrafe durchsetzen.

Drei Pfleger und die Krankenschwester wurden verurteilt, obwohl sie übereinstimmend erklärten, nur auf ärztliche Anweisung und nur unter Druck gehandelt zu haben. Der einzige in Schwerin angeklagte Arzt wurde freigesprochen.

Der Klinikdirektor, Dr. F., ein beinamputierter Mann, der sehr gutmütig gewesen sein soll und sicher Mitwisser war, konnte im Sachsenberg-Prozess nicht angeklagt werden, denn er hatte sich zusammen mit seiner Familie das Leben genommen, als die Besatzungsmacht einmarschierte.

In Dienstbesprechungen, so schrieb später ein Arzt in seinen Lebenserinnerungen, soll sich dieser Klinikdirektor ausdrücklich gegen Patiententötungen ausgesprochen haben. Sein Grab mit dem dunklen Stein, auf dem die eingemeißelte Schrift unleserlich geworden ist, nachdem die goldene Farbe verblasst ist, fand ich noch auf dem Klinikfriedhof, gleich neben der Kapelle und in der Senke hinter der Suchtabteilung. Das Grab wird gepflegt.

Der Freund seiner Tochter, den er nicht mit umgebracht hat, soll nach dem Krieg oft vor diesem Grab gestanden und um seine Freundin getrauert haben.

Der Assistenzarzt Dr. Bra., der einzige Arzt der Klinik, der im Sachsenberg-Prozess vor Gericht stand, war derjenige, der fünf Jahre zuvor von einer Mörderanstalt gesprochen hatte.

Der Staatsanwalt forderte in der zweitägigen Gerichtsverhandlung auch für ihn die Todesstrafe, weil er ihn für schuldig hielt, durch Verabreichung von *Erleichterungsspritzen* den frühzeitigen Tod kranker Personen herbeigeführt zu haben. Der geständige Pfleger Otto G. hatte ihn belastet.

Dr. Bra. gab aber in seiner Aussage vor Gericht dem flüchtigen Dr. Alfred L. die Alleinschuld. Der habe mit Unterstützung des durch Selbstmord geendeten Direktors Dr. F. entgegen dem Willen aller anderen Anstaltsärzte nach Weisungen des Innenministeriums die Tötungen in den ihm unterstellten Abteilungen der Anstalt systematisch durchgeführt.

Dr. L. habe als rechte Hand des Gauleiters Hildebrandt außerordentliche Vollmachten gehabt und davon rücksichtslos Gebrauch gemacht. Erst bei Vertretungsvisiten sei er, der Angeklagte, auf die Verbrechen aufmerksam geworden. Gemeinsam mit den Ärzten Dr. M. und Dr. B. habe er sich in einer Konferenz vergeblich gegen diese Verbrechen gewandt. Auf sein Entlassungsgesuch hätte der Direktor Dr. F. mit der Dienstverpflichtung geantwortet, und Dr. L. habe mit Gestapo und KZ gedroht.

Der Angeklagte bestritt energisch jede Mitschuld. Er schilderte den Oberarzt Dr. Alfred L. als einen gefürchteten und fanatischen Auftraggeber der Morde, als den geheimen wirklichen Direktor der Anstalt, ohne den die anderen ihre Taten nie und nimmer verübt hätten.

Zwar war er nachweislich bei einigen Kranken der Letzte, der ihnen vor ihrem Tod eine Injektion gegeben hatte, er verteidigte sich aber mit dem Hinweis, der russische Dolmetscher in den Verhören durch die russischen Besatzungsoffiziere müsse wohl beim Übersetzen seiner Antworten die Vokabeln Töten und Sterben verwechselt haben. Denn er hätte nur denen eine lindernde Spritze gegeben, die noch am Vortag gesund herumgelaufen waren und die er bei seinen Visiten plötzlich mit dem Tode kämpfen sah. Diese Spritzen hätten nur den Todeskampf abgekürzt, ihn aber niemals bewirkt. In Fällen von Agonie habe er also in der Krankenbehandlung übliche und gesetzlich erlaubte Beruhigungs- und Linderungsmittel angewandt. Die Tötungen, die Dr. L. durchführte, hätten er und die anderen Ärzte auf keinen Fall verhindern können.

Dr. Bra. wurde von der Mordanklage freigesprochen und durfte das Gericht als freier Mann verlassen.

Der seit 1942 bestellte Anstaltsgeistliche Pastor Peschke wurde ebenfalls als Zeuge vernommen. Er sagte, dass ihm jede Unterhaltung mit Insassen der Anstalt durch den Klinikdirektor Dr. F. untersagt worden sei. Seine Aufgabe sei lediglich darauf beschränkt gewesen, bei Beerdigungen als religiöse Verbrämung von Verbrechen zu fungieren.

Das sei ihm immer mehr zum Bewusstsein gekommen, als er

sehen musste, dass, sooft er ins Leichenhaus gekommen sei, nur wenige Tote von den vielen dort aufgestapelten durch ihn beerdigt werden durften. Diese Tatsache und das Aussehen der Leichen hatten seinen Verdacht bestärkt, dass hier Verbrechen verübt wurden. Die von ihm befragten Pfleger seien Fragen stets ausgewichen oder hätten ihn kurz und unfreundlich abgewiesen.

Der als Zeuge geladene Oberarzt Dr. M. schilderte, wie er gemeinsam mit Dr. B. die Aufforderung Dr. L.s zur Mithilfe an diesen Verbrechen zurückgewiesen habe und beide daraufhin nach Berlin befohlen wurden, wo ihnen in der Reichskanzlei ein Dr. E. eröffnete, dass Dr. L. einen Reichsauftrag erfülle und jeder, der ihn daran hindere, die schärfsten Maßnahmen gegen sich heraufbeschwöre.

Der Zeuge Dr. M. schilderte dann die Verbindungen Dr. L.s zu SS und Gestapo und stellte fest, dass die Naziregierung Mecklenburgs durch Verkürzung der Lebensmittelrationen auf die Hälfte der den Kranken zustehenden Menge ein erhebliches Maß Schuld an dem Massensterben der Anstaltsinsassen trage. Auch diesem Zeugen war kein Fall bekannt, in dem der Angeklagte Dr. Bra. sich im Sinne der Anklage schuldig gemacht hatte, und er bestätigte, dass sich der Angeklagte entschieden gegen die Verbrechen gewandt habe.

Schwer belastet waren auch die Pfleger Bu. und Otto M., die aber im Prozess versuchten, ihre zu Protokoll gegebenen Erklärungen abzuschwächen. Während der Pfleger Bu. freigesprochen wurde, rettete dem im Prozess zunächst zum Tode verurteilten Pfleger Otto M. ein nervenärztliches Gutachten der Universitätsklinik

Rostock das Leben: Er war schon 62 Jahre alt, als er vor dem Schweriner Gericht gestanden hatte, und er hatte die Tötung von 20 Menschen zugegeben.

Aber als das nervenärztliche Gutachten eintraf, wurde seine Strafe nicht nur wie bei seinen drei Kollegen nach deren Gnadengesuchen in lebenslängliches Zuchthaus umgewandelt, nein, er wurde sogar freigesprochen. Er selbst hatte dem Gutachter kaum Auskünfte geben können, so verzweifelt war er über seine ihm aussichtslos erscheinende Lage, aber seine Tochter hatte dem Arzt berichtet, dass ihr Vater immer viele Seefahrergeschichten gelesen und so an seine frühere Seemannszeit zurückgedacht hätte – Segeln war seine Liebhaberei, und er besaß ein eigenes Boot. In den letzten Jahren sei ihr Vater immer nervöser geworden und habe die Anstalt am Sachsenberg verlassen wollen. Mindestens seit drei Jahren, aber eher schon seit vier oder fünf Jahren war er auffallend vergesslich, und beim Gerichtsprozess habe sie ihn kaum wiedererkannt, so stumpf sei er gewesen. Auch auf ihre Briefe habe er nicht reagiert.

Seit Jahren zittere Otto M., schrieb der Arzt: An beiden Händen, auch die Gesichtsmuskulatur und der Unterkiefer. Sein Vater war Schmiedegeselle und brachte ein Kind aus erster Ehe mit, die Mutter vier. Otto war das einzige Kind aus dieser zweiten Ehe.

Er fuhr zehn Jahre zur See, erkrankte an Malaria, erlitt zwei Rückfälle und begann 1912, mit 28 Jahren, als Pfleger in der Schweriner Anstalt am Sachsenberg zu arbeiten. Ein Jahr später wurde er Stationspfleger. Er musste als Soldat in den Ersten Weltkrieg und bekam einen Streifschuss an der linken Wange. Im Alter von 41 Jahren, das war 1925, gewöhnte er sich an Schlafmittel und kam davon nicht mehr los.

Da nicht nur viele Ärzte, sondern auch das Pflegepersonal und mit ihm auch der Krankenpfleger Otto M. und seine Familie auf dem Gelände der Nervenklinik wohnten, fielen bei den Wahlen im Jahr 1933 die beiden einzigen Stimmen gegen Hitler auf: Sie konnten, weil seine politische Einstellung bekannt war, nur von seiner Familie stammen. Deshalb habe auch Dr. Alfred L. mit der Faust auf den Tisch geschlagen und gesagt, diese Schweinerei könne nur von M. und seiner Frau kommen. Otto M. war nämlich seit 1918 Mitglied in der SPD, hatte Flugblätter verteilt und auch einen Vortrag im Jugendheim Schwerin-Lankow gehalten, in dem er auf die Gleichwertigkeit der verschiedenen Hautfarben hingewiesen und sinngemäß gesagt hatte: Weiße, schwarze, braune Kulis, alles, was Menschenantlitz trage, sei auch als Mensch zu behandeln. Da das in der Anstalt gemeldet worden war, stand Otto M. auf der schwarzen Liste der politisch Andersdenkenden, und die NSDAP forderte, seine Entlassung durchzusetzen. Während der Direktor der Anstalt, Dr. F., sich dagegen wehrte, hätte ihn Dr. Alfred L. schikaniert und ständig von einer Station zur anderen versetzt. So war Otto M. niemals länger als ein halbes Jahr in ein und derselben Station. Von den Patienten, die zur Arbeit außerhalb des Klinikgeländes eingesetzt worden waren und die er von 1933 bis 1937 im Parkhaus und von 1937 bis 1941 in Saal 4 zu beaufsichtigen hatte, habe er nicht einen einzigen getötet, auch nicht Kranke im Haupthaus und keinen der Kranken in der Aufnahmeabteilung im Saal 2, wo in 30 Betten »schwere, defekt gewordene Endzustände von Schizophrenen, Epileptikern, Paralytikern, Arteriosklerotikern und Senilen« lagen und viele starben.

Es habe dort einen ungewöhnlich hohen Verbrauch von Veronal im Arzneischrank gegeben, im Nebenhaus sei es damit noch schlimmer gewesen, aber unter den Pflegern wurde darüber nicht gesprochen. Ihm, so Otto M., sei das so widerlich gewesen, dass er jeden Tag froh war, wenn er seinen Dienst hinter sich gebracht hatte.

Eines Morgens hatte er auf dem sieben Meter hohen Balkon gerade Wache, als Dr. Alfred L. kam und zu ihm sagte, es könnten doch ruhig einmal vier oder fünf Jungens über den Balkon fallen. Als er, der Krankenpfleger Otto M., über diese Worte seines Vorgesetzten sehr erschrak, sei Dr. Alfred L. misstrauisch geworden. Bei jeder Visite habe dieser daraufhin einzelne Leute bezeichnet, die zehn Tabletten Veronal auf einmal bekommen sollten: Es waren Menschen mit Decubitus, mit wundem Rücken, die sich durchgelegen hatten, Bettlägerige, die unter sich ließen, und geistig Verblödete, sagte der Pfleger Otto M. Dr. Alfred L. hätte über sie gesagt: Die werden ja doch nicht wieder. Und Befehle müssten ausgeführt werden, sonst erfolge eine Anzeige an die Gestapo.

Zu den Pflegern Otto G. und J. hätte Dr. Alfred L. gesagt, dass es diesbezüglich ein Gesetz gäbe, aber nicht darüber gesprochen werden dürfte. Otto M. habe im Gegensatz zu anderen zunächst keine Schweigeverpflichtung unterschrieben, aber auf Druck tat er es schließlich doch.

Er gab seinen Patienten nur zwei Veronal am Tag. Sie waren aber so entkräftet und abgemagert, dass sie auch bei dieser Dosis starben. Otto M. glaubte, dass es wohl 10 bis 15 Patienten waren, die er selbst so zu Tode brachte. Bei anderen habe Dr. Alfred L. gesagt: Hier müssen wir fortsetzen.

Otto M. wusste, dass sich sein Kollege, der Krankenpfleger Th., einfach geweigert hatte zu töten. Er hatte aber den Eindruck, dass der sich das im Gegensatz zu ihm leisten konnte, denn erstens war der Krankenpfleger Th. Parteigenosse, zweitens war er jünger und drittens hatte er eine schwere Kriegsbeschädigung. Durch all dies war der Th. bei Dr. Alfred L. ganz anders angeschrieben, meinte Otto M.

1946 wäre er von den Russen in sehr humaner Form vernommen worden, und die anschließende Hauptverhandlung, schilderte er dem Gutachter, sei ihm wie Theater vor einem Publikum, das er kannte, erschienen.

Der Rostocker Gutachter schilderte Otto M. in seinem Verhalten auf der Station als bescheiden und bedürfnislos. Er machte keinerlei Schwierigkeiten, zeigte nur eine Neigung zum Weinen, die aber nicht lange anhielt. Er sei wohl nie eine Persönlichkeit von besonderer Vitalität, Willensaktivität und Lebenszugewandtheit gewesen und neigte wohl eher zur Beschaulichkeit und zur Begrenzung seines Lebenskreises. Die in krankhaftem Ausmaße seit Jahren sich vollziehenden Rückbildungsvorgänge des Gehirns hätten in maßgeblicher Weise die Widerstandskraft des Otto M. gegen die brutalen Befehle des Dr. Alfred L. beeinträchtigt, ferner hätten sie einen entscheidenden Einfluss auf die Klarheit und Zuverlässigkeit seiner Aussagen im Prozess gehabt, durch die allein es überhaupt zu einer Verurteilung gekommen sei.

Zum Schluss fügte Otto M. dem Gutachten noch eine persönliche Stellungnahme hinzu: »Bis zur Naziherrschaft 1933 ging alles gut. Dr. Alfred L. und der Pflegeinspektor, der politischer Leiter war, wussten, dass meine gesamte Familie der Sozialdemokratischen Partei angehörte. Meine Frau war Vorstandsmitglied der SPD. Ich habe nur bei sterbenden und sehr unruhigen Patienten den Befehl bekommen, Medikamente zu geben. Als Beweis dafür, dass ich keinem Geisteskranken absichtlich Gift gegeben habe, um ihn zu töten, kann ich die beiden Pfleger R. und F. anführen.« Am 17. Oktober 1947 wurde Otto M. freigesprochen.

Der Pfleger Otto G., der den Assistenzarzt Dr. Bra. zunächst sehr belastet hatte, gestand, nach Weisungen Dr. L.s, der ihm jeweils eine Liste der zu ermordenden Pfleglinge überreichte, die Vergiftungen vorgenommen zu haben. Meist habe er den Getränken oder dem Essen 10 bis 20 Veronaltabletten beigemischt, nur im Versagensfalle durch tödliche Morphiumspritzen nachgeholfen.

Vor Gericht schwächte er seine Aussagen gegen Dr. Bra. ab und räumte ein, dass derselbe nur die statthafte Linderungsspritze gegeben habe.

Otto G. war 58 Jahre alt, als er jetzt 1946 vor dem Nachkriegsgericht in Schwerin stand. Schon im März 1946 war seine Tochter von einem Kurs zur Ausbildung von Lehrkräften mit der Begründung ausgeschlossen worden, ihr Vater habe auf Anordnung seines Vorgesetzten ungesetzliche Handlungen vorgenommen. Der FDGB, der Freie Deutsche Gewerkschaftsbund, der dem Gericht im April 1946 diese Auskunft gab, fügte hinzu, der Krankenpfleger Otto G. und seine Frau wären vor der Nazizeit Mitglieder der SPD gewesen, Otto G. selbst außerdem jahrzehntelang Funktionär der freien Gewerkschaften und deshalb in der Nazizeit vom Direktor der Klinik aus dem Angestelltenverhältnis genommen worden.

Otto G. schrieb Mitte November 1946 als Häftling im Gefängnis Bützow an den Rechtsanwalt, dass er sich an ein Gespräch mit seiner mitverurteilten Kollegin, der Krankenschwester Elisabeth K., erinnerte, von dem Dr. Alfred L. erfuhr. Dieser sagte daraufhin zu ihm: Eine letzte Verwarnung, Sie sind bald dran.

Otto G. schrieb in diesem Brief, dass er nach 38-jähriger Tätigkeit in der Irrenpflege nicht mehr die Kraft besaß, sich den Anordnungen seines Vorgesetzten zu widersetzen. Man solle bedenken, schrieb er, dass er vor der Nazizeit Betriebsratsvorsitzender gewesen sei und in der Nazizeit alle Versuche der NSDAP abgelehnt habe, ihn als Betriebsobmann oder politischen Leiter einzusetzen.

Im Oktober und November 1945 hatte Otto G. im Typhus-Krankenhaus Niklotschule in Schwerin gearbeitet. Er war stets ehrlich bemüht, schrieb der damalige Stationsarzt in einem Zeugnis für das Gnadengesuch des Rechtsanwalts, seinen guten Willen zur Mitarbeit am Neuaufbau durch seinen Einsatz im Typhus-Krankenhaus unter Beweis zu stellen. Der Krankenpfleger Otto G. wurde wegen seiner Beteiligung an den Tötungen in der Anstalt zum Tode verurteilt und dann zu lebenslangem Zuchthaus begnadigt. Er starb kurz darauf in der Haftanstalt.

Geständig war auch der Pfleger Wilhelm B. Er hatte durch Verabreichung von Veronal die ihm von Dr. L. bezeichneten Patienten der Kinder-Abteilung vergiftet und auch erwachsene psychiatrische Patienten mit Veronal-Tabletten und in einigen Fällen mit Einspritzungen von Morphium-Skopolamin getötet – sowohl auf ärztliche Anordnung wie auch eigenmächtig.

Wilhelm B. war seit dem Beginn des Ersten Weltkriegs, seit

seinem 17. Lebensjahr, Pfleger und später Stationspfleger in der Kinderheilanstalt Lewenberg in Schwerin gewesen. Während des Zweiten Weltkriegs wurde diese Kinderheilanstalt aufgelöst und der Nervenklinik am Sachsenberg eingegliedert. Mit seiner Station zogen sogenannte tief stehende Idioten um, aber auch Hilfsschüler, die außerhalb der Klinik die Schule besuchen konnten. Auch erwachsene Patienten kamen mit dieser Kinderstation vom Lewenberg zum Sachsenberg. Sie waren seit ihrer Kindheit wegen ihrer schweren geistigen Behinderung nicht zu Hause, sondern in dieser Kinderheilanstalt betreut worden. Der Stationspfleger Wilhelm B. unterstand nach dem Umzug dem Oberarzt Dr. Alfred L. Wihelm B. sagte 1946 vor Gericht, Dr. Alfred L. hätte ihm die streng geheime Anweisung gegeben, die Anstalt zu liquidieren, und ihm mit der Gestapo gedroht, wenn er nicht folge. Er gestand, etwa 30 Patienten selbst getötet zu haben, sagte aber zu seiner Entschuldigung, dass er ohne Wissen des Dr. Alfred L. andere Kinder verlegt und damit gerettet hatte. Wilhelm B. wurde zum Tode verurteilt.

Die Pflegerin Elisabeth K. gestand im Sachsenberg-Prozess, auf Befehl Dr. L.s in 20 bis 30 Fällen ebenfalls lebensunfähige Kleinstkinder durch Spritzen und größere Kinder durch Tabletten vergiftet zu haben.

Sie hatte seit 1927 in der Anstalt gearbeitet, Dr. Alfred L. wurde erst zwei Jahre später eingestellt.

1941, schon im Krieg, wurde sie Stationspflegerin für Säuglinge und Kinder bis zum Alter von acht Jahren. Auf ihrer Station waren auch größere Mädchen untergebracht, die bei der täglichen Arbeit halfen.

Dr. Alfred L., der nun schon 12 Jahre ihr Vorgesetzter war, vertrat die Meinung, dass Kinder, die bettlägerig waren, nicht allein essen konnten und keine Aussicht hätten, länger zu leben, beseitigt werden mussten, um dem Staat nicht zur Last zu fallen, sagte sie 1946 vor Gericht. Sie hatte diese Anweisungen befolgt.

Eine Woche nach dem Todesurteil gegen Elisabeth K. richtete ihr Anwalt ein Gnadengesuch an das Gericht, mit der Bitte, die Todesstrafe in eine Haftstrafe umzuwandeln: Durch Zeugnisse von Bekannten erkenne man, schrieb der Anwalt, dass Elisabeth K. hilfreich und liebevoll sei und dass sie weitgehend unter dem Einfluss des Dr. Alfred L. gestanden habe, einer Persönlichkeit mit außerordentlich starken suggestiven Kräften. Es leuchte ohne Weiteres ein, schrieb der Anwalt weiter, dass ein solcher Vorgesetzter einen ungeheuren Einfluss auf eine ledige Frau im Alter der Angeklagten gehabt haben muss. Auch die Zeugnisse einer früheren Oberin und einer Ärztin, die vom 1. Juni bis zum 17. August 1946 mit Elisabeth K. zusammen im Justizgefängnis Schwerin inhaftiert waren, fügte der Anwalt seinem Gnadengesuch vom 22. August bei. Die Oberin schrieb: Betreffs der Tötung kann ich nur sagen, dass sie lediglich unter dem Zwang gehandelt hat. Erwähnen möchte ich noch, dass vielmals die Eltern ihre Kinder gebracht haben mit der Bitte, sie bald zu erlösen. Die Ärztin vertrat die Meinung, dass Elisabeth K. ein wahrheitsliebender Mensch sei und dass es sich auf keinen Fall um kaltblütigen und unmenschlichen Mord handelte.

Eher sei sie noch durch Warmherzigkeit und Mitleid dazu gebracht worden, die Hemmungen zu überwinden, die jedem anständigen Menschen selbstverständlich bei der Ausführung eines solchen Auftrages kommen.

Der Rechtsanwalt erinnerte daran, dass sowohl der Staatsanwalt als auch der Vorsitzende des Gerichts in der Hauptverhandlung auf die hohe politische Bedeutung dieses Prozesses hingewiesen hatten. Diese Bedeutung liege aber seiner Meinung nach nicht nur in der Feststellung, dass die Hitlerregierung mit kalter Berechnung die Bevölkerungspolitik einseitig zugunsten ihrer kriegerischen Absichten geleitet habe.

Es sei durch diesen Prozess wieder einmal festgestellt worden, dass die Hitlerregierung sich nicht gescheut habe, bei Ausführung ihrer Verbrechen alle Mittel des Terrors anzuwenden, um an sich ehrenwerte und anständige und den Methoden der Regierung widerstrebende Menschen zur Ausführung ihrer Verbrechen zu zwingen. Dieser seelische Mord an vielen deutschen Menschen und auch an den Angeklagten dieses Prozesses sei den vom Staatsanwalt und dem Vorsitzenden des Gerichts hervorgehobenen Verbrechen ebenbürtig. Eine mildere Behandlung der Angeklagten würde daher auch der politischen Bedeutung des Prozesses nicht widersprechen, schloss der Rechtsanwalt sein Gnadengesuch.

Nachdem Elisabeth K. viereinhalb Jahre ihrer Haft im Zuchthaus Dreibergen/Bützow in Mecklenburg verbüßt hatte, schrieb sie am 14. Juli 1950 einen Brief an den Oberstaatsanwalt in Schwerin. Sie schrieb in deutscher Schrift, aber das Wort Schwerin und ihren eigenen Namen in lateinischen Buchstaben. Es war die Bitte um Begrenzung der Haftstrafe. Am 18. August 1946 sei sie wegen ihrer Mitarbeit am Euthanasiegesetz zu lebenslänglicher Zuchthausstrafe verurteilt worden. Im Laufe der Haft sei sie erst zur Erkenntnis ihrer großen Schuld gelangt und bedaure nun ihre Handlungsweise zutiefst. Durch die Presse bekomme sie täglich einen Einblick in die ungeheure Aufbauarbeit, die von unserer (so schreibt sie) jungen demokratischen Republik geleistet werde. Umso schmerzlicher werde für sie von Jahr zu Jahr das Bewusstsein, aus der menschlichen Gemeinschaft ausgestoßen zu sein, aus der Gemeinschaft der Tatkraft, des Aufbau- und Friedenswillens. Aber auch sie wolle dabei sein und teilhaben dürfen an dieser großen Aufgabe. Auch sie wolle ihre Kräfte, die hier brachliegen müssten, voll und ganz für die gute Sache einsetzen dürfen. Ihre aus recht verzweifeltem Herzen kommende Bitte an die Oberstaatsanwaltschaft gehe nun dahin, falls mit einem gänzlichen Erlass ihrer Strafe auf dem Gnadenwege nicht zu rechnen ist, wenigstens so weit Gnade walten zu lassen, dass man ihr statt lebenslänglich ein fest umrissenes Ziel vor Augen stelle, eine Höchststrafe also. Ihr ganzes Hoffen richte sich daher auf das menschliche Empfinden und Verstehen der Oberstaatsanwaltschaft, deren wohlwollende Entscheidung sie mit großem Vertrauen erwarte.

Der Vorsitzende des Oberlandesgerichts bat am 12. Oktober 1950, das Gnadengesuch abzulehnen. Ihm sei bekannt, dass kürzlich eine Besichtigung der Strafanstalt durch Mitglieder des Rechtsausschusses des Landtages stattgefunden habe. Hierbei hätte es Fräulein K. sehr geschickt verstanden, sich als Person hinzustellen, die nur auf Befehl tätig geworden sei. Die Hauptverhandlung hätte aber ein ganz anderes Bild ergeben: Geradezu kaltblütig, völlig unbewegt, nüchtern und ruhig hätte damals Fräulein K. erklärt, dass sie systematisch die Dosierung des Giftes vorgenommen, also ganz bewusst und höchst aktiv die Massentötung durchgeführt hätte, viel nüchterner und herzloser als die männlichen Angeklagten.

Nach der Verhandlung, schreibt der Vorsitzende des Oberlandesgerichts, wäre eine ihm unbekannte ältere Krankenschwester zu ihm gekommen und habe ihm erzählt, dass die Kolleginnen die K. nicht als Schwester, sondern eher als Teufel angesehen hätten. Das Schwurgericht, schreibt der Vorsitzende des Oberlandesgerichts im Jahre 1950 weiter, hätte 1946 bei einem Verurteilten einen Gnadenbeweis befürwortet, weil dieser sich in einzelnen Fällen bemüht hatte, Menschen zu retten. Fräulein K. hätte dies niemals getan.

In mühseliger Arbeit sei es gelungen, schreibt der Landgerichtsdirektor, jetzt festzustellen, dass in Mecklenburg und besonders im Sachsenberg noch ganz andere Verbrechen gleicher Art und Weise stattgefunden hätten, weshalb die Staatsanwaltschaft Schwerin nunmehr, 1950, ein neues Verfahren eingeleitet habe.

Ob zu späterer Zeit ein Gnadenerweis erwogen werden könnte, wollte der Richter offen lassen. Sein Schreiben schließt mit den Worten: Wenn auch viele Menschen schnell und leicht vergessen, so dürfen wir nicht diejenigen Eltern vergessen, deren Kinder gerade von dieser Angeklagten umgebracht wurden.

Dr. Alfred L., der beim Einmarsch der Alliierten 1945 von Schwerin in den Westen geflohen war, musste sich erst sechs Jahre später, 1951, in Köln vor Gericht verantworten und wurde nach einem Berufungsverfahren endgültig freigesprochen. Als davon der Bruder der Angeklagten Elisabeth K., der im Westen lebte, erfuhr, schrieb er am 20. Juli 1953 an den Schweriner Rechtsanwalt S. und fragte ihn, ob noch einmal ein Gnadenverfahren möglich wäre und wie hoch wohl die Kosten sein könnten, denn seine zu lebenslänglichem Zuchthaus begnadigte, anfangs sogar zum Tode verurteilte Schwester hätte doch nur auf Weisung des Dr. L. gehandelt.

Eine Antwort auf diesen Brief findet sich nicht mehr im Nachlass des Rechtsanwalts.

Leben nach dem Ende der Diktatur

Alfred L. ermordete etwa 100 Menschen, überwiegend Kinder, gab das vor Gericht auch zu, sagte aber zu seiner Entschuldigung, dass es eigentlich 180 Kinder sein sollten. Er sei als Retter dieser nicht ermordeten Menschen anzusehen und hätte die 100 nur getötet, um die Nichtermordung der anderen zu tarnen. Das Strafurteil über diesen Nervenarzt Dr. Alfred L. las ich schon vor dreizehn Jahren, 1986, aus Zufall und nur aus Interesse an dem Tatort: Schwerin. Denn seit elf Jahren hatte ich ganz in der Nähe immer wieder die Sommer verbracht, die zurückhaltende Art der Menschen war mir vertraut. Aber von den vielen Morden in der nahe gelegenen Nervenklinik sprach man nicht.

Das Strafurteil war in einer unkommentierten 22-bändigen Dokumentation mit dem Titel »Justiz und NS-Verbrechen« enthalten, die Professor Rüter von der Rechtswissenschaftlichen Fakultät der Universität Amsterdam mit seinen Mitarbeitern zusammengestellt hatte und die eine Sammlung aller in den Jahren 1945 bis 1965 ergangenen westdeutschen Strafurteile zur Ahndung nationalsozialistischer Tötungsverbrechen ist. (Die späteren westdeutschen Strafurteile aus den Jahren 1966 bis 1999 gegen NS-Tötungsdelikte werden von Professor Rüter und seiner Arbeitsgruppe bis zum Jahr 2005 veröffentlicht. Sie lagen mir also nicht vor.)

In den 22 Bänden mit den fast 700 Strafurteilen, damals noch ohne Register, hatte ich im Jahr 1986 eigentlich nur nach Frauen gesucht, die wegen Denunziation vor Gericht gestanden hatten. Mich, die ich zu der Zeit ja selbst in einer Diktatur lebte und arbeitete, interessierte das verdeckt Zerstörerische an diesem Delikt und auch, wie ihre Tat die Denunziantin selbst zerstörte. Ich nannte mein Buch deshalb »Judasfrauen« und beendete es noch vor dem Ende der SED-Diktatur. An dem Schicksal der Denunziantinnen und ihrer Opfer konnte ich wie unter einem Mikroskop sehen, wie jeder sich in einem System ohne Gewaltenteilung den Staat zum Verbündeten und zum Mörder seines jeweiligen Feindes machen kann, ohne sich selbst die Hände schmutzig zu machen. Die Diktatur machte es möglich. Jede Diktatur macht das möglich. Die Täter brauchen nicht einmal an die in der Diktatur vertretene Ideologie zu glauben. Aber ihr Pakt mit der Macht ist auf Dauer angelegt. Und das ist ihr Denkfehler, den ich damals erkannte.

Als die SED mit ihrem Ministerium für Staatssicherheit am Ende war und die Listen mit den vielen Hauptamtlichen und den 100 000 Spitzeln erschienen, dachte ich, sieh dir nur ihre zerstörten, zerknautschten Gesichter an, auch diese hat ihr Verrat wieder zerstört. Die Diktatur hat sie in Versuchung geführt und manche von ihnen vergiftet. Man sieht es ihren Gesichtern an, ob sie sich wacker geschlagen haben. Die Menschen, die der konspirativen Verschwörung gegen ihre Familienangehörigen oder ihre Kollegen oder gegen unbekannte Mitbürger widerstehen konnten, müssen etwas zur Rückenstärkung gehabt haben, was die anderen nicht hatten. Vielleicht beachteten sie ein inneres Verbotsschild, nämlich nur im Privatleben oder als

Schriftsteller, nicht aber im politischen Alltagsleben Voyeure zu sein, und entschieden sich für die Erzählung anstatt für den Spitzelbericht. Vielleicht stammten sie aus einer Familie mit der ehernen Regel der Anständigkeit, die man einfach nicht verletzt: Man petzt nicht. Vielleicht waren sie christlich gebunden und hatten einen Halt im Glauben mit seiner Relativierung der vergänglichen weltlichen Macht. Vielleicht konnten sie darum seriöse und unseriöse Handlungen unterscheiden.

Vielleicht sprachen sie öfter mit einem wirklich Vertrauenswürdigen, brauchten also den einschmeichelnden Ersatzvertrauten, den Führungsoffizier vom Geheimdienst, nicht. Vielleicht waren es selbstbewusste Menschen mit offenem Visier, die sich lieber direkt mit anderen Meinungen auseinandersetzten. In einem System, das seine Landesgrenzen schließt, Informations- und Meinungsfreiheit einschränkt, Privilegien vergibt, teilt und herrscht und bei allem Zustimmung verlangt, ist es anstrengend, Kinder zu erziehen, auf altmodische Weise anständig zu bleiben. Trotzdem gelingt es den meisten Menschen.

Vielleicht hat mich deshalb die Gerichtsakte des Dr. Alfred L. so fasziniert. Er war ein Täter, der sich nicht einmal auf einen Befehlsnotstand herausredete, sondern angeblich das kleinere Übel wählte: Ich bin absichtlich in meiner Position geblieben, denn sonst hätte man mich ersetzt, und ein anderer Arzt hätte die vorgesehenen 180 Kinder getötet. Die Entscheidung für mich lautete: 100 Kinder selbst töten oder 180 Kinder einem Kollegen und damit ihrem sicheren Tod überantworten. Diese irren Alternativen. So etwas ist in einem offenen politischen System im wahrsten Sinne des Wortes unglaublich.

Dieser Arzt argumentierte ähnlich wie die wegen der vielen

hundert an der westlichen DDR-Grenze erschossenen, verbluteten und ertrunkenen Flüchtlinge angeklagten SED-Politbüromitglieder vor den Gerichten der bundesdeutschen Justiz: Der Kalte Krieg und die Sowjetunion zwangen uns die Bewachung der Staatsgrenze und die Verminung und den Schusswaffengebrauch auf, aber in den Oktobertagen 1989 haben wir in Dresden und Leipzig und Berlin kein Blutbad angerichtet. Euer Leben habt ihr uns zu verdanken. Die Mauertoten waren unser Beitrag für den Frieden der Welt.

Zu seinem Bedauern hatte der Amsterdamer Rechtsprofessor Rüter zu DDR-Zeiten trotz seiner Bitten kein einziges Urteil von ostdeutschen Gerichten zur Verfügung gestellt bekommen. Dieses hat er nach dem Ende der DDR und der Öffnung ihrer Archive sofort nachholen können, sodass seit 1999 die ostdeutschen Strafurteile aus den Jahren 1945 bis 1990 unter dem Titel »DDR-Justiz und NS-Verbrechen« in 10 Bänden erscheinen können. Sicher werden die Todesurteile von 1946 gegen das Schweriner medizinische Personal unter Dr. Alfred L. darin enthalten sein, über die ich noch im Landesarchiv Mecklenburg-Vorpommern las.

Warum habe ich mir in den letzten Jahren, obwohl die Diktatur doch vorbei ist und es über die Euthanasie-Morde seriöse und genaue Dokumentationen gibt – ich denke mit Respekt an die Bücher von Ernst Klee –, eine solche Mühe gegeben, diesen einen Täter zu begreifen und zu beschreiben? Warum habe ich mühsam 179 Akten seiner Opfer gelesen? Die politische Korrektheit hätte es erfordert, für ihn noch nachträglich eine hohe Zuchthausstrafe zu fordern oder ihn als einen karrieregeilen, der Partei willfährigen Emporkömmling zu charakterisieren. Die

Warnungen, die ich immer wieder höre, über die passive Euthanasie am besten überhaupt nicht nachzudenken, noch viel weniger über die aktive Euthanasie, weil dann ein Dammbruch einsetze, hätten in meinem Buch zu einem Verschweigen der gegenwärtigen Diskussionen führen müssen.

Das Thema hätte mich voller Vorwurf werden lassen gegen meine Vorfahren, die so etwas taten oder zugelassen haben, dazu schwiegen und, als die Nazizeit vorüber war, den Arzt freisprachen und in der Gesellschaft duldeten. Stattdessen habe ich in den vielen Jahren, in denen ich mich nach dem Ende der DDR mit Verbrechen der Nazizeit beschäftigte, wie eine wiederbelebte Lots Frau aus der Salzsäulenerstarrung in das Leben und Schreiben zurückgefunden.

Ein geheimer Gegner der Euthanasie

Dr. Alfred L., auf dessen Anweisung die angeklagten Schweriner Pflegekräfte ihre Patienten ermordet hatten, stand nicht vor Gericht in der sowjetischen Besatzungszone, denn ihm war die Flucht vor der Roten Armee nach Schleswig-Holstein gelungen, also in die Besatzungszone der westlichen Alliierten.

Nachdem er drei Jahre lang interniert war und sich danach als Hilfsschlosser bei der englischen Besatzungsmacht verdingt hatte, strebte er 1949 eine Stelle als 2. Gerichtsarzt in Köln an. Noch während seiner sechsmonatigen Probezeit gingen bei der Stadt Köln zwei anonyme Schreiben ein, die ihn seiner Teilnahme an der Euthanasie-Aktion in Schwerin bezichtigten. Zum Ablauf der Probezeit wurde ihm daher gekündigt, und er ließ sich stattdessen als freiberuflicher Nervenarzt und psychiatrischer Gerichtsgutachter in Köln nieder.

Dr. Alfred L. kam wegen seiner Euthanasie-Beteiligung wiederholt in Köln vor Gericht (es ging bis zum Bundesgerichtshof und zurück). Schließlich sprach ihn das Schwurgericht in Köln am 4. Dezember 1953 von der Anklage der Beihilfe zum Totschlag mangels Beweises frei. Seine Richter konnten ihm seine Behauptung nicht widerlegen, in Wirklichkeit ein Gegner der Euthanasie gewesen zu sein.

Er habe sich an der Aktion nur beteiligt, um selbst die Kontrolle über die Patiententötungen zu behalten, sagte Dr. Alfred L.

Er wollte so gewährleisten, dass nur menschliche Hülsen (so, ohne Anführungsstriche, stand es im Kölner Urteil) und unter der Tierstufe vegetierende Wesen (auch dies stand so im Urteil) vernichtet wurden. Durch seine Auswahl und seine Anweisungen seien viele weniger schwer geschädigte Kinder und Erwachsene am Leben geblieben, die sonst der Euthanasie zum Opfer gefallen wären. Hätte er sich nicht verstellt, sagte er seinen Kölner Richtern, und sich nicht als einen fanatischen Anhänger der Euthanasie ausgegeben, sowohl bei seinen Vorgesetzten als auch bei seinen ärztlichen Kollegen und dem Pflegepersonal, hätte er sich bei der Berliner Euthanasie-Zentrale verdächtig gemacht. Wenn die Zentrale Nachforschungen über ihn in die Wege geleitet hätte, weil er eigenmächtig Namen von der Tötungsliste strich, mehr, als sie ihm auf sein diplomatisches Drängen ohnehin zugestanden hatte, und dabei auf die Euthanasie ablehnende Äußerungen von ihm gestoßen wäre, dann hätte ihm selbst Gestapohaft oder Schlimmeres gedroht. Hätte er seine Vertrauensstellung verloren, dann wäre an seiner Stelle ein wirklicher Anhänger der Tötung Geisteskranker beauftragt worden, vielleicht ein SS-Arzt, der nicht so genau hinsah wie er, Dr. Alfred L. Und dann, so verteidigte er sich vor dem Kölner Gericht, wären in der Nervenklinik am Sachsenberg in Schwerin doppelt so viele Kinder getötet worden und nicht nur die mit der allerschlechtesten Prognose. Und wenn er bei den Geisteskranken keine Unterscheidungen getroffen hätte, wären wenig gestörte Patienten verlegt und so, wie er später erfuhr, getötet worden, während ganz und gar apathische in der Anstalt verblieben wären.

Und was die Meldezettel betreffe: Diese Meldezettel über die psychiatrischen Patienten hätte er ohnehin wie alle seine Kollegen ausfüllen müssen. Er hätte schließlich Auskunft geben müssen, worin die Krankheit seiner Patienten bestand, wer in der Familie ebenfalls auffällig sei, ob und was die Betroffenen noch arbeiten konnten und wann sie zum letzten Mal Besuch, ja, ob sie überhaupt Besuch erhielten. Natürlich hätten Nervenkranke, deren Verwandte sich regelmäßig um sie kümmerten, eine entsprechende positive Eintragung in dem Meldezettel bekommen.

Und die Gutachter in der T4-Zentrale, die sich diese Meldezettel in Berlin ansahen und entschieden, ob der Mensch, der auf diesem Zettel beschrieben wurde, weiterleben durfte oder nicht, ob er also zum Beispiel von Schwerin nach Bernburg verlegt werden sollte, um dort in einem mit Giftgas gefüllten Duschraum zu sterben, ließen sich vermutlich in ihrem Urteil von den Bemerkungen auf den Meldezetteln beeinflussen. So war der Hinweis auf eine Familie, die ihr Kind, die Mutter und Ehefrau gern wieder zurück nach Hause haben wollte, vielleicht lebensrettend, weshalb man ihm, meinte Dr. Alfred L., doch auf keinen Fall das Ausfüllen der Meldezettel zum Vorwurf machen könne. Auch hätte er zu Anfang nicht gewusst, wozu die Meldezettel ausgefüllt werden mussten, es erschien ihm einfach als seine Pflicht. Immerhin führte ja Deutschland Krieg, die Lebensmittel wurden knapp, und auch die Betten wurden für verwundete deutsche Soldaten gebraucht, weshalb er auch in den Verlegungen der Patienten in andere Kliniken nichts Verdächtiges habe sehen können.

Erst nach und nach hätten Gerüchte unter dem Pflegepersonal kursiert, dass die Kleidungsstücke der gerade verlegten

Patienten zurückkamen. Da habe er dann versucht, möglichst viele Kranke vor der Verlegung zu retten, hätte sich aber nicht verraten dürfen. Niemand habe seine sabotierenden Maßnahmen bemerken, sie nicht einmal für möglich halten dürfen. Über die Kinder, die er töten musste, hätte übrigens nicht er, sondern sein Vorgänger in der Leitung der Kinderabteilung im Sommer 1940 die Meldezettel ausgefüllt, was dieser Arzt als Zeuge vor dem Kölner Gericht auch bestätigte. Die Liste mit den 180 todgeweihten Kindern, zwei Dritteln seiner kindlichen Patienten, die ihm, Dr. Alfred L., bei seinem angeordneten Besuch in der Berliner Euthanasie-Zentrale von den dortigen Herren überreicht worden sei, habe ihn zutiefst erschreckt, und er habe sofort beschlossen, diese Tötungsbefehle zu sabotieren, indem er falsche, viel zu gute Beurteilungen über diese Kinder schrieb.

Zwölf Jahre, nachdem sie von Dr. Alfred L. verwarnt und zum Schweigen gebracht worden waren, sagten drei Ärzte gegen ihren ehemaligen Kollegen vor Gericht aus: Der damalige Assistenzarzt Dr. Bra. trat in diesem Verfahren gegen Dr. Alfred L. als Zeuge auf, so wie auch die beiden anderen Ärzte, die schon in Schwerin von vornherein nur als Zeugen vernommen worden waren. Der damalige Oberarzt Dr. M. schätzte aufgrund seiner täglichen heimlichen Auszüge aus den Sterbebüchern der Anstalt von 1939 bis 1945, dass Dr. L. etwa 300 erwachsene Geisteskranke und eine große Zahl von Kindern selbst umgebracht hatte. (Dr. Alfred L. hatte vor Gericht die Tötung von 80 Kindern zugegeben.)

Dr. M. und sein junger Kollege Dr. B., der dritte Oberarzt, waren dem Dr. Alfred L. damals unangenehm aufgefallen, weil sie die Diagnosen auf seinen Totenscheinen bezweifelten, bei

Pflegern nachforschten und in einer Dienstbesprechung ganz offen die vermuteten Tötungen ansprachen. Sie wurden deshalb während des Jahresurlaubs ihres Kollegen Dr. Bra. im Frühjahr 1941 sogar in die T4-Zentrale nach Berlin bestellt. Dort saßen ihnen zwei verantwortliche Herren des Euthanasie-Programms gegenüber, klärten sie über die Aktion auf und sagten, dass ihr Kollege Dr. L. schon das verwirkliche, was man in Berlin erst plante.

Als Dr. Bra. danach aus seinem Urlaub zurückgekehrt war, sagte ihm Oberarzt Dr. Alfred L., dass er ihn nur aus Rücksicht auf seine Zuckerkrankheit nicht wie die beiden anderen Ärzte in die T4-Zentrale hatte einbestellen lassen. Aber auch für ihn gelte, was dort den beiden anderen Kollegen auferlegt worden war: strengstes Stillschweigen.

Dr. Bra. und seine Kollegen schwiegen daraufhin. Sie trugen ihre Beobachtungen in die Krankenakten ein und erlebten die Abtransporte ihrer Patienten nach Bernburg. Aber persönlich ermordeten sie keinen ihrer Patienten. Diese Ärzte hatten also Nein sagen können ohne Gefahr.

Ermöglicht ein solches Verhalten das Funktionieren der Diktatur? Oder ermutigt vielmehr ein schweigender und nicht fanatischer Mensch mit seiner heimlichen Anständigkeit wiederum einen anderen zum Neinsagen?

Dass auch die Krankenpfleger und die Krankenschwester sich hätten weigern können zu töten, behauptete Dr. Alfred L. in seinem Prozess mit dem Hinweis, diesbezügliche Anweisungen hätte er nur mündlich gegeben. Dieselbe Meinung vertrat übrigens auch das Gericht in der sowjetischen Besatzungszone 1946, als es nachträglich von den Krankenpflegern und der Krankenschwester diese Weigerung, ihre Patienten zu töten, verlangte: Denn sie wussten nicht, sagten die Richter 1946, dass sie in den Konzentrationslagern, die ihnen Dr. Alfred L. im Falle ihrer Weigerung angedroht hatte, hätten umgebracht werden können.

Allerdings schenkten die Kölner Richter den Ärzten als Zeugen nur begrenzt Glauben: Unter diesen Umständen stellten die Zahlenangaben des Zeugen Dr. M. kein zuverlässiges Beweismittel dar, das zu einer Überführung des Angeklagten geeignet wäre. Es müsse davon ausgegangen werden, dass der Zeuge Dr. M. in zahlreichen Fällen aus den Angaben in den Berichtsbüchern Tötungen des Angeklagten angenommen habe, die nach dessen unwiderlegbarer Einlassung eine anderweitige, den Angeklagten nicht belastende Ursache haben könnten, schränkten die Richter ein.

Das Schwurgericht habe zudem bei der Wertung des Zeugen Dr. M. ebenso wie bei den anderen Zeugen in der Sowjetzone nicht außer Acht lassen dürfen, dass diese Zeugen unter der dortigen Propagandawirkung stehend massenpsychologischen Wirkungen unterliegen könnten, die unbewusst die Tendenz einer Belastung des Angeklagten über sein tatsächliches Tätigwerden hinaus haben könnten. Wie sehr diese Gefahr bestehe, habe das Gericht der Eingabe des Zeugen Gu., eines Geschworenen des Schweriner Euthanasieprozesses, entnehmen können: In dieser Eingabe vom 7. November 1951 gab der damals bereits in der Westzone ansässig gewordene Zeuge Gu., der bei seiner Vernehmung einen durchaus verantwortungsbewussten und zuverlässigen Eindruck hinterlassen hätte, die Zahl der vom Angeklagten getöteten Kinder (!) mit nicht weniger als 4800 (!) an, eine Zahl, die von allen Zeugen, die Einblick in die Sachsenberger Anstalt hatten, und auch vom Zeugen Gu. selbst als maßlos überzogen und geradezu unsinnig erkannt worden sei. Aus dieser Sicht mussten daher auch die Zahlenangaben des Zeugen Dr. M. bezweifelt werden, wenn sie durch keinerlei Unterlagen oder konkret nachprüfbare tatsächliche Bekundungen belegt werden könnten. Dies umso mehr, argumentierte das Kölner Gericht weiter, als bei einer retrospektiv gemachten Bekundung ein von der Schuld des Angeklagten Überzeugter wie Dr. M. ohnehin leicht geneigt sei, unbewusst sein Erinnerungsbild nach der bereits gewonnenen Überzeugung auszurichten und alsdann an sich mehrdeutige Beobachtungen als eindeutig im Sinne der vorgefassten Überzeugung darzustellen.

Auch aus der Bekundung des Zeugen Dr. M. habe daher das Schwurgericht nicht die Überzeugung zu gewinnen vermocht, dass dem Angeklagten ein Mehr an Tötungen, als von ihm eingeräumt, nachzuweisen sei.

In Schwerin erzählt man sich, dass Doktor Alfred L. damals in den Sechzigern wohl nach Südamerika gegangen ist. Ob er noch lebt, weiß niemand. Immer, wenn in der Schweriner Volkszeitung eine Todesanzeige von Menschen mit seinem Familiennamen erscheint oder Namensvettern unterzeichnen, möchte ich am liebsten im Telefonbuch die zugehörige Adresse heraussuchen und an die Hinterbliebenen einen fragenden Brief schreiben.

Aber kann man sich nach einem Verwandten erkundigen, der ein Mörder war? Entschuldigen Sie bitte, sind Sie verwandt mit dem Arzt, der in der Klinik am Sachsenberg die vielen Kinder umgebracht hat? Und die vielen Erwachsenen? Erlauben Sie mal.

Das Passfoto in der Personalakte des Dr. Alfred L.

Als Emma, Tochter eines Erbpächters und spätere Pensionatsbesitzersfrau, schon 19 Jahre alt war, wurde Alfred, der spätere Oberarzt Dr. Alfred L., erst in Schwerin geboren: kurz nach der Jahrhundertwende, als Enkel eines Büdners, eines armen Bauern. Im Ahnennachweis musste Alfred später angeben: Vater unehelich geboren, aber anerkannt. Alfreds Vater, ein Arbeiter, war als dieses uneheliche Kind aufgewachsen; im 19. Jahrhundert war das schlimmer als heute. Alfred L. besuchte in Schwerin die Volksschule, fühlte sich aber dort unterfordert, wie er Jahrzehnte später, 1953, vor seinem Kölner Richter aussagte. Der Richter nannte das in seinem Urteil ein unerfüllt bleibendes Bildungsstreben.

Alfreds Lehrer riet den Eltern, ihren 13-jährigen Sohn aus der letzten Klasse der Volksschule in die Untertertia der Schweriner Realschule wechseln zu lassen, was sie auch erlaubten. Das war 1913, ein Jahr vor Ausbruch des Ersten Weltkriegs. Die Eltern bezahlten Nachhilfestunden, damit Alfred den Unterschied im Wissenspensum zwischen Grundschule und Realschule ausgleichen konnte. Bald hatte er seine Mitschüler eingeholt, und nach vier Jahren, 1917, mit 17 Jahren, also noch vor Ende des Ersten Weltkriegs, hatte Alfred den Abschluss der Realschule geschafft, das Einjährige, mit dem man den Vorteil hatte, nur ein Jahr Wehrdienst ableisten zu müssen.

Da er Marine-Ingenieur werden wollte, absolvierte er zur Vorbereitung eine halbjährige Schlosserlehre, wurde aber zu seiner großen Enttäuschung für diese Laufbahn nicht zugelassen. Auch noch 35 Jahre später vor Gericht hegte Dr. Alfred L. den Verdacht, seine Herkunft aus einer Arbeiterfamilie wäre der Grund dafür gewesen.

In seiner damaligen Verfassung war ein Wechsel der Umgebung erwünscht, steht im Gerichtsurteil, denn den damals 18-Jährigen machte die Ablehnung sehr verzweifelt. Aus diesem Grund, und weil er unbedingt eine höhere Schulbildung anstrebte, meldete sein Vater ihn in der Obersekunda der Oberrealschule Wismar an. Das war zwar nur 30 km entfernt, und heute verbinden Bahn und Bus die beiden Städte, aber damals wohnte Alfred die Schulzeit über in einer Wismarer Pension. Die Mitschüler, mit denen er dort wohnte, waren zum großen Teil Schweden und Norweger. 1920, mit 20 Jahren, bestand er das Abitur.

Im Deutschland der Jahre 1919/1920, nach dem Ende des Ersten Weltkriegs, zeigten sich die ersten Anzeichen der Inflation. Allerdings sah Alfred, dass seine norwegischen und schwedischen Mitbewohner mit ihren heimischen Zahlungsmitteln davon verschont blieben. Er riet daher seinen Eltern, all ihre Ersparnisse in Höhe von mehreren tausend Mark in nordländische Devisen umzutauschen, um der zunehmenden Geldentwertung zu begegnen. Seine Eltern folgten seinem finanziellen Rat, und er vermittelte den Tausch. So hatten seine Eltern die finanziellen Mittel, um ihm das Studium der Medizin zu ermöglichen, das er 1920 in Rostock begann und dort auch 1925, 25-jährig, mit dem Staatsexamen und der Doktorarbeit beendete.

Dazwischen studierte er zwei Jahre in Hamburg, bestand dort das medizinische Vorexamen und war noch ein Semester in Innsbruck.

Als während der Inflation das umgetauschte Geld langsam zur Neige ging, handelte er mit Grammofonen und Klavieren, die er vorzugsweise auf dem Lande veräußerte.

Im Gegensatz zur wirtschaftlich schlechten Lage in seiner Umgebung verfügte er immer über genügend finanzielle Mittel.

In den Hamburger Jahren gehörten zu seinem Freundeskreis Menschen mit unterschiedlichen politischen Überzeugungen und viele Söhne begüterter Familien, und durch seine nebenberuflichen Einkünfte konnte er sich in diesen Kreisen ungezwungen bewegen (wie er vor Gericht in Köln betonte).

Nach dem Studienabschluss arbeitete er als Medizinalpraktikant und Assistent bei dem Psychiatrieprofessor Weigandt und in der Pathologie. Er bekam das Angebot, eine Klinik in Mexiko zu übernehmen, verdingte sich als Schiffsarzt, um sich die Örtlichkeiten selbst anzusehen, und lehnte dann ab, weil sie ihm nicht gefielen.

1928, mit 28 Jahren, kam er durch Beziehungen auf eine Bewerbungsliste für die Zulassung als Kreisarzt, wurde aber zu seiner Enttäuschung nicht genommen.

Ich sah nur sein Passfoto.

Ich sah wenigstens sein Passfoto. Ich betrachtete es in der Personalakte, die das Ministerium für Medizinalangelegenheiten Ende der zwanziger Jahre für den neu angestellten Anstaltsarzt Dr. Alfred L. angelegt hatte: Es war ein rotbäckiges Bauerngesicht.

Ich hatte mir ein schmales, blasses, fanatisches Gesicht vorgestellt, aber nun war es ein Gesicht wie auf dem Hochzeitsfoto aus der Schatulle des wurmzerfressenen Bauernsekretärs, den wir beim Kauf unseres Hauses dazubekamen, 1975. Das war früher eine Büdnerei.

Doch die Erinnerung an das rotbäckige Bauerngesicht trügt, es war doch ein Schwarz-Weiß-Foto aus den zwanziger Jahren. Das Gesicht darauf konnte gar nicht rotbäckig sein.

Aber Dr. Alfred L. hat Ähnlichkeit mit unseren Nachbarn im Dorf, gedrungen, athletisch, mit verbrannter Gesichtshaut.

1929 bewirbt sich Dr. Alfred L. um eine ausgeschriebene Stelle in der Heil- und Pflegeanstalt Sachsenberg in Schwerin, seiner Geburtsstadt. Was er nicht weiß: Seine Bewerbung ist die einzige.

»Unterfertigter bittet ergebenst, bei Neubesetzung der am 1.3.29 frei werdenden Arztstellung wohlwollende Berücksichtigung zu finden (.,.) indem ich nochmals bitte, mein Gesuch nicht übergehen zu wollen, zeichne ich ergebenst …«

Er wird eingestellt, erhält aber zunächst keine Dienstwohnung zugewiesen, sondern nur ein möbliertes Zimmer im sogenannten männlichen Flügel des Hauptgebäudes. Als Dienstjüngster übernimmt er eine Schwerkrankenabteilung in einem der Pflegehäuser der Anstalt. Hier sind langjährige Anstaltsinsassen untergebracht, bei denen die Behandlung schon lange feststeht. Viele davon werden 12 Jahre später aufgrund seiner Eintragungen in den Meldezetteln als lebensunwert angesehen und vergiftet.

Bald beantragt der junge Anstaltsarzt in einem Brief an das Ministerium, sein Besoldungsdienstalter nicht erst 1929 beginnen zu lassen, sondern schon 1925, dem Jahr seiner ärztlichen Prüfung, denn er habe jeden zweiten Wochentag und jeden dritten Sonntag einen 24-stündigen Dienst, unterrichte das Personal und arbeite in einer Fürsorgestelle. Mit einer positiven Entscheidung würde das Ministerium eine besondere außerordentliche Härte vermeiden.

Das Ministerium lehnt diesen Antrag ab, weil unübersehbar viele Berufungen darauf hätten folgen können, aber schon im März 1930, kurz bevor er 30 Jahre alt wird, darf er seinen Diensteid als Beamter auf die Reichsverfassung leisten. Aus der körperlichen Untersuchung für die Verbeamtung geht hervor, dass er als Kind eine Lungenentzündung überstand, jetzt bei einer Größe von 1,70 m und einem Brustumfang von 92 cm ein Gewicht von 86 kg hat, seine Bewegungen lebhaft, sein Gesichtsausdruck gesund und seine Gesichtsfarbe frisch ist.

Als jungem Beamten wurde ihm nun auch eine Dienstwohnung im Erdgeschoss des Haupthauses zugewiesen, für die er eine jährliche Miete von 600 Reichsmark zu zahlen hatte.

Ein Jahr später legte er die Prüfung zum Kreisarzt ab. Da er sich nicht ausgelastet fühlte, wollte er seine berufliche Tätigkeit gern ausweiten.

Diesen Wunsch konnte er sich bald überreichlich erfüllen.

Zunächst tritt er nach der Machtübernahme Hitlers schon am 1. Mai 1933 in die NSDAP ein. Vom selben Tag an wird er nebenberuflich Gauhauptstellenleiter der NSV, Mitarbeiter der Gauführerschule und Fachbeauftragter für Rauschgiftbekämpfung in Mecklenburg. Vor Gericht sagte er später, er habe zum Parteieintritt von einem Ortsgruppenleiter, dem eine arbeiterfreundliche Äußerung im exklusiven Kreis des Schweriner Motorsportklubs aufgefallen sei, regelrecht überredet werden müssen, wäre aber nur einfacher PG geblieben und hätte innerhalb der Partei ausschließlich ärztliche Aufgaben übernommen. Am 28. August 1934 schwor er einen neuen Diensteid. »Ich schwöre: Ich werde dem Führer des Deutschen Reiches und Volkes, Adolf Hitler, treu und gehorsam sein, die Gesetze beachten und meine Dienstpflichten gewissenhaft erfüllen, so wahr mir Gott helfe.«

In seinen Bewerbungen in der Weimarer Republik hatte er noch geschrieben, dass er in evangelisch-lutherischem Sinne erzogen wurde, aber nun trat er aus der Kirche aus. Dann lehnte er eine Oberarztstelle in der Heilanstalt Domjüch ab, die ihm die Partei verschaffen wollte, weil er sich als leitender Arzt der NSV für den Gau Mecklenburg-Lübeck unabkömmlich fühlte.

Er heiratete 1934 die um 13 Jahre jüngere Tochter eines Rektors im Ruhestand aus Berlin, die 1935 eine Tochter und 1938 einen Sohn von ihm bekam. Vor Gericht war 1953 diese Eheschließung ein Beweis für die nicht nazistische Einstellung des Angeklagten. Hätte er sonst wohl die Tochter eines früheren Sozialdemokraten geheiratet? (Auch mein Vater verlobte sich im selben Jahr mit der Tochter eines früheren sozialdemokratischen Berliner Rektors. War das mutig? Ich werde seine Verlobte, seine Frau, seine Witwe, meine 83-jährige Mutter fragen.)

Dr. Alfred L. möchte ein Auto unentgeltlich in einen vorhandenen geeigneten Raum des »weiblichen Nebenhauses« stellen. Das war früher die Leichenhalle mit vier Nebenräumen. Da die nicht mehr gebraucht wird, erlaubt der Direktor die neue Nutzung durch ihn.

Dr. Alfred L. bearbeitet nun sehr viele Anträge zur Verhütung erbkranken Nachwuchses aufgrund des neuen Gesetzes. Es geht um die Sterilisierung der entsprechend Begutachteten. Er wird Facharzt für Chirurgie.

Ende November 1936 bittet er in einem Antrag an die Direktion um die Genehmigung einer weiteren Nebentätigkeit: Er möchte im NSV-Heim Lübtheen gern für 120 Reichsmark die allgemeine ärztliche Überwachung mit monatlich fünf bis sechs Besuchen in seiner dienstfreien Zeit übernehmen. Dafür sei auch die Benutzung eines Kraftwagens unentbehrlich. Mitte Dezember 1936 sorgt sich ein Finanzbeamter, welcher Teil der 120 Reichsmark wohl Vergütung und welcher davon Reisekostenpauschale ist. Dr. Alfred L. veranschlagt 500 km monatlich, also 70 Reichsmark für das Auto. Aber schon im Januar 1937 hört er mit dieser Tätigkeit auf.

Einen Tag vor Heiligabend 1938 wird er Medizinalrat.

Im Januar 1939 erhält er die Genehmigung, einen Kraftwagen zu führen.

Im April 1940 (seine Altersgefährten sind überwiegend im Krieg) beantragt er einen sechswöchigen Urlaub, weil er sich nach einer schweren Grippe nicht richtig erholen könnte. Im Juli 1940 stellt er ein Kostenbeihilfe-Ersuchen wegen seiner Erkrankung und der seiner beiden Kinder in Höhe von 64,35 Reichsmark. In dieser Zeit muss er die Meldezettel für alle seine Patienten im Pflegehaus ausgefüllt haben. Vor Gericht wird er 1953 sagen, dass er das arglos tat, weil es ihm sein ärztlicher Direktor Dr. F. auftrug, weil es alle machten und weil er glaubte, seine Eintragungen wären nur ein Entwurf, den der Direktor noch korrigiere und in eine Endfassung für das Innenministerium bringe.

Drei Wochen später beantragt er 429 Reichsmark Beihilfe zu einer Bäderkur.

Die Kassenärztliche Vereinigung schreibt Ende Dezember 1940 an das Ministerium für Medizinalangelegenheiten mit der Anrede »Sehr geehrter Berufskamerad«, dass sie 350 Reichsmark für Dr. Alfred L. monatlich zusätzlich zu seinem Gehalt zu viel findet, nur weil er 41 bis 60 Patienten im Isolierhaus für Infektionskrankheiten betreut.

Die Deutsche Arbeitsfront wünscht ihn als Betriebsarzt beim Märkischen Elektrizitätswerk für drei Stunden in der Woche und einem monatlichen Entgelt von 80 Reichsmark.

Die Reichsärztekammer will ihn am 12. Januar 1942 wegen unärztlichem Verhalten mit 200 Reichsmark bestrafen, weil er aus Bequemlichkeit einen Hundebiss nicht versorgte, obwohl er Notdienst hatte. Er verteidigt sich: Die fragliche Wunde hätte nicht geblutet, er habe der Frau geraten, zur Chirurgie zu gehen. Da der Sachverhalt völlig klar war, sei er nicht extra aufgestanden. Er werde täglich zu Privat- und Kassenpatienten gerufen, sei zuständig für 70 bis 80 Betten der Infektionsabteilung des Stadtkrankenhauses, hätte im Jahre 1941 für Gerichte und Krankenkasse 151 Gutachten erstatten müssen, eine Summe, betont er, die von den anderen Ärzten der Anstalt zusammen nicht geleistet werde. Dazu mache er 14 Sektionen im Jahr, vertrete den Gauamtsleiter des rassenpolitischen Amtes, da dieser bei der Wehrmacht sei, und arbeite beim Luftschutz und habe schon manche Nacht in der Befehlsstelle verbracht. Das alles habe er freudig auf sich genommen, aber er brauche nächtlichen Schlaf und sei zudem 1940 drei Monate wegen eines Herzleidens arbeitsunfähig gewesen.

Und dann kommt er auf die Anzeige wegen des nicht versorgten Hundebisses zu sprechen, die ein Kriminalsekretär erstattete: »Wohl aber machen einem Menschen, die die Auffassung wie der Kriminalsekretär M. haben, die Mehrarbeit, die ich zu leisten habe, nicht gerade leicht. Heil Hitler.«

Im März 1942 ergibt sich für das Ministerium, das die Angelegenheit weiterbearbeitet, dass die gebissene Frau eine Tollwutimpfung erbeten hatte und dass sie von weit her zu seiner Wohnung angereist war, weil er sich freiwillig am ärztlichen Notdienst beteiligt. Er wird daraufhin vom Ministerium getadelt.

Zwei Monate später, im Mai 1942, reicht er eine Reisekostenabrechnung für eine Besprechung in der Reichskanzlei ein. (Das, denke ich, kann nur im Zusammenhang mit seiner Tätigkeit in der Euthanasie-Aktion gestanden haben.) In seiner Personalakte findet sich eine Anordnung des Ministeriums, vor weiteren Dienstreisen nach Berlin anzugeben, ob und wann die ausgeführte Dienstreise von der Reichskanzlei gefordert worden ist. Dr. L., stellt sich heraus, wurde am 8. Juli 1942 von Dr. Hefelmann (der in der Euthanasie-Zentrale arbeitete) telefonisch aufgefordert, am nächsten Montagvormittag nach Berlin zu kommen.

Am darauffolgenden Tag, dem 9. Juli 1942, erkundigt sich der Kreisleiter der NSDAP beim Staatsminister nach der Beförderung des Dr. Alfred L. wegen der zusätzlichen Betreuung der Seuchenstation. Er will einen Durchschlag dieses Antrags, der an den Reichsminister wegen der Kriegswichtigkeit dieser Angelegenheit ergangen ist, um ihn dem Führer vorzulegen. Der Staatsminister übersendet ergebenst eine Abschrift an den Parteifunktionär.

Aber auf der anderen Seite bemüht sich das Ministerium, den

Dr. Alfred L. in seinem Erwerbsstreben unter Kontrolle zu halten. Einmal will er für eine Vertretung 79 Reichsmark haben, bekommt aber nur 70 Mark. Ein anderes Mal, im Januar 1944, will er zusätzlich Betriebsarzt bei der Weinkellerei Uhle werden. Es wird ihm genehmigt, aber: »Im Übrigen wollen Sie alle Nebentätigkeiten und Vergütungen mitteilen.« Ein ungewöhnlich bürgerlicher Ton in diesem Brief.

In all diesen Jahren hat er auch Menschen getötet oder sie vor dem Transport in die Tötungsanstalt beurteilt. Jahrelang lebten sie gemeinsam in der Anstalt, Alfred und die vielen Kranken: Henriette, die sich nach einer Hirnentzündung plötzlich so veränderte, dass ihr Vater sie nicht mehr ertrug. Auguste, die Zeugin Jehovas, die aus dem Zuchthaus kam – die Begnadigung war ihr Verhängnis. Max, der seine Wirtin mit einem Beil in den Kopf schlug, denn er wollte sie nicht verlieren, und jeder Mensch braucht etwas, sagte er, woran er sich festhalten kann. Frieda, die der Kuh die Milch wieder zum Trinken gab, vor den Augen ihrer Schwiegermutter auf einem armen mecklenburgischen Bauernhof. Otto, der so schön Klavier spielen konnte, sich für einen Musikdirektor hielt, es vielleicht auch wirklich war und lieber hungerte, als um öffentliche Hilfe zu bitten. Helmuth, der epileptische Anfälle bekam und sich dabei verletzte. Robert, der Fremde für seine Söhne hielt und selbst keine hatte. Luise, die aus dem Armenkrankenhaus kam und sich Aschenbrödel nannte. Berta, die immer ein Foto von Willi bei sich hatte, aber von einem anderen Mann ein Kind gebar. Albert, der im Krieg, im Ersten Weltkrieg, verschüttet worden war, deshalb so gern eine Rente bekommen hätte und nach dem Gutachten gleich in der Anstalt behalten wurde. Magdalene, die rote Wangen und wasserblaue Augen hatte. Martha, von der nur ihre zerstörte, unvollständige und verkehrt herum eingeheftete Krankenakte übrig ist. Agnes, der ihr Leben wie ein Kinofilm vorkam, in dem alles um sie herum gespielt wurde, und die entmündigt wurde, nachdem sie erzählte, ein Anstaltsarzt würde sie nachts im Bett besuchen (aber das eine muss mit dem anderen nichts zu tun haben). Victoria, die die Welt aus der Sicht des Feuerlöschers sah und von Totenkopfverbrechertum in der Anstalt sprach. Und Alwine, die Perlkönigin: Hoheit hätte ganz gern Liebknecht geheiratet, denn der erlöst die Welt, meinte sie.

Ich gab ihnen diese anderen Vornamen. Das fiel mir schwer, denn beim Akten-Lesen war für mich ihr wirklicher Vorname ein Teil von ihnen geworden.

Manche waren älter als Dr. Alfred L, so alt wie seine Eltern. Sie wurden in die Anstalt eingeliefert und beruhigt und zwischendurch entlassen, schon lange, bevor er überhaupt mit dem Medizinstudium begonnen hatte. Manche hätten seine Geschwister sein können, aber von einem Bruder oder einer Schwester war in seiner Gerichtsakte nie die Rede, fällt mir jetzt beim Schreiben auf, nur, dass seine Frau sich nach dem Zweiten Weltkrieg von ihm scheiden ließ und er das Sorgerecht für die Kinder erhielt, was mich wunderte, eigentlich bekamen doch damals immer die Frauen die Kinder nach der Scheidung, es sei denn, man konnte ihnen eine Verfehlung nachweisen, oder: War seine Frau vielleicht auch krank oder anderweitig erziehungsungeeignet?

Die Lebensläufe Alfreds, seiner Kollegen und Opfer begegneten und entfernten sich, Jahr für Jahr, bis sie endgültig zusammentrafen.

Ein Programmhinweis

Heute wird es in einem der angekündigten Beiträge eines Fernsehmagazins um die Frage gehen, warum in England ein kleines mongoloides Mädchen keine Organtransplantation bekommen soll.

Ich bin gespannt, ob der Arzt, der die Organtransplantation nicht ermöglichen will, dies vor der Kamera oder hinter einem verschwommenen Standfoto im Off, vielleicht sogar heimlich aufgenommen, begründen wird.

Religiöse Gründe für seine Ablehnung halte ich für unwahrscheinlich, dazu war der Programmhinweis zu vorwurfsvoll formuliert. Möglicherweise (denn warum sonst käme der Beitrag in einem politischen Magazin?) wird der Ablehnende die Meinung vertreten, die kleine Patientin hätte mit ihrer speziellen geistigen und körperlichen Behinderung statistisch ohnehin eine geringere Lebenserwartung als ein nicht behindertes Kind und darum sollte man sich nicht nach dem Platz auf der Transplantationswarteliste, sondern nach der Lebenserwartung des Empfängers richten. Oder ist das Mädchen wegen seiner geistigen Behinderung gar nicht erst auf die Operationswarteliste gekommen, und wird dies das Thema des Fernsehberichts sein? Ist vielleicht doch ihre geistige Behinderung der Grund für die Zurücksetzung?

Vermutlich wird man das fröhliche und zutrauliche Mädchen

an der Hand der Eltern zeigen, die ihrer Hoffnung Ausdruck geben (in Simultanübersetzung, denn es geschieht ja in England), dass ihnen durch eine Organtransplantation ihre Tochter erhalten bleibt. Vermutlich wird man den vergeblichen Rettungseinsatz eines Notarztes an einem Unfallort sehen und das Operationsteam mit einer tiefgekühlten Niere oder einem anderen Organ vor einem Röntgenschirm. Aber das Wesentliche an dem Programmhinweis scheint mir der Ort der Handlung zu sein: Es ist England und nicht Deutschland. (Wenn der 1. Januar 2000 angebrochen ist, werde ich ein glücklicher anderer Mensch sein, sagte eine 38-jährige Ostberliner Tochter zu ihrer 77-jährigen Mutter, die als deutsche Kommunistin in Nazihaft gewesen war, denn dann könne sie endlich sagen: Alles, was in Deutschland Schreckliches verbrochen wurde, geschah im vergangenen Jahrtausend, und ich habe mit meinen 38 Lebensjahren damit nichts zu tun. Vielleicht beginnt, sagte die 38-Jährige, irgendwann danach mein eigenes Leben.) Nicht nur England, auch Schweden ist ein neutraler Ort: So wurde kürzlich gemeldet, dass noch bis in die jüngste Zeit geistig Behinderte zwangssterilisiert wurden.

Nicht nur Schweden, auch China ist ein neutraler Ort: Da dort mit allen Mitteln die Ein-Kind-Ehe durchgesetzt werden soll, gibt es immer mehr Abtreibungen wegen des unerwünschten Geschlechts des Ungeborenen, stand in der Zeitung. Nicht nur China, auch das Königreich der Niederlande ist ein neutraler Ort: Es sind dort schon, stand in einer deutschen Fachzeitschrift, Schwerbehinderte ohne eigenes Einverständnis, nur mit dem Einverständnis ihrer Angehörigen, getötet worden.

Und nicht nur die Niederlande, sondern auch die DDR-Zeit ist inzwischen ein neutraler Ort: In ihrer Entbindungsstation stand immer griffbereit neben der Gebärenden ein Abfalleimer, so erzählte mir eine Hebamme nach der Zehnjahresfrist, in der sie sich wegen Mittäterschaft oder Mitwisserschaft noch vielleicht vor einem Gericht des vereinigten Deutschlands für ihre Taten oder Unterlassungen in der DDR-Zeit hätte verantworten müssen, aber die zehn Jahre, meinte sie, seien ja nun vorbei. Wenn das Kind mit einer sichtbaren schwerwiegenden Behinderung geboren worden sei, hätten sie es noch lebend, aber ohne es der Mutter zu zeigen, in diesen Abfalleimer geworfen. Der Mutter sagten sie dann jedes Mal, dass es eine Totgeburt war und dass sie ihr den Anblick ihres toten Kindes hatten ersparen wollen. Die Mütter hätten immer geschwiegen (obwohl sie doch bis zuletzt das Kind in ihrem Bauch mit seinen Bewegungen gespürt hatten und es vielleicht sogar schreien hörten), und keine Frau hätte darauf bestanden, ihr angeblich totes Kind zu sehen. Die Hebamme, die mir dies alles erzählte, meldete sich vor zwei Jahren in einem kirchlichen Behindertenwohnheim, um neben ihrer Tagesarbeit regelmäßig, freiwillig und unentgeltlich mit einer kleinen Gruppe Schwerbehinderter etwas zu unternehmen. Dann stapft sie auf der Straße mit ihren langsam Voranrollenden durch die skeptischen und abirrenden Blicke der Entgegenkommenden. Es sei wie eine innere Abbitte, sie beginne, sich schon auf diesen Abend zu freuen.

Die Sendung heute Abend wird vielleicht den Versuch eines Arztes zeigen, medizinische Gründe gegen die Transplantation zu nennen, zu diesem Zeitpunkt mit diesem Organ an diese Empfängerin.

Vielleicht wird die deutsche Fernsehjournalistin heute Abend versuchen, unbefangen auszusehen.

Überdosis

Euthanasie, befahl sie mir, so leise sie konnte, denn niemand im Krankenzimmer sollte ihre Worte verstehen, niemand Mitwisser sein. Ich will tot sein, bring mir Gift, lass mich nicht krepieren, wie hässlich ich bin, es wird nie mehr, ich bin doch schon 81, ich will schnell sterben.

Sie, die Mutter meines Vaters, war immer so übermäßig stark und selbstständig, und nun war eine Gesichtshälfte gelähmt, unbeweglich, die Augen nicht auf einer Höhe. Sie weinte mit ihrer ungelähmten Gesichtshälfte, zog mich mit ihrem gesunden Arm zu sich. Der andere Arm und auch ein Bein lagen schlaff da. Sie war ganz klar im Kopf. Der Schlag hatte sie in ihrer Wohnung getroffen und halbseitig gelähmt – sie wusste nicht, wie lange sie dort allein und bewusstlos gelegen harte. Schließlich konnte sie sich zur Wohnungstür wälzen und sich bemerkbar machen. Im Jahr 1968 hatten noch nicht so viele ein Telefon, es dauerte Stunden, bis ein Arzt kam, sie ins Krankenhaus einwies und bis schließlich der Rettungswagen kam, der sie ins Krankenhaus fuhr.

Ich war damals 28 Jahre alt: Man hatte mich an meiner Arbeitsstelle, einer Psychotherapie-Abteilung in Berlin-Mitte, damals in Ostberlin, angerufen, und nun saß ich im Krankenhaus Pankow an ihrem Bett.

Ich war mit dem Tod groß geworden. Von meiner Kindheit

an hatte meine Großmutter mit mir über ihn gesprochen: Denn mein Vater war mit 28 Jahren als Soldat gestorben, noch bevor ich zwei war. So blieb nur das Bild von einem jungen zerrissenen Körper. Dieser, mein erster, Tod war Unglück, Kälte, Eis, gefrorenes Blut. Vielleicht wäre mein Vater später im Krieg sowieso tödlich verletzt worden, aber so starb er schon 1941: Weil er befördert werden wollte und sich darum für einen nächtlichen Einsatz auf einem vereisten Arm der Wolga gegen ukrainische Partisanen meldete. So wie die anderen Deutschen hatte auch mein Vater auf diesem vereisten Arm der Wolga nichts zu suchen. Er stürzte sich auf die einzige Handgranate, die die Partisanen in dieser Nacht warfen. Und war sofort tot, wie der Hauptmann tröstend an meine Mutter schrieb. Sein Tod war der erste in meinem Leben, und er hat mich geprägt. Meine Mutter, sie war bei seinem Tod gerade 27 Jahre alt, hat danach immer wieder zu mir gesagt, dass er unersetzbar sei und ich nie mehr einen Vater haben würde.

Und wenn er als Krüppel aus dem Krieg gekommen wäre, sagte sie immer wieder, dann lebte er doch wenigstens und wäre bei uns.

Vielleicht, dachte ich in diesem Moment am Bett seiner Mutter, meiner Großmutter, haben für mich deshalb körperliche Krankheiten, Verstümmelungen, Lähmungen oder Entstellungen keinen Schrecken: Ob jemand kleinwüchsig ist, ein verbrühtes Gesicht hat oder als Folge von Kinderlähmung an Krücken läuft, wegen einer Krebserkrankung brustamputiert ist oder wie meine Großmutter hier vor mir halbseitig gelähmt – ich vergesse es schon nach den ersten Worten. Denn beinahe körperlos sind andere Menschen für mich, nur unsere Augen sind Brücken zueinander. Wie abhängig bin ich von dieser Verbindung, diesem Spiegel. Es ist oft der einzige Beweis, dass ich überhaupt lebe und nicht nur denke. Und nun wollte meine Großmutter sterben, obwohl sie keine Schmerzen hatte, nur weil sie nicht mehr allein für sich sorgen konnte, nur weil sie so stolz war und niemanden bitten wollte, ihr beim Weiterleben zu helfen. Sie wollte ihr Leben wegwerfen.

Ich küsste sie und roch in ihrer Halsgrube den vertrauten Duft aus ihrer Uralt-Lavendel-Flasche, die sie sich einmal im Jahr von ihrer Rentnerreise aus dem Westen mitbrachte. Immer besuchte sie dann ihre Schulfreundin, eine Hotelbesitzerin in der Westberliner Fasanenstraße. In den fünfziger Jahren, als die Grenze zu Westberlin noch offen war, war meine Großmutter extra aus Greifswald mit der Bahn gekommen, ließ sich mit ihrem Koffer von mir vom Bahnhof abholen und zu dem eleganten Hotel bringen, das heißt, sie verabschiedete mich schon eine Straßenecke vorher, schon Ecke Kurfürstendamm, denn ich war für sie keine elegante Begleitung mit meiner staksigen Figur, meinem Pferdeschwanz und meinen Jeans. Das Äußere, der Eindruck auf die anderen Menschen, ihre eigene vermeintliche intellektuelle Überlegenheit, ihre finanzielle Unabhängigkeit waren ihr lebenswichtig.

Fast täglich hatte ich damals an meiner Arbeitsstelle mit depressiven Menschen zu tun, die sich das Leben nehmen wollten oder es versucht hatten. Immer musste ich mit all meiner Kraft auf der Seite des Lebens bleiben. Jetzt lag vor mir der erste Mensch, der Selbstmord begehen wollte und mich sogar dazu brauchte. Ich erschrak sehr: Aus dem Giftschrank in unserer Station sollte ich ihr eine tödliche Dosis Betäubungsmittel besorgen. Sie nahm in Kauf, dass ich ihretwegen ins Zuchthaus kommen könnte.

Ihre Schwester hatte sich zusammen mit dem Ehemann am Kriegsende aufgehängt, als in Köpenick die Russen einmarschierten. Ohne die Hilfe eines anderen Menschen. Aber sie waren ja auch nicht so hilflos gewesen wie sie. Ihr Mann (mein Großvater), ihr ältester Sohn (mein Vater), ihr jüngerer Sohn, ihre zehn Geschwister, ihr Lebenskamerad über viele Jahre, sie alle waren schon tot. Sonst hätte sie vielleicht einen von ihnen um Hilfe gebeten.

Ich kann es nicht machen, antwortete ich ihr, vor dem Gesetz ist es Mord. Du hast dein Testament zu meinen Gunsten gemacht, stell dir den Richter vor, wenn es hier im Krankenhaus ein Arzt merkt und mich anzeigt. Oder wenn es bei der Obduktion festgestellt wird.

Ich will verbrannt werden, sagte sie, das weißt du doch.

Auf eine merkwürdige Weise, die ich nicht an mir kannte, stand ich neben mir. Vielleicht, weil sie bis zum Ende ihres Lebens über mich herrschen wollte, über mich, ihre einzige weibliche Nachfahrin.

Ich weigerte mich.

Bei meinem nächsten Besuch warnte mich der Stationsarzt: Wir müssen auf sie aufpassen, in ihrer gesunden Hand haben wir alle Schlaftabletten gefunden, die wir ihr nach und nach verabreichten. Was meinen Sie, ob sie fähig wäre, sich umzubringen?

Sie lag mit anderen Schwerkranken in einem Zimmer, eine Stellwand verdeckte das Gesicht der gerade Sterbenden. Auch an anderen Betten saß Besuch.

Heute Nacht, erzählte meine Großmutter, habe ich mit der gelähmten Seite aus dem Bett gehangen, niemand hat es gemerkt. Niemand hat nach uns gesehen, die ganze Nacht.

Dann kam der zweite Schlaganfall. Wochen vergingen. Ihre gefärbten braunen Haare wuchsen heraus und weiße Haare wuchsen nach. Sie wurde in einen anderen Saal verlegt mit Verwirrten, die auf der Bettkante saßen und kicherten, wenn ich kam. Sie schrie, wenn ich ging, mittwochs und sonntags, und streckte die Arme nach mir aus.

Löse meine Wohnung auf und kündige sie zum Ende des Monats, wies sie mich eines Tages an. Nimm dir, was du willst, das andere verschenke.

Sie war am Tag zuvor von einem befreundeten Arzt mit einem großen dunkelroten Rosenstrauß besucht und daraufhin in ein kleineres Zimmer mit zwei alten Damen verlegt worden. Der Rosenstrauß stand auf ihrem Nachttisch an ihrer ungelähmten Seite, wie mir nachträglich auffiel.

Am Monatsende, einem Sonntag, besuchte ich sie wie immer und sagte, dass alles erledigt sei.

Sie nahm ihre Handtasche vom Nachttisch, öffnete sie und gab mir ihren Ehering und ihre Armbanduhr.

Ich danke dir für deine Liebe, sagte sie und küsste mich mit ihren trockenen faltigen Lippen. Meine Süße, flüsterte sie, gehe nun zu deinem Jungen.

Ich nahm Abschied von ihr für immer.

Am nächsten Morgen um sechs Uhr klingelte das Telefon. Und ich wusste, als sich die Stationsschwester meldete, dass meine Großmutter tot war.

Sie ist ganz ruhig gestorben, sagte die Schwester. In der Nacht, wir haben es gar nicht gemerkt, nur ein kleiner kurzer Aufschrei, erzählten die Zimmernachbarinnen. Sie liegt dort hinten im Raum, wir haben auch die Sachen dazugetan, den Bademantel, die Pantoffeln, die Waschsachen, weiter war ja nichts, oder? Kommen Sie, Sie können sie ansehen.

Das wollte ich nicht. Die Sachen ließ ich da. Niemals mehr habe ich danach von ihr geträumt. Später gelang es mir, mich an ihre ausdrucksvollen, beherrschenden hellgrauen Augen zu erinnern, an ihren festen Korsett-Körper, an den Geschmack der Königsberger Klopse, die sie extra für mich kochte, wenn ich sie in ihrer Pankower Wohnung besuchte. Dorthin war sie erst im Alter von 74 gezogen aus einer anderen Stadt, wo sie ihr Haus verkauft hatte (nur, um mir näher zu sein, hatte sie gesagt). Sie wollte keine Bindungen, keine Verpflichtungen, keine Blumen auf dem Balkon, sie wollte niemanden bitten müssen, nach ihrer Wohnung zu sehen, wenn sie verreist war. Dann wieder schnuppere ich ihr Uralt-Lavendel und sehe in ihr ungelähmtes Gesicht: Verzeih mir, dass ich dich nach deinem Schlaganfall nicht zu mir genommen habe; aber du hast mich erschreckt mit deinem unbedingten Todeswunsch. Vielleicht wolltest du nur sterben, weil du dort im Krankenhaus allein lagst und nicht wagtest, mich zu bitten, dich zu mir nach Hause zu nehmen. Denn einmal, ganz am Anfang, nach dem ersten Schlaganfall, batest du mich, doch zu erkunden, ob es nicht vielleicht ein gut geführtes Pflegeheim für alte Lehrerinnen gäbe und ob ich dir dort einen Platz besorgen könnte. Aber so etwas war in der gesamten DDR nicht zu finden. Und ich glaube, du wusstest das schon vor deiner Frage. Ich arbeitete damals den ganzen Tag in der Klinik, lebte allein mit meinem achtjährigen Sohn, deinem

Urenkel, in der Zwei-Zimmer-Plattenbau-Wohnung, mit einem Zimmer für ihn und einem für mich, in dem auch oft H. über Nacht blieb. Ich kam weder auf die Idee – das gibt mir eigentlich zu denken –, dich zu mir in dies Zimmer zu holen und dich dort Tag und Nacht zu pflegen, noch deine und meine Wohnung in eine Drei-Zimmer-Wohnung zu tauschen, was mir vielleicht bewilligt worden wäre, und dich dort in ein eigenes Zimmer zu legen. Ich hatte mich wie programmiert darauf eingerichtet, ohne Pause bis zur Altersrente auf ein und derselben Arbeitsstelle, die nur bei Krankheit oder eventuellem Schwangerschafts- und Mutterschaftsurlaub freigehalten wurde, auszuharren. Hätte die Reservierung der Planstelle auch für die Pflege einer gelähmten Großmutter gegolten? Deine Ersparnisse auf dem Sparbuch entsprachen zehn Monatsnettogehältern von mir. Pflegegeld oder Arbeitslosengeld gab es nicht, und für eigene Ersparnisse hatte ich zu wenig verdient. Nach zehn Monaten Pflege hätten wir drei nichts mehr zum Leben gehabt. Wie hätte ich mich, wenn du bei mir zu Hause gelegen hättest, schützen können vor deiner suggestiven Kraft? Ich hätte dich nicht allein lassen können, nicht einmal zum Einkaufen hätte ich gehen können; denn du hättest die erste Gelegenheit genutzt und dich aus dem Bett fallen lassen, wärst umhergerollt mit deinem halb gelähmten Körper und hättest etwas gefunden, davon bin ich überzeugt, um dich zu töten. Und nach meiner Rückkehr von der Arbeit hättest du auf dem Boden gelegen: erstickt, vergiftet oder verblutet.

Nein, auch heute würde ich dir nicht beim Selbstmord helfen. Aber nur aus Angst vor Strafe; denn ich kann deinen gottlosen Wunsch verstehen, deinen Wunsch nach Unabhängigkeit von fremder Hilfe, deinen Ekel vor dem Blick in den Taschenspiegel. In all dem unbestimmten, unentschlossenen, aufgeschobenen, Geduld und Mühe erfordernden Leben hat der Tod die einzige unumkehrbare Konsequenz, radikal und unumstößlich.

Komm an mein Bett, bat mich meine Oma in ihrem Elsässer Dialekt. Es war meine andere Großmutter, die Mutter meiner Mutter, und es war zwölf Jahre davor, ich war 16. Sie hatte mit dem Sterben gewartet, bis ich aus der Schule kam. Meine Mutter war morgens zu ihrer Arbeitsstelle gefahren. Ich war in der Elften, es war der letzte Schultag, wir hatten Zeugnisse bekommen.

Meine Oma war einmal sehr schön: In anmutiger Geste lehnte sie sich als Siebzehnjährige im Jahr 1905 mit hochgesteckten langen, dunkelbraun schimmernden Haaren und fließendem weißen Musseline-Kleid für eine Fotografie an einen knorrigen Baum in ihrem sonnigen Garten in Rappoltsweiler. Zum ersten Heiligabend nach dem Zweiten Weltkrieg ließ sie sich als Geschenk für mich diese langen glänzenden Haare abschneiden für die Perücke meiner Puppe. Sie und mein Opa hatten vorher auf der Flucht mit dem Schülertransport aus dem Evakuierungsgebiet Sudetengau bis auf ihr nacktes Leben alles verloren, und bei der Rückkehr nach Berlin war ihre Wohnung von den Russen beschlagnahmt worden. So gab sie mir Fünfjährigen das Schönste, was sie hatte. Auch wir, meine Mutter und ich, hatten auf der Flucht aus Pommern fast alles verloren. Fast alles, denn meine Puppe hatte ich immer an mich gepresst – auch auf dem Lkw des deutschen Soldaten, der nur Frauen und Kinder mitnahm, ohne Gepäck, und der bei Swinemünde abgedunkelt langsam auf dem nassen Sand der Ostseeküste fuhr, um nicht von den russischen Panzern, die parallel zu uns hinter den Dünen auf der Uferpromenade Richtung Berlin ratterten, bemerkt und zerschossen zu werden. Immer hatte ich meine strubbelige Puppe Christel mit ihrem Porzellangesicht zum Trösten bei mir. Und nun saß meine Puppe mit den glänzenden dunklen echten Haaren meiner Oma unter dem Weihnachtsbaum, 1945 in Berlin. Der Krieg war vorbei. Im Sterben elf Jahre später hielt mich meine Oma für ihre Schwester. Sie sprach mich mit deren Namen an und nicht mit meinem.

Geh nicht weg von mir, gib mir die Hand.

Es war wieder Zeit für das Morphium. Ihre schwarze bestrahlte Brust, ihre Geschwulst im Rücken, so schnell gewachsen im letzten Vierteljahr. Die Gemeindeschwester musste gleich kommen. Sie kam doch immer um elf.

Ella, sagte meine Großmutter zu mir, aber ich war doch Helga, gib mir ein wenig Saft, aber komm gleich zurück.

Ich brachte ihr den Saft, half ihr, sich etwas aufzurichten beim Trinken, blieb sitzen, hielt ihr die Hand.

Das offene Fenster mit dem Apfelbaum davor, die vielen Wochen schon ihre Schmerzen, ihr Stöhnen. Die Charité hatte sie als unheilbar zu uns nach Hause entlassen: zu ihrer Tochter und mir.

Entschuldige, dass ich so stöhne, aber es tut so weh.

Ich gab ihr das Morphium.

Sie wurde besinnungslos.

Ich wünschte so sehr, dass sie stirbt. Ich war eigentlich noch zu jung für diesen Gedanken.

Sie erbrach, wenig.

Die Grenze zwischen Atmen und Nichtmehratmen ist schnell

überschritten. Tote sehen dich immer weiter an, ohne Lidschlag. Mit offenem Mund.

Stille im Raum. Ich ging rückwärts, setzte mich an die Tür auf einen Hocker, erschöpft und erleichtert.

Ich wartete, bis es an der Wohnungstür klingelte und die Gemeindeschwester kam. Sie sagte, dass ich einen Arzt für den Totenschein holen müsse. Aber erst wollte sie meine Großmutter schönmachen. Sie schloss ihr die Augen, wusch und kämmte sie, zog ihr ein neues Nachthemd an.

Ich weichte die Wäsche ein, mit allem, was aus meiner Großmutter beim Sterben herausgeflossen war – 1956 hatten wir noch keine Waschmaschine.

Die Brillant-Ohrringe ließ die Krankenschwester in den Ohrläppchen der Toten, weil sie eingewachsen waren. Niemand hatte meiner Oma während der Flucht diese Ohrringe wegnehmen können, denn man hätte sie herausreißen müssen oder herausschneiden.

Dann holte ich mein Fahrrad und wollte zur Ärztin fahren, aber ich war zu schwach. Ich schob es den langen Weg zu ihr in einer wohligen Erschlaffung, rief meine Mutter im Dienst an, ging zum Bestattungshaus, suchte den Sarg aus, schickte die Telegramme an die Beerdigungsgäste, ging mit dem Totenschein zur Polizei und zum Standesamt. Am Beerdigungstag machte ich Kartoffelsalat, wusch ab. Den Koffer hatte ich schon gepackt. Ich setzte mich in den Zug zu meiner anderen Großmutter. Weit weg zu der Lebenden.

Die ersten Jahre nach ihrem Tod kehrte meine Oma zu mir zurück: Ihr Sarg steht in einem großen Raum, der Sargdeckel öffnet sich. Sie stellt sich auf, erhebt sich mit gestreckten Beinen.

Und ich weiß, dass sie Krebs hat, dass sie noch furchtbare Schmerzen haben wird, und ängstige mich, wie lange die Qual noch gehen wird. Wenn sie doch schon tot wäre, immer wieder muss sie auferstehen, denke ich verzweifelt.

Und wenn ich dann nachts im Dunklen aufwachte und mich aufrichtete, war ich erleichtert und dankbar, dass ich alles nur geträumt harte.

Das war kein sanfter Tod, keine Euthanasie. Denn vorschriftsmäßig gaben wir, meine Mutter und ich, nur die verschriebene Dosis Morphium, die viel zu wenig war gegen ihre unmenschlichen Schmerzen.

Nur in den letzten drei Tagen ließen wir die Herzstärkungstropfen weg, wie es die Ärztin geraten hatte: Dann muss sie sich, hatte sie gesagt, nicht mehr so lange quälen.

Die unzähligen kleinen braunen Fläschchen mit Morphium, die ich aus den diensthabenden Apotheken des Stadtbezirks Berlin-Lichtenberg geholt hatte, mit einer Vollmacht meiner Mutter, denn ich war ja noch nicht volljährig, jedes Mal aufs Neue eine kleine braune Flasche, die nicht einmal für einen Tag gegen die Schmerzen reichte, auf das Rezept der Ärztin.

In der langen Schlange vor dem Schreibtisch ihrer Sprechstundenhilfe, die schon im Vorgarten begann, hatte ich jeden Tag, wenn ich aus der Schule kam, gewartet, bis sie mir die Dosis für einen einzigen Schmerzenstag meiner Großmutter verordnete, mit mehreren Durchschriften für die Rauschgift-Kontrollbehörde. Nur für einen Tag. Nie auf Vorrat. Wenn ich meiner Großmutter mehrere Fläschchen auf einmal gegeben hätte, wäre das ihr sicherer Tod gewesen. Aber dafür hätte sie mehrere Tage davor nichts Schmerzlinderndes nehmen können – ich hätte es aufsparen müssen.

Wenn sie mich darum gebeten hätte, ich glaube, ich hätte es getan.

E für Euthanasie

Das Wetter passte zum Anlass, ein warmer Septemberregen hatte mich vollkommen durchnässt, denn ich hatte mich unterwegs nicht untergestellt, wo auch? Hier an der Gracht in der Amsterdamer Stadtmitte gab es bis auf dieses Haus keinen überdachten Hauseingang.

Durch meine tropfenden Haare entdeckte ich auf dem Klingelbrett die Buchstaben G. f. f. E. Diskret und anonym. Das ist es, hoffte ich, denn es kam ein E vor: E für Euthanasie.

Am Hauseingang eine Wechselsprechanlage mit Türöffner, und im zweiten Stock am Büroflur noch einmal eine Wechselsprechanlage. Hier schloss jemand von innen die Tür auf. Sie war doppelt gesichert.

Ich wurde hereingelassen, obwohl ich mich nicht telefonisch angemeldet hatte.

Ich sagte noch einmal, dass ich aus beruflichen Gründen bitte eine Psychologin sprechen möchte.

Sie kam aus ihrem Zimmer, schloss es hinter sich ab und musterte mich skeptisch. Sie ist nicht gewohnt, hier mit Menschen zu sprechen, die leben wollen, dachte ich.

Sie nahm mich nicht mit in ihr Beratungszimmer, sondern setzte sich mir gegenüber in die Nische des dunklen Büroflurs. In fließendem, fast akzentfreiem Deutsch fragte sie mich: Wie lange sind Sie schon in Amsterdam?

Drei Wochen.

Warum kommen Sie erst heute?

Ich habe lange gezögert, denn ich will ja nicht sterben, antwortete ich, außerdem war es schwer, Sie zu finden.

Woher haben Sie unsere Adresse?

Ich habe ins Amsterdamer Telefonbuch gesehen.

Aber da steht unsere neue Adresse noch nicht drin.

Ich war auch zunächst bei der alten Adresse, die im Telefonbuch steht. Die neuen Bewohner des Erdgeschossladens in der Villa, junge Computerverkäufer, gaben mir die neue Adresse, nachdem sie mich hereingelassen und etwas ausgefragt hatten.

Alles heute bei diesem Regen? So wichtig ist Ihnen dieser Besuch?

Ja, ich bin schon mehrere Stunden deshalb unterwegs.

Aber unser Name steht doch überhaupt nicht draußen am Klingelbrett, forschte sie weiter.

Ich habe mir gedacht, dass dieses E. Euthanasie bedeutet, denn dieses Fremdwort wird bei Ihnen nicht anders geschrieben als bei uns.

Ihr Gesicht war weicher geworden: Wir werden manchmal bedroht, darum schützen wir uns. Also, warum möchten Sie mit mir sprechen?

Ich schreibe ein Buch über die Euthanasie der Nationalsozialisten in Deutschland vor fünfzig Jahren. Ich beschäftige mich mit dem, was die Nationalsozialisten in Deutschland als lebensunwertes Leben bezeichneten, wie sie es zu erfassen und zu vernichten suchten, wer dabei und warum mitgemacht hat, ob man sich heraushalten konnte, wie viel geheimes Einverständnis es gab, wie sich die Ärzte, die Pfleger und Schwestern verteidigt haben, als sie nach dem Krieg deshalb vor Gericht standen, ob die Richter ihnen glaubten, die oft sogar schon vor dem Krieg Richter waren. Mich interessiert also die absichtliche Beteiligung am Tod von Mitmenschen, deren Leben für nicht mehr lebenswert gehalten wird, antwortete ich.

Die Psychologin versteinerte regelrecht: Damit haben wir nichts zu tun.

Davon bin ich überzeugt, sagte ich, aber mich interessiert das Tabu, das in Deutschland über der Sterbehilfe liegt, heute, fast sechzig Jahre später. Vielleicht hängt das mit dem Mord an den Kranken damals zusammen, wer weiß? Etwas Irrationales wie ein Sog, den man fürchtet. Mich interessiert, ob es jetzt bei Ihnen in den Niederlanden mehr Einverständnis mit Ihnen oder mehr Furcht vor Ihnen gibt.

Nun stand sie doch auf, öffnete mit einem Zahlencode ihr Beratungszimmer und bat mich hinein.

Im deutschen Fernsehen, sagte ich, habe ich eine Sendung über einen Pater gesehen, der in Amsterdam zu Todkranken ging und ihnen Gift brachte, wenn sie sterben wollten. Er erzählte, dass sie ihm sehr dankbar sind und dass er es demütigend findet, sich mit dieser Sterbehilfe strafbar zu machen. Ich habe mir den Namen des Paters während der Sendung notiert. Können Sie mir seine Telefonnummer geben?

Nein, sagte die Frau, und er gehörte auch nicht mehr zur Kirche. Aber alle diese Sterbewilligen, die er besuchte, hatten ein Patiententestament gemacht, in dem sie ausdrücklich auf lebensverlängernde Maßnahmen verzichteten, falls sie als unheilbare Kranke bewusstlos werden sollten. Und alle hatten dieses Testament bei ihrem behandelnden Arzt hinterlegt. Man muss sehr verantwortungsvoll sein, weil man schnell in eine Grauzone kommt. Auch in den Niederlanden kann man nicht einfach Sterbewilligen tödliche Medikamente geben. Es müssen zwei Ärzte, die nicht miteinander befreundet sein dürfen, unabhängig voneinander zu dem Ergebnis kommen, dass ein Mensch unheilbar krank ist und wegen seiner starken Schmerzen nicht mehr leben will. Dann darf einer der beiden Ärzte eine tödliche Dosis spritzen. Schließlich schützt sich der betreffende Arzt nach den neuen gesetzlichen Regelungen vor einer Strafverfolgung, wenn er seine aktive Sterbehilfe selbst beim Staatsanwalt anzeigt. Dieser erhebt dann keine Anklage. Wenn der Patient nach einem Unfall mit Hirnschädigung oder einem Schlaganfall nicht mehr bei so klarem Bewusstsein ist und seinen Todeswunsch nicht mehr selbst aussprechen kann, muss er unbedingt vorher bei klarem Bewusstsein ein Patiententestament gemacht haben, in dem er unnötige lebensverlängernde Maßnahmen für sich ablehnt.

Dieses Testament muss er bei einem Arzt seines Vertrauens hinterlegt haben. Die Tötung geschieht in den Niederlanden also nur bei Todkranken, nur auf eigenen Wunsch des Kranken und ist vor allem nicht geheim. Das ist in allen Punkten also ein Gegensatz zur Praxis in Hitlerdeutschland.

Dann fragte ich sie, ob sie nicht auch mit körperlich Gesunden, aber Depressiven zu tun hat, die sterben wollten, jedoch von ihrer Depression zu heilen wären. Und ich fragte sie, ob manche Schwerkranke vielleicht mit ausreichenden Schmerzmitteln noch leben könnten, aber ihnen das Vertrauen in die Geduld und Belastbarkeit der Pflegepersonen fehlte und sie vielleicht die Erwartung der Umwelt spürten, endlich tot zu sein.

Dann erzählte ich ihr von der Niederländerin, die in einer Fernsehreportage zu Wort gekommen war und nur noch in Deutschland zum Arzt gehe, weil ihre Kinder schon zu ihr gesagt hatten: Mama, warum machst du nicht Euthanasie.

Eventuell könnte sie mit mir bei einer anderen Gelegenheit noch einmal sprechen, sagte die Psychologin daraufhin und erhob sich.

Sie ließ sich von mir die Telefonnummer meiner Pension geben und rief tatsächlich noch am selben Abend bei mir an: Mit dem Einverständnis ihres Vorsitzenden gab sie mir dessen Telefonnummer.

Er war bereit, sich mit mir zu treffen, und zwar auf einem Bahnhof in der Mitte der Bahnstrecke zwischen Amsterdam und seinem Wohnort in der Nähe der deutschen Grenze.

Wir verabredeten uns für den nächsten Tag. Er stand schon auf dem Bahnsteig, war Mitte sechzig, ging am Stock und sprach mich an, als ich abwartend nach dem Aussteigen stehen blieb. Er hatte eine Stunde Zeit bis zu seiner Rückfahrt, gab mir gleich den Durchschlag eines Vortrags, den er schon öfter in Deutschland bei Veranstaltungen der Gesellschaft für Humanes Sterben gehalten hatte. Er bezeichnete sie als Schwesterorganisation.

Saß deren Vorsitzender in Deutschland nicht im Gefängnis, fragte ich ihn, weil er an Sterbewillige Zyankali-Kapseln für 3000 DM pro Stück verkauft hatte?

Er erzählte mir, dass seine Gesellschaft in Kürze eine Informationsbroschüre mit genauen Selbstmordanweisungen verfassen und auf Anforderung verschicken werde: Im Moment empfehlen sie eine Plastiktüte, über den Kopf gezogen. Er erklärte mir, dass sein Patiententestament, das er immer bei sich hatte, jede medizinische Hilfe bei Bewusstlosigkeit verbiete, denn er befürchte irreparable Hirnschäden.

Aber Sie können doch eine einfache Ohnmacht haben, sagte ich überrascht.

Auch dann will er keine Hilfe und würde Strafantrag gegen jeden stellen, der sie ihm leiste.

Ich hatte angenommen, dass er Arzt sei, aber er war Kaufmann. Wir verabschiedeten uns pünktlich zur Rückfahrt in die entgegengesetzten Richtungen.

Einfühlung in die Gewährung des Gnadentodes

Stellen Sie sich vor, es ist September 1939, und jeder von Ihnen hieße entweder Philipp Bouhler oder Dr. med. Karl-Heinz Brandt. Sie wären also entweder Reichsleiter in der Kanzlei des Führers oder der Leibarzt Hitlers. Wie würden Sie den Erlass Ihres Führers und Reichskanzlers über den Gnadentod denn nun umsetzen? Bitte melden Sie sich nicht, sondern einigen Sie sich untereinander über die Reihenfolge, in der Sie sprechen wollen.

Die 19-Jährigen in dem Berliner Gymnasium schwiegen erst einmal belustigt. Sie nahmen an den Leistungskursen Deutsch und Geschichte teil, waren auf zwei Stunden Erholung vom Lernstress eingestellt und wollten mal hören, was eine Schriftstellerin zu dem angekündigten Thema vorzutragen hatte. Haargel und Body-Lotion mischten sich im Raum zu einem angenehmen Duft, in der hinteren Ecke stand in seiner Folie ein großer Blumenstrauß, den mir sicher einer der Schüler nach der Lesung überreichen würde, mit westlichen Blumen, die ich noch immer nicht alle kannte. Draußen war Sommer, und nun sollten sie sich einen solchen Blödsinn vorstellen.

Und das schon nach den ersten Sätzen, die ich ihnen vorgelesen hatte.

Die drei Lehrerinnen für Geschichte und Deutsch sahen mich besorgt an: Warum sprechen Sie nicht mit mehr Anführungszeichen, flehten vier ihrer sechs Augen.

Lesen Sie das Datum und diesen Erlass bitte noch mal vor, sagte ein Mädchen mit einem gepiercten Nasenflügel höflich.

Ja, langsam den gesamten ersten Absatz bitte, ich mach mir jetzt Notizen, folgten ein paar andere gottergeben.

Ich las die ersten Sätze noch einmal: Rückdatiert auf den 1. September 1939, den Beginn des Zweiten Weltkriegs, galt ein Geheimerlass Hitlers, der das Töten von Menschen erlaubte. Dieser Geheimerlass stammte vom Oktober 1939, war kein Gesetz und bestand aus einem Satz:

Adolf Hitler

Berlin, den 1. September 1939

Reichsleiter Bouhler und Dr. med. Brandt sind unter Verantwortung beauftragt, die Befugnisse namentlich zu bestimmender Ärzte so zu erweitern, dass nach menschlichem Ermessen unheilbar Kranken bei kritischster Beurteilung ihres Krankheitszustandes der Gnadentod gewährt werden kann.

Unter Verantwortung beauftragt, wiederholte das Mädchen. Die beiden sind beauftragt und sollen gleichzeitig die Verantwortung übernehmen? Als ob der Hitler sagen wollte: Danach will ich damit nicht mehr behelligt werden.

Ich würde mich weigern, sagte ein junger Mann, ich würde einfach sagen, dass ich da nicht mitmache.

Wobei wollen Sie nicht mitmachen?

Bei der Tötung von Menschen würde ich niemals mitmachen. Nach dem Abi will ich deshalb auch Zivildienst machen.

Die eine Lehrerin drehte sich um und sah ihn zufrieden an.

Sie sollen ja niemanden persönlich töten, entgegnete ich, Sie machen nur die Büroarbeit, den Papierkram. Das Nein hätten Sie sich übrigens eher überlegen müssen, denn Sie sind nicht gezwungen worden, hier in der Kanzlei des Führers zu arbeiten. Sie sollen nur seine Befehle ausführen. Sie können aber gerne als Soldat an die Ostfront gehen, wenn Ihnen das lieber ist. Sie haben soeben eine besonders verantwortungsvolle Aufgabe übertragen bekommen, nämlich Menschen mit einem lebensunwerten Leben den Gnadentod zu verschaffen. Und jetzt, wo es ernst wird, benehmen Sie sich wie eine Memme.

Na gut, dann hätte ich sicher gar nicht erst den Job angenommen in dieser Kanzlei von Adolf Hitler, sagte er.

Wenn er sich aber unbedingt vorstellen solle, dass er dort arbeitete, na ja, dann würde er sich einen Überblick verschaffen, um wie viele Menschen es sich überhaupt handele, die getötet werden wollten.

Wieso getötet werden wollen? Möchten Sie die Kranken etwa vorher fragen?

Ja.

Das können doch die Fachärzte, deren Befugnisse Sie erweitern sollen, viel besser beurteilen, ob jemand noch leben sollte oder nicht.

Nicht sollte, sondern will, widersprach er.

(Ich schweifte innerlich vom Thema ab und dachte daran, was es in der DDR für einen jungen Mann in seinem Alter bedeutet hätte, Zivildienst machen zu dürfen. Der Mut eines DDR-Abiturienten damals, nur die gesetzlich vorgeschriebenen 18 Monate Wehrdienst zu machen und nicht den Verlockungen und Drohungen nachzugeben, sich für eine längere Zeit oder für den Einsatz an der Staatsgrenze West oder für den Staatssicherheitsdienst im Militärwald zu verpflichten.)

Laut sagte ich: Richtig, Nein sagen kann man in jeder Lebenssituation, auch in Diktaturen, es kommt nur auf die Rolle an, die man zugeteilt bekommt und die man übernimmt. Es gibt die Rolle des Hofnarren, der die Wahrheit sagen darf, es gibt auch das Signal gegenüber dem Ausland, das »Wir sind viel besser, als ihr denkt«. Darum passierte Clemens August Graf von Galen, der als Bischof von Münster in einer öffentlichen Predigt Anfang August 1941 mutig die Euthanasie-Morde verurteilte, nichts, er wurde nicht einmal angeklagt, im Gegenteil: Hitler ließ die Ermordung der Kranken in den Gaskammern sogar stoppen, weil die Rede des Bischofs in Deutschland schon heimlich kursierte und zu befürchten war, dass es dem Ansehen Deutschlands im Ausland schaden würde, wenn man einen Bischof henkte. Himmler forderte zwar die Verhaftung, Bormann sogar die Hinrichtung, aber Goebbels riet zur taktischen Mäßigung. Hitler nahm sich vor, erst nach Kriegsende Rache an Bischof Graf Galen zu nehmen. Aber stattdessen tötete Hitler sich selbst, und der Bischof wurde Weihnachten 1945 sogar Kardinal. Übrigens war er hier ganz in der Nähe Pfarrer, zehn Jahre lang bis 1929 an der Pfarrkirche St. Matthias in Berlin-Schöneberg am Winterfeldt-Platz.

Wenn Sie sich das nächste Mal auf dem Markt dort Falafel kaufen, denken Sie doch mal an ihn. An der Kirche hängt eine Gedenktafel.

(Noch ein Beispiel von Neinsagen innerhalb des Systems ist für mich dieser SS-Arzt im Konzentrationslager Buchenwald, dachte ich. Er soll sich geweigert haben, zum Schein die Größe der neu angekommenen politischen Häftlinge festzustellen, weil sie dabei in Genickhöhe durch ein Loch in der Messlatte hindurch erschossen wurden. Ihm passierte nichts nach seiner Weigerung, er musste es nicht mehr machen: Er wurde nur versetzt.)

Vielleicht werden in einer Diktatur die gelegentlichen Regelverstöße, auch hin und wieder das Neinsagen, sogar einkalkuliert und genutzt. Als Beweis, dass es nicht so streng zugeht, wie das Ausland meint. Oder zur Verunsicherung: Als Untertan hofft man dann auf Gnade oder Milde statt auf Gerechtigkeit. Es heißt ja dann: Gnade vor Recht. Und da es in der Diktatur nicht diese umständliche Gewaltenteilung gibt und darum das Gericht auch nicht unabhängig ist, sondern das Strafmaß von den Machthabern vorgeschrieben bekommt, weiß man als Untertan nie, welche Strafe für eine normalerweise strafbare Handlung zu erwarten ist oder ob nicht vielmehr eine Belohnung folgt, noch dazu, wenn der Vorgesetzte oder Übergeordnete die sonst strafbare Handlung, wie eine heimtückische Tötung, als erwünschte oder sogar befohlene Handlung darstellt. In diesem Fall sind die Neinsager sogar ein willkommenes Alibi für die Diktatur.

Oder haben Sie davon gehört, dass in der DDR-Zeit jemals ein Grenzsoldat wegen Mordes angeklagt wurde, nur weil er einen unbewaffneten Jugendlichen, der aus dem Land fliehen wollte, indem er versuchte, über die Mauer in Berlin zu klettern, erschoss, mit einer Salve aus seiner Kalaschnikow von unten links nach oben rechts? Dieser Grenzsoldat wurde nicht wegen Mordes angeklagt, sondern bekam eine Büchse Ananas, eine Auszeichnung und Sonderurlaub.

Die DDR war keine Diktatur, sagte ein junger Mann aus der zweiten Reihe tadelnd zu mir, jedes Land schützt seine Grenzen.

(Ich habe wirklich einen Diktaturschaden, dachte ich, warum habe ich diese DDR schon wieder als Beispiel angeführt? Es ist alles schon zehn Jahre her, dieser 19-jährige Berliner kann einen 40-jährigen Vater haben, der damals ein 30-jähriger DDR-Grenzer war. Und er möchte sich für seinen Vater einfach nicht schämen.)

Dass sie eine Diktatur errichten wollten, haben die Machthaber der DDR selbst propagiert, antwortete ich ihm. Eine Diktatur des Proletariats wollten sie errichten, zum Wohle des Volkes, die Herrschaft einer Mehrheit über eine Minderheit. Ich habe schließlich im Gegenwartskundeunterricht und im Staatsbürgerkundeunterricht und im obligatorischen Doktorandenkurs an der Uni über die Geschichte der Arbeiterbewegung und den Marxismus-Leninismus genau aufgepasst. Ich habe ganz genau aufgepasst und mitgeschrieben, eigentlich diese vierzig Jahre lang.

In der Nazizeit, sagte ich dem abwehrend blickenden jungen Mann, lebte ich nur die ersten fünf Jahre meines Lebens, aber die darauf folgenden Jahre in dem sowjetischen Besatzungssektor Berlins, der von meinem neunten Lebensjahr »Berlin – Hauptstadt der DDR« wurde. Der Zweck heiligt die Mittel, haben sie uns immer gesagt. In einer geschlossenen Gesellschaft ohne Gewaltenteilung und ohne Pressefreiheit können Sie jede noch so verrückte Idee durchsetzen, ob das nun der Bau einer Mauer durch eine Weltstadt ist mitten im 20. Jahrhundert oder die Beobachtung der eigenen Bevölkerung durch einhunderttausend Späher im Privaten oder die Einkesselung derselben

Bevölkerung, mehrerer Millionen Menschen, mit Minengürtel, Stolperdraht und Selbstschussanlagen oder die Ermordung von einhunderttausend Menschen, denen man das Lebensrecht abspricht, weil sie von einer seelischen Erkrankung befallen sind, die man für unheilbar hält. Die Ziele sind unterschiedlich, die Methoden vergleichbar: Teile und herrsche, Zuckerbrot und Peitsche, Privilegien verteilen und Angst verbreiten vor Willkür.

(Auch in einer Diktatur möchten die meisten Menschen, die in ihr leben und arbeiten, anständig bleiben, dachte ich: Alle Menschen, die ich näher kenne und die wie ich in der DDR lebten, wollten eigentlich anständig bleiben, ein altmodisches Wort.)

Aber zurück zu unserer Aufgabe: Wir leben ja im Herbst 1939, und Sie sollen die Euthanasie-Zentrale aufbauen: Wie kommen wir an die Namen Ihrer möglichen Opfer?

Wir könnten die Bevölkerung auf Plakaten, im Rundfunk und in den Zeitungen auffordern, Geisteskranke in ihrer Familie oder in ihrem Bekanntenkreis oder auf ihrer Arbeitsstelle bei der Polizei zu melden, schlug ein Mädchen vor.

Dazu müssten Sie aber einen Grund nennen, denn Sie machen ja ausschließlich alles zum Wohle des Volkes. Sie als Euthanasie-Zentrale wollen ja einen gesunden Volkskörper schaffen, wandte ich ein.

Dann sollten wir vielleicht sagen, dass wir ganz neue Behandlungsmethoden gegen Geisteskrankheiten entwickelt haben und es darum im Interesse der Kranken und auch ihrer Familien ist, sich möglichst bald zu einer Behandlung anzumelden, war der Vorschlag eines Jungen.

Das ist eine sehr gute Idee, lobte ich, diese Aufgaben übernahmen damals tatsächlich die Fürsorgerinnen. Sie überredeten die Eltern, ihre schwer lernbehinderten Kinder in die Klinik zu bringen, denn dort gäbe es ganz neue Medikamente für sie. Eine Fürsorgerin in einem Vorort von Schwerin überredete zum Beispiel eine evakuierte Hamburger Familie, die mit zwei kleinen Kindern auf engstem Raum untergekommen war, sich für kurze Zeit von ihrer kleinen Tochter Ursula (mit einem Langdon-Down-Syndrom) zu trennen, sie in die moderne Kinderabteilung der Schweriner Nervenklinik auf dem Sachsenberg zur Förderung zu geben und sie wegen der besseren Eingewöhnung in den ersten Wochen nicht zu besuchen. Schon zwei Wochen nach der Aufnahme kam die Mitteilung, das Kind sei tot, gestorben an einer Erkältungskrankheit. Als die Eltern entsetzt zur Klinik eilten, war ihr Kind schon begraben. Ohne die Meldung dieser Fürsorgerin hätte es vielleicht überlebt.

Wir könnten auch in die einzelnen Kliniken fahren und uns die Kranken zeigen lassen. Da sehen wir dann ja, wer von ihnen unheilbar ist, schlug ein junger Mann vor. Die könnten wir dann töten.

Wie wollen Sie das bewerkstelligen, fragte ich ihn. Werden Sie mit einer Pistole ins Krankenzimmer gehen und die Unheilbaren erschießen oder ihnen vor aller Augen eine Spritze geben? Außerdem wären wir Fremde, wir würden in der Klinik auffallen, und vielleicht würden sie uns die besonders gestörten Patienten nicht zeigen, wenn sie vom Ziel unseres Besuches erfahren. Unsere Aktion soll doch geheim bleiben, gab ich zu bedenken.

Erst müssen wir uns ein Haus in Berlin anmieten, dann Abteilungen bilden mit Zuständigkeiten für die einzelnen Gebiete in Deutschland, sagte ein Mädchen.

Dann lassen wir uns einfach alle Akten aus allen Kliniken in unsere Zentrale schicken, warf der anfängliche Neinsager ein. Die lesen wir dann durch und entscheiden, wer getötet werden soll.

Wie lange wollen Sie denn daran lesen, fragte ich ihn. Im Nu ist doch Ihr Dienstzimmer bis an die Decke mit Patientenakten gefüllt. Und sollen die Nervenkliniken so lange ohne Unterlagen behandeln? Der Bereitschaftsdienst muss doch immer in die Akten Einblick nehmen können. Man kann doch nicht ein ganzes Krankenblattarchiv verlagern.

Es gibt aber eine Möglichkeit, die Schwerkranken zu selektieren, ohne sie auch nur einen Moment zu sehen, sagte ich den grübelnden Schülern. Wir brauchen nur die behandelnden Nervenärzte zu bitten, über jeden ihrer stationären Patienten einen Fragebogen auszufüllen, aber ohne Ausnahme, wirklich über jeden, auch über den, der bisher vielleicht nur einen einzigen epileptischen Anfall hatte. Auf diesem Fragebogen müssen wir in der Zentrale nur die Fragen formulieren, die uns interessieren. Wir wollen doch die Lebensunwerten herausfinden, wonach fragen wir da?

Die Befugnisse namentlich zu bestimmender Fachärzte so zu erweitern, wiederholte das gepiercte Mädchen von seinem Zettel: Wenn ich namentlich bestimmt bin, dann können meine Befugnisse als Fachärztin erweitert werden, und dann darf ich plötzlich töten.

Versuchen Sie doch noch einmal, sich vorzustellen, Sie wären eine Etage höher und die beiden unter Verantwortung beauftragten Herren Bouhler und Dr. med. Brandt.

War der Bouhler überhaupt Arzt?

Nein. Er hat nach dem Ersten Weltkrieg mit zwanzig, einundzwanzig nur vier Semester Philosophie studiert. Das war seine einzige Ausbildung. Die letzten zwanzig Jahre nach dem abgebrochenen Studium, bis ihm dieser Zettel überreicht wurde, arbeitete er für die Nationalsozialisten, erst beim Völkischen Beobachter, dann mit 22 Jahren schon als zweiter Geschäftsführer der NSDAP, drei Jahre später bei der Neugründung der Partei als Reichsgeschäftsführer, ab 1933 als Reichsleiter und Reichstagsabgeordneter für Westfalen, 1934 einen Monat lang als Polizeipräsident von München und danach als Kanzleichef Hitlers, in einer Stelle, in der er Geheimerlasse vorzubereiten hatte, die nie an die Öffentlichkeit drangen. Nebenbei war er Vorsitzender der Parteiamtlichen Prüfungskommission zum Schutze des Nationalsozialistischen Schrifttums.

Was wurde nach dem Krieg aus ihm?

Nach Kriegsende beging er mit 45 Jahren am 19. Mai 1945 auf dem Weg in das Internierungslager der Alliierten in Dachau Selbstmord. Seine Dienststelle hatte nicht nur die Verantwortung für die Euthanasie-Anstalten getragen, sondern auch Personal und Einrichtung für die Todeslager in Polen gestellt, in denen jüdische Menschen genauso ermordet worden waren.

Und was ist aus Brandt geworden?

Hitlers Begleitarzt, Prof. Dr. med. Karl Brandt, der seit 1939 sein Euthanasie-Bevollmächtigter war, drei Jahre später sein Generalkommissar für das Sanitätswesen und fünf Jahre später Reichsbeauftragter für das Sanitäts- und Gesundheitswesen wurde, traf sich am 13. Februar 1943, als die Euthanasie-Aktion zwar offiziell eingestellt, aber in einzelnen Kliniken auf eigene Faust fortgeführt wurde, für eineinhalb Stunden im Schloss

Bellevue mit Pastor Bodelschwingh und unterhielt sich mit ihm über Geheimhaltung und Gesetzlichkeit der Euthanasie. Als er dann am 2. Juni 1948 mit sechs anderen Ärzten nach dem Nürnberger Ärzteprozess hingerichtet werden sollte, lehnte er den Beistand eines Geistlichen ab und gab stattdessen unter dem Galgen eine lange Erklärung ab. Als er sich dabei als Opfer darstellte, die amerikanischen Richter verunglimpfte und trotz Verwarnung weiterreden wollte, zogen ihm die Henker die Kapuze über den Kopf und hängten ihn auf.

Schweigen.

In die Stille sagte ein junger Mann: Der Betroffene muss zuerst den Antrag stellen, dann müssen die ausgewählten Ärzte entscheiden, ob man dem Antrag stattgibt.

Und wenn der Betroffene keinen Antrag stellt?

Dann will er nicht sterben, dann ist das kein Fall für uns, sagte ein Mädchen aus der ersten Reihe, die im Arm ihres Nachbarn lehnte.

Wenn aber irgendjemand anderes will, dass der Kranke nicht mehr lebt, oder wenn er das selbst aus irgendwelchen Gründen nicht ausdrücken kann? Zum Beispiel, wenn er bewusstlos ist, fragte ich.

Dann muss er das vorher, wenn er gesund ist, unter Zeugen gesagt haben. Oder er muss es aufgeschrieben haben, wie das jetzt in den Niederlanden möglich ist mit dem Patiententestament, meinte eine junge Frau entschlossen.

Was ist denn heutzutage in den Niederlanden an Euthanasie erlaubt?

Ich dachte an meinen Besuch in Amsterdam. Inzwischen wird in der Zweiten Kammer des Niederländischen Parlaments ein Gesetzentwurf diskutiert, der todkranken Kindern ab zwölf Jahren erlauben soll, über den eigenen Tod zu entscheiden. Auch, wenn die Eltern nicht damit einverstanden sind, antwortete ich.

Ist das nicht etwas zu früh, fragte die junge Frau vor mir.

Von welchem Alter ab dürfte man es denn Ihrer Meinung nach bestimmen?

Man müsste immer über den eigenen Tod bestimmen dürfen, mindestens, wenn man volljährig ist, sagte ein junger Mann aus der vorletzten Reihe.

Wenn ich zum Beispiel nach einem Motorradunfall gelähmt wäre, möchte ich nicht mehr leben. Wenn ich nur noch auf fremde Hilfe angewiesen wäre, die mir den Hintern abwischt? Einer war gelähmt und war Präsident der Vereinigten Staaten von Amerika.

Na, der konnte doch wenigstens noch im Rollstuhl sitzen.

Von welchem Wirbel ab könnten Sie sich denn noch ein Leben für sich vorstellen?

Sie schwiegen erst einmal irritiert.

Der Physiker Stephen Hawking ist ja wohl sehr behindert.

Da machen doch kaum noch Muskeln mit bei dem.

Ich habe »Eine kurze Geschichte der Zeit« im Kino gesehen. Jemand hat für ihn einen Sprachcomputer gebaut, und den ganzen Film über hört man seine Computerstimme. Die steuert er über den Monitor.

Und der hat sogar zum zweiten Mal geheiratet. Ein paar lachten und sahen mich freundlich an. Jetzt haben wir die Alte hoffentlich aus der Nazizeit herausgelockt, schien ihr Gesichtsausdruck zu sagen.

In einer Wismarer Schule war es wie heute in dieser Berliner. Da ging es plötzlich auch um den Grad der Behinderung, um die Frage, wie viel Hilflosigkeit man bei sich selbst zum Weiterleben noch akzeptieren würde, also nicht darum, wie viel man beim anderen an Behinderung akzeptieren würde.

Wir saßen zu dritt vor ungefähr einhundert Schülern: eine Oberärztin, die viele Jahre eine Narkoseabteilung geleitet hatte, eine Pastorin, die zuständig für drei Pflegeheime der Landeshauptstadt war und die Hospizbewegung dort begründet hatte, und ich als Schriftstellerin mit meinen Mordopferakten der sogenannten Euthanasie in der Nazizeit, von denen ich gerade 179 gelesen und teilweise abgeschrieben hatte. Die Narkoseärztin erzählte von einer Patientin, einer jungen Frau mit einem Kleinkind, die nach einem Unfall aus der Narkose aufwachend bemerkte, dass sie vom Hals ab gelähmt war. Die junge Frau verlangte sofort von der Ärztin, sie zu töten. Noch bevor ihr Mann zum ersten Besuch kam, wollte sie tot sein. Sie war absolut lebensmüde, erzählte die Narkoseärztin. Sie habe der Frau keinerlei Hoffnung gemacht, ihr den Todeswunsch zu erfüllen, sondern im Gegenteil versucht, ihr alles zu schildern, was sie in ihrem künftigen Leben noch sehen, lesen, fühlen, schmecken, genießen, bewundern könnte, wie unersetzbar und einzigartig ihre Wärme für ihr kleines Kind, ihre Liebe für ihren Mann sei, dass es sie in der ganzen großen Welt nur einmal gäbe und dass Gott sie liebe mit ihrer Lähmung und ihrer Verzweiflung. Ein paar von euch hier, sagte die Narkoseärztin damals lächelnd in die große Runde der Schüler, die ganz still geworden waren, haben diese Erfahrung der bedingungslosen Liebe vielleicht schon gemacht, einer Liebe, die man sich nicht verdienen muss durch gute Zensuren oder Schlankheit oder ein aufgeräumtes Zimmer. Die junge Frau ließ sich aber zunächst nicht beeinflussen und versuchte, ihren Ehemann auf ihre Seite zu ziehen, ihn, der sie sehr gern hatte und sie nicht unglücklich sehen wollte. Da habe sie, die Narkoseärztin, eine Zeit lang ganz allein gestanden mit ihrer Verweigerung und Lebenszuversicht. Ein paar Wochen später war die junge Frau im Dienstzimmer der Ärztin erschienen. Dieses Dienstzimmer liegt im zweiten Stock, und sie hatte es unbedingt ohne Lastenfahrstuhl schaffen wollen. Ein Glück, dass Sie damals nicht auf mich gehört haben, als ich so verzweifelt war, hätte die junge Frau gesagt.

Wie sind eigentlich die gesetzlichen Regelungen in Deutschland heute?

Aktive Sterbehilfe ist in Deutschland verboten. Doch eine besondere strafrechtliche Regelung gibt es nicht. Die aktive Tötung eines Kranken kann entweder als Mord, Totschlag oder Tötung auf Verlangen gewertet und verurteilt werden. Auch die überwiegende Mehrheit der Ärzte und Richter lehnt eine Legalisierung aktiver Sterbehilfe ab. Nach einem Urteil des Bundesgerichtshofes ist es aber erlaubt, einem Sterbenden Schmerzmittel zu geben, auch wenn dadurch die Lebensdauer verkürzt wird. Dabei – wie bei der Unterlassung lebensverlängernder Maßnahmen – ist der Wille des Patienten entscheidend.

Haben Sie selbst auch schon einmal so etwas erlebt wie die Narkoseärztin, also, wo es gut ausgegangen ist mit einem Menschen, der eigentlich sterben wollte, fragte mich wieder die junge Frau in der ersten Reihe.

Ja, bei Menschen mit Depressionen habe ich es sehr oft erlebt, wie Medikamente ihre Todessehnsucht linderten und sie weiterleben wollten, sogar mit Dankbarkeit weiterleben konnten. Aber einmal war ich einem sehr nahen sterbewilligen Menschen ausgesetzt. Es hat mich sehr verstört.

Ich dachte an das Sterben meiner Großmütter und erzählte ihnen davon.

Wenn jemand mit einer unheilbaren Krankheit und unerträglichen Schmerzen ausdrücklich sterben will, sagte ein Mädchen, das bisher nur aufmerksam und still dagesessen hatte, dann finde ich, muss man tun, was er möchte. Ich wünsche es auch für mich selbst, sagte sie, dass ich mich auf die Geborgenheit des Todes verlassen kann, wenn ich einmal unheilbar krank bin.

Vielleicht hat das Thema wirklich sehr viel mit unserer Gegenwart zu tun, aber versuchen Sie es doch bitte noch einmal: Sie leben jetzt, 1939, am Beginn des Zweiten Weltkriegs, heißen Reichsleiter Bouhler oder Dr. med. Brandt. Was müssen Sie nach dem Lesen des Zettels Ihres Führers als Erstes machen, fragte ich.

Inzwischen weiß ich, was ich machen würde, sagte ein Mädchen: Ich würde die Aufgabe delegieren. Ich würde sie Mitarbeitern übergeben, sollen die sich doch einen Kopf machen.

Ich würde mir zunächst einen Überblick verschaffen, um wie viele Menschen es sich überhaupt handelt, die getötet werden sollen, sagte der junge Mann von vorhin, der inzwischen dazugelernt hatte.

Wer soll Ihnen denn die Zahlen melden?

Vielleicht die Gesundheitsämter? Oder die niedergelassenen Ärzte?

Ich würde mir erst einmal darüber klar werden, wo die Grenze liegt zum Weiterleben, also die Kriterien für die Auswahl zum Töten. Ab wann sozusagen das menschliche Leben nicht mehr wert ist, weitergelebt zu werden.

Lebensunwertes Leben.

Wir könnten eine Liste mit den Positivmerkmalen der infrage kommenden Patienten machen und diese über das Gesundheitsministerium an die Ärzte verschicken, damit sie sich mit dem Gedanken vertraut machen und ihre Patienten daraufhin schon einmal ansehen.

Ich würde mir erst mal überlegen, wie ich das bekannt mache, dass man neuerdings die Möglichkeit überhaupt hat, schlug ein Mädchen vor. Bekannt machen, wo man die Anträge stellen kann, und wer die Anträge stellen darf. Es könnte ja eine zentrale Stelle in einer Stadt oder einem Landkreis sein.

Und dann würde ich mir überlegen, wie der Tod herbeigeführt werden soll.

Und dann, sagte ein Junge, vor allem, wo der Mensch sterben könnte. Zu Hause? Oder in einem Hospiz?

Wir müssen spezielle Klinikabteilungen reservieren. Wenn die Tötungserlaubnis nur auf einem Zettel steht und überhaupt kein Gesetz ist, dann kann man als Arzt eigentlich nicht bestraft werden, wenn man den Auftrag nicht erfüllt, sagte ein Junge. Ich darf doch nicht einfach einen Menschen töten, nur weil ein anderer will, dass er tot sein soll.

Ja, aber dazu müsste man als Arzt oder Krankenschwester wissen, dass es kein Gesetz dafür gibt, dann könnte man sich weigern. Dann könnte man sagen, bitte zeigt mir erst einmal, wo das steht, was ich hier tun soll. Das wissen wir als Beauftragte Reichsleiter Bouhler und Dr. med. Brandt im Moment aber nur allein, dass es eigentlich gar kein Gesetz gibt. Also könnten wir einfach behaupten, es gäbe dieses Gesetz, aber es wäre geheim. Dass es erst nach Kriegsende veröffentlicht würde, damit unsere Kriegsfeinde keine Propaganda-Handhabe gegen uns hätten.

Dann würden die Ärzte in gutem Glauben handeln, nichts Gesetzwidriges zu tun, wenn sie ihre Patienten töteten.

Man könnte auch Diskussionsrunden im Fernsehen einrichten, schlug ein Mädchen vor, in denen das Für und Wider der Tötungen diskutiert würde.

Aber Fernsehen für jeden gibt es noch nicht, und Sie leben doch im Herbst 1939 in einem Staat, in dem es nur eine richtige politische Meinung gibt, ohne Diskussion. Außerdem gibt es keine Pressefreiheit, und Sie leben im Krieg, im Zweiten Weltkrieg. Vor einem Jahr brannten die Synagogen. Sie dürfen keine feindlichen Sender hören.

Stellen Sie sich vielleicht kurz einmal ein ganz normales Leben damals vor, nicht das von zwei Privilegierten und auch nicht das von Verfolgten. Stellen Sie sich vor, Sie sind eine Frau vom Jahrgang 1914, also 25 Jahre alt, geboren im ersten Jahr des Ersten Weltkriegs, zum ersten Mal schwanger und seit einem Monat verheiratet mit einem Mann, der in den Krieg muss, Sie sind eine Deutsche und haben auch einen Ariernachweis erbringen können, also Sie sind keine jüdische Frau und haben auch keinen jüdischen Mann, Sie erleiden also deshalb nicht seit sechs Jahren unzählige Demütigungen und Einschränkungen, Ihnen droht nicht die Deportation ins Vernichtungslager in drei Jahren. Sie sind nicht Mitglied einer Widerstandsgruppe, nicht aktiv in der Bekennenden Kirche, deshalb droht Ihnen nicht die Einweisung in ein Konzentrationslager; und trotz allem: Vom

1. September 1939 an wird es möglich sein, Sie von einem ordentlichen deutschen Gericht zum Tod durch das Fallbeil verurteilen und danach tatsächlich hinrichten zu lassen, nur weil Sie einen Rundfunksender der Alliierten hörten, einen Feindsender, und sich mit einem anderen Menschen darüber unterhielten. Dies ist im Gegensatz zu der Geheimnotiz, die den sogenannten Gnadentod erlaubte, wirklich ein Gesetz, und der Führer Adolf Hitler hat es ebenfalls auf den 1. September 1939 datiert. Das Delikt wird Rundfunkverbrechen heißen. Die Bekanntmachung über die Hinrichtungen deswegen werden Sie an den Litfaßsäulen lesen. Denn eingeschüchtert sollen Sie werden, mit Todesstrafe bedroht, wenn Sie die unzensierte Weltmeinung in Ihr Denken lassen.

Im Gegensatz dazu die Morde an den Kranken: Darüber lesen Sie nichts in den inländischen Zeitungen. Da ist nur von nutzlosen Essern die Rede und wie viel die täglich an Betreuung brauchen und wie viel die kosten, viel mehr als ein deutscher Arbeiter, und wie viele Kinder die kriegen.

Wenn die deutschen Arbeiter nicht aufpassen und darauf achten, dass wirklich jeder Schwachsinnige und jeder Geisteskranke sofort gemeldet wird, damit er unfruchtbar gemacht wird und nicht noch mehr Kinder bekommt, als er schon hat, lesen Sie, dann werden die in Kürze alle gesunden Deutschen aus ihrem Lebensraum verdrängen.

Ja, einen Rundfunksender aus einem anderen Land zu hören, mit dem Deutschland Krieg führt, ist ein todeswürdiges Verbrechen. 1944, in fünf Jahren, wenn Sie schon Kriegerwitwe sind, mit Ihrem Kind im abgedunkelten Berlin, über Ihnen die tief und langsam fliegenden Bomber der Alliierten, bereit zum

Abwurf ihrer Last, werden Sie unter einer hellbraunen Kamelhaardecke mit dunkleren Streifen am Rand hocken wie in einer Kinderhöhle und den Sender mit den verbotenen Nachrichten über die Kriegslage und den wirklichen Frontverlauf einstellen und sich fürchten, dass Sie jemand trotz aller Vorsichtsmaßnahmen entdeckt und verrät und Sie sterben müssen wie dieser Paul Johannzen: Im Namen des Deutschen Volkes! In der Strafsache gegen den Kraftfahrer Paul Johannzen aus Wiesbaden, geboren am 2. Juni 1902 in Köln a. Rhein, zurzeit in dieser Sache in gerichtlicher Untersuchungshaft wegen Wehrkraftzersetzung, hat der Volksgerichtshof, Bes. Senat, aufgrund der Hauptverhandlung vom 28. November 1944, an welcher teilgenommen haben als Richter: Präsident des Volksgerichtshofs Dr. Freisler, Vorsitzer, Volksgerichtsrat Dr. Gräulich, SS-Brigadeführer Oberst a. D. Goetze, NSKK-Obergruppenführer Regierungsdirektor Offermann, Reichshauptamtleiter Giese, als Vertreter des Oberreichsanwalts: Erster Staatsanwalt Nöbel für Recht erkannt: Paul Johannzen, alter R-G-O-Mann, hat jahrelang Feindfunk gehört und im Betrieb die Feindnachrichten systematisch verbreitet. Als für immer ehrloser Zersetzungspropagandist unserer Kriegsfeinde wird er dafür mit dem Tode bestraft.

Als Reichsleiter Bouhler oder Dr. med. Brandt könnte ich mir zur Beruhigung meines Gewissens sagen, dass mir Konzentrationslager oder politisches Gericht drohen, wenn ich meinem Führer nicht gehorche, denn ich lebe schließlich in einem politischen System ohne verschiedene Parteien, ohne Parlament, ohne diese Quasselbude, wie es die Parteiführung hämisch nennt, welche das eigentlich erforderliche Gnadentod-Gesetz diskutieren und verabschieden könnte.

Aber vielleicht wollen Sie sich auch gar nicht weigern. Vielleicht sind Sie mit der Absicht Ihres Führers und Reichskanzlers einverstanden?

Was ist, wenn Angehörige oder Ärzte oder Mitarbeiter von Behörden beim Gericht Anzeige erstatten, weil sie einen begründeten Verdacht hegen, dass ein Mensch eines unnatürlichen Todes starb?

Ich verbiete Nachforschungen.

Dazu haben Sie doch gar keine Macht.

Oder wir verbrennen mehrere dieser Leichen sofort und vermischen deren Asche, dann kann man den Leichen das Gift nicht mehr zuordnen.

Auch die Todesursache kann man dann nicht mehr nachweisen.

Ja, bevor wir überhaupt eine Nachricht über den Todesfall mit der Post verschicken, muss die Leiche schon verbrannt sein.

Wollen Sie denn die Nachrichten über den Todesfall aus der Zentrale selbst verschicken? Dann wundern sich die Angehörigen doch und schöpfen Verdacht: Das kann doch nicht mit rechten Dingen zugehen, wenn sie einen Brief mit der Todesnachricht aus Berlin bekommen, obwohl ihr Vater oder ihre Tochter vielleicht schon seit zwanzig Jahren in der Schweriner Nervenklinik lagen?

So lange lagen die Patienten damals in den Anstalten? Ich weiß von einem Freund, dass seine Mutter meist nach sechs Wochen wieder draußen ist, höchstens sechs Wochen.

Die Benachrichtigung sollte also aus dem Krankenhaus kommen, in dem der Kranke zuletzt gelegen hat.

Dann müssen die Ärzte, die die Patienten umgebracht haben, die Briefe an die Angehörigen selbst schreiben?

Du kannst doch keinen Vordruck nehmen bei so etwas.

Oder der Arzt könnte auch einen Untergebenen bitten, das für ihn zu erledigen.

Aber ein unschuldiger Arzt würde doch Verdacht schöpfen. Und er könnte sich auch weigern.

Vielleicht sollte in jedem Krankenhaus nur ein Arzt diese Todesbenachrichtigungen schreiben. Nämlich der, dessen Befugnisse wir erweitert haben, der Arzt unseres Vertrauens sozusagen.

Das bedeutet aber auch, dass wir in jedem Krankenhaus einen solchen Arzt finden müssen, auf den wir uns absolut verlassen können.

Was müsste der für Eigenschaften haben?

Er müsste eine höhere Stellung haben, oder wir müssten für eine baldige Beförderung sorgen. Er kann schließlich nicht ein einfacher Assistenzarzt sein. Der hätte ja in der Klinik nicht viel zu sagen und könnte seinen Mitarbeitern nicht einfach Stillschweigen befehlen oder mit Nachteilen drohen.

Mit welchen Nachteilen könnte er denn drohen?

Wenn Sie nicht machen, was ich sage, kommen Sie ins KZ. Wenn Sie nicht schweigen, melde ich Sie dem Geheimdienst. Ein solcher Arzt hat viele Mitwisser.

Ja, wenn er nicht selbst Direktor der Klinik ist, dann ist auch sein Vorgesetzter Mitwisser. Der muss das decken nach außen und nach innen.

Was könnte der Direktor einer Nervenklinik für Gründe haben, Morde an seinen Patienten zu decken?

Er könnte aus seiner eigenen Überzeugung heraus die Morde nicht als Morde ansehen, sondern als notwendige Tötungen. Er könnte also grundsätzlich einverstanden sein.

Oder aus irgendeinem Grund erpressbar sein und darum schweigen.

Warum?

Er könnte Fehler in seinem Beruf gemacht haben, die nicht herauskommen dürfen. Er könnte Angst haben, seine Stelle zu verlieren und zurückgestuft zu werden, vielleicht seine bequeme Dienstwohnung zu verlieren, sein hohes Gehalt, seinen guten Ruf in der Stadt. Seine Pension.

Er könnte sich sagen: Das ist eine geheime Anordnung der Regierung, ich werde loyal sein. Die werden schon wissen, was sie machen. Gott sei Dank haben sie mich nicht beauftragt. Ich weiß von nichts und wasche meine Hände in Unschuld.

Und wenn sich jemand in einer Dienstbesprechung beklagt, dass in bestimmten Stationen der Anstalt offensichtlich mehr Patienten sterben als in anderen Stationen? Und dass in diesen bestimmten Stationen kein einziger Patient stirbt, wenn ein ganz bestimmter Oberarzt im Urlaub ist?

Dann könnte dieser Direktor der Klinik ganz entschieden die Tötung von Patienten verurteilen und jedes Gerüchtemachen darüber verbieten.

Vielleicht brauchen wir aber doch einen stärkeren Geheimhaltungsschutz für uns. Zum Beispiel eine ausdrückliche strenge Anweisung des Führers und Reichskanzlers an die höchste juristische Ebene, also an das Reichsjustizministerium, dass auf keinen Fall Prozesse gegen Krankenhäuser oder Ärzte eröffnet werden dürfen, deren Patienten unter ungeklärten Umständen plötzlich sterben. Die beteiligten Ärzte sollen doch ihr Handeln als notwendig, von der Politik gewollt und vor allem als nicht strafbar empfinden.

Wenn wir das nicht öffentlich diskutieren und sogar geheim gehalten werden soll, dass jetzt plötzlich Menschen getötet werden dürfen, dann können wir die Gründe fürs Töten selbst festlegen.

Wer leben darf, bestimmen wir.

Das ist ein gefährliches Gefühl, ich möchte darüber jetzt nicht mehr nachdenken, man gerät in einen richtigen Sog. Das war 1939. Es gibt gar keinen Anlass, heute über Selektionskriterien für Patientenmorde nachzudenken, sagte eine junge Frau trotzig.

Es ist Ihr Recht, in der Distanz zu bleiben und sich in keinen fremden Gedankengang zwingen zu lassen. Für mich ist das der wichtigste Unterschied zur Diktatur, dieses Recht zur ungestraften Distanz, antwortete ich ihr. Sie war die Erste, die nicht mitmachte.

In der Tiergartenstraße 4, nicht weit von hier, ist das vielleicht alles so gedacht worden, wie wir uns das jetzt vorstellen, von Menschen, die einen Anzug trugen, einen »Dekawuppdich« fuhren, abends einen Orgasmus hatten, gern Wein tranken und »Die Glocke« auswendig aufsagen konnten.

Aber Auftrag, Loyalität, Verschwiegenheit und Pflichtbewusstsein reichen nicht für eine groß angelegte Aktion in einer Diktatur. Es fehlt noch etwas Entscheidendes.

Das hehre Ziel?

Ja, der Zweck, der die Mittel heiligt. Welchen Zweck verfolgen wir? Welche Ideologie beseelt uns und soll alles entschuldigen, was wir tun werden?

Wir wollen den Krieg gewinnen und müssen unsere Vorräte, unsere menschlichen Kräfte, unser medizinisches Personal, unsere Krankenhäuser, unsere Medikamente und unsere Nahrungsmittel möglichst sparsam und nutzbringend einsetzen, also für nichts Überflüssiges und nichts Unnötiges.

Zum Beispiel?

Nicht für Menschen, die nur daliegen und nichts Vernünftiges tun.

Am besten bezeichnen wir also diese als nutzlose Esser und Ballastexistenzen. Aber an welches Hauptziel Ihres Führers und Reichskanzlers müssen Sie eigentlich unverwandt denken? Nach dem siegreich beendeten Krieg wird er ja sein Lebensziel, das ihm die Vorsehung eingegeben hat, weiter verwirklichen. Welches?

Das mit der reinen Rasse?

Ja, der gesunde Volkskörper. An diesem Volkskörper muss alles Minderwertige ausgemerzt werden. Und da es ja um die zukünftigen Generationen geht, es heißt ja das Tausendjährige Reich, soll nichts Minderwertiges vererbt werden. Wer ist minderwertig in diesem Sinne?

Alle Menschen, die erbliche Krankheiten haben und deshalb vielleicht kranke Kinder bekommen.

Herr Bouhler, Herr Dr. Brandt, müssen Sie diese Menschen gleich umbringen lassen? Es reicht doch, sie nur unfruchtbar machen zu lassen aufgrund des Gesetzes, das Sie schon seit 1933 anwenden können.

Was ist das für ein Gesetz?

Das über die Konzentrationslager?

Das über die Juden?

Was stand denn nun auf den Meldebögen?

Wir wissen noch nicht, welche der vorhandenen Nervenkliniken sich als Tötungsanstalt eignen. Dazu brauchen wir genaue Angaben aus den Kliniken selbst, wir können dazu ja nicht extra kreuz und quer durch Deutschland reisen. Wir schicken deshalb zwei Meldebögen, also zusätzlich zu dem über jeden einzelnen Patienten noch einen über die betreffende Anstalt. Der Meldebogen 1 betraf den einzelnen Patienten: »An den Leiter der … oder Vertreter im Amt in … Im Hinblick auf die Notwendigkeit planwirtschaftlicher Erfassung der Heil- und Pflegeanstalten (steht in einem Runderlass des Reichsministers des Inneren vom 9. Oktober 1939, unterschrieben von In Vertretung Dr. Conti) ersuche ich Sie, die anliegenden Meldebogen umgehend nach Maßgabe des beiliegenden Merkblattes auszufüllen und an mich zurückzusenden. Falls Sie nicht selbst Arzt sind, sind die Meldebogen für die einzelnen Kranken durch den leitenden Arzt auszufüllen. Die Ausfüllung der Fragebogen soll möglichst mit Schreibmaschine erfolgen. In der Spalte Diagnose bitte ich um eine möglichst genaue Angabe, wenn angängig, auch noch um eine kurze Schilderung des Zustandsbilds. Die Meldebogen für die einzelnen Kranken – von denen Ihnen noch weitere Stücke durch besondere Post zugehen werden – können zur Beschleunigung der Bearbeitung in mehreren Teilsendungen hierher zur Absendung gelangen. Die letzte Sendung muss jedoch auf alle Fälle spätestens am … im hiesigen Ministerium eingegangen sein. Ich behalte mir vor, gegebenenfalls noch an Ort und Stelle durch meine Beauftragten weitere Erhebungen anstellen zu lassen.«

Dem Runderlass beigefügt ist folgendes Merkblatt: »Zu melden sind sämtliche Patienten, die an nachstehenden Krankheiten leiden und in den Anstaltsbetrieben nicht oder nur mit mechanischen Arbeiten (Zupfen u. Ä.) zu beschäftigen sind: Schizophrenie, Epilepsie (wenn exogen, Kriegsdienstbeschädigung oder andere Ursachen angeben), senile Erkrankungen, therapierefraktäre Paralyse und andere Lues-Erkrankungen, Schwachsinn jeder Ursache, Encephalitis, Huntington oder andere neurologische Endzustände, oder sich seit mindestens 5 Jahren dauernd in Anstalten befinden, oder als kriminelle Geisteskranke verwahrt sind, oder nicht die deutsche Staatsangehörigkeit besitzen oder nicht deutschen oder artverwandten Blutes sind und unter Angabe von Rasse und Staatsangehörigkeit. Die für jeden Patienten einzeln auszufüllenden Meldeblätter sind mit laufenden Nummern zu versehen. Als Stichtag gilt der …«

Am Ende dieses Merkblatts zum Meldebogen 1 war in der Fußnote zur Rasse aufgelistet: Deutschen oder artverwandten Blutes (deutschblütig), Jude, jüdischer Mischling 1. oder 2. Grades, Neger, Negermischling, Zigeuner, Zigeunermischling usw.

Auf diesem Meldebogen 1 sollte eine genaue Angabe über die Art der Beschäftigung des Patienten gemacht werden, dann wurde nach der Anschrift der nächsten Angehörigen gefragt und danach, ob der Patient regelmäßig Besuch erhielt oder ob eine Vormundschaft bestand. Man fragte nach der Anschrift des gesetzlichen Vertreters und dem Kostenträger des Anstaltsaufenthalts.

Der Meldebogen 2 bezog sich auf die Anstalt selbst, ihr Baujahr und ihre Größe. Die T4-Zentrale erkundigte sich danach, ob die Anstalt über einen eigenen Gleisanschluss mit Voll- oder Schmalspur verfügte und wie weit es zur nächsten Bahnstation war. Aufgrund dieser Angaben wurde in der T4-Zentrale überlegt, welche Anstalten zu Tötungsanstalten umgebaut werden könnten.

Also verpflichten wir ganz einfach alle Anstaltsdirektoren, die Meldebögen über jeden psychiatrischen Patienten auszufüllen und diese zu uns nach Berlin zurückzuschicken. Wir haben einige Gutachter engagiert, die sehr schnell und nur aufgrund der Mitteilungen auf dem Papier entscheiden sollen. Dann wollen wir die Namen der Selektierten auf eine Liste schreiben, die Kranken in eine Tötungsanstalt bringen, sie dort vergasen und anschließend verbrennen lassen.

Aber was, wenn diese Kranken nicht sterben wollen?

Das kommt doch sofort raus, kein Angehöriger bringt seine kranken Angehörigen zu einem solchen Arzt, gaben sie zu bedenken.

Würden Sie denn einen Kranken ambulant, in der normalen Sprechstunde, durch einen Arzt töten lassen, wenn der Kranke es selbst will?

Dazu sind Ärzte ja eigentlich nicht da, sagte ein anderes Mädchen.

Dann könnten ja alle, die Selbstmord begehen wollen, zu einem Arzt kommen.

Und wenn jemandem die anstrengende Pflege eines Angehörigen lästig wird, dann könnte er ihn zum Einschläfern bringen wie einen kranken alten Hund zum Tierarzt.

Alle schwiegen. Es war plötzlich sehr still in diesem Klassenraum.

Wie konnte man denn das damals geheim halten?

Diese wahlberechtigten Wesen, dachte ich, wissen nicht wirklich, nicht in ihrem Inneren, etwas von der Diktatur. Wo sollte ich nur anfangen?

Lesen Sie doch jetzt mal den Lebenslauf eines Menschen vor, der in der Nazizeit durch Ärzte getötet wurde, damit wir uns das alles besser vorstellen können, schlug eine Lehrerin vor.

Vielleicht die Geschichte von Henriette mit der Gehirnentzündung, die so alt war wie Sie jetzt, als ihr Vater sie nicht mehr bei sich haben wollte. Aber danach möchte ich gern mit Ihnen in unsere Befehlszentrale zurückkehren, in die Denkwelt der Organisatoren, der Schreibtischtäter, damit Sie das Räderwerk einer Diktatur verstehen.

Im Prinzip wissen sie das, sagte eine der Lehrerinnen, denn wir waren auch schon in der Gedenkstätte des Deutschen Widerstands.

Ich las ihnen Henriettes Geschichte vor.

Die war ja überhaupt nicht verrückt, die war ja nur krank, sagte ein Mädchen überrascht, ich habe gedacht, dass die damals viel schlimmere Fälle umgebracht haben. Können Sie uns noch die Geschichte einer wirklich Geisteskranken vorlesen? Ja, von Alwine, die sich für die Perlkönigin hielt. Das ist eine lange Geschichte. Aber wir kommen immer weiter von den Tätern weg. Besuchen Sie doch einmal das Kloster der Karmeliterinnen hier in Berlin. Es steht in der Nähe der Hinrichtungsstätte Plötzensee. Gemeinsam mit einer Studentengruppe bin ich nach dem Besuch dieser Hinrichtungsstätte zu Fuß in das Kloster gegangen, inmitten der Wohnhäuser der staubigen Stadt.

Eine Ordensfrau erzählte uns, dass sie auf dem Gelände und neben dem Museum des Konzentrationslagers Dachau ein Kloster begründeten, weil sie die Hilflosigkeit der Besucher gesehen hatten und sich für Gespräche mit ihnen zur Verfügung stellen wollten. Und dann beteten sie mit ihnen für die Täter.

Für die Täter. Denn die gehören auch zu uns, sagte sie: Sie fühlen sich sonst so gottverlassen. Wir sollten die Henker, die die zum Tode verurteilten Verschwörer gegen Hitler an Fleischerhaken sterben ließen, in unsere Gebete einschließen, mahnte sie uns.

Aber das ist schwer. Und undankbar ist es auch. Ich habe beim Schreiben dieses Buches selbst gespürt, wie viel einfacher es ist, sich als mögliches Opfer zu denken: Eingeschlossen hinter den Fenstergittern der Nervenheilanstalt, mit Verfolgungsgedanken und Stimmen im Kopf, nur noch allein mit einer roten Matratze auf dem Fußboden, weil ich alles andere zerrissen und zerstört habe, und dann einer Tötungsbürokratie ausgeliefert zu werden, ohnmächtig und unschuldig an der eigenen seelischen Krankheit.

Ich habe gespürt, wie nahe es liegt, sich nach dem Ende einer Diktatur als tapfer, anständig und widerständig in dieser vergangenen Diktatur zu denken: Wenn ich auch kein Opfer gewesen wäre, so hätte ich doch selbstverständlich bis an die Grenze der Selbstgefährdung wenigstens auf der Seite der Opfer gestanden, hoffe ich.

Ich habe gespürt, wie schwer es mir fällt, mich als mögliche Täterin zu denken: als überarbeitete Ärztin, die im Krieg die strenge dienstliche Anweisung hat, eine unangenehme, eigentlich unärztliche Aufgabe zu erledigen. Aber wer soll es machen, außer einer, die Medizin studiert hat und unterscheiden kann: zwischen Unheilbaren und Besserungsfähigen. Wer soll es machen, außer einer, die zuverlässig und verschwiegen und loyal ist und die nun beginnt, einen und noch einen Schritt innerlich zurückzugehen, um ihre Patienten sachlich auf brauchbare lebenswerte Anteile hin zu beobachten und dann beschreiben zu können, die also auswählen kann, die Macht über Leben und Tod hat, die Schritt für Schritt weiter zurückgeht von ihrem ersten möglichen Opfer und dann, irgendwann, den ersten

Menschen tötet. Es gibt für jeden Täter das erste Mal, an dem noch nichts Routine ist. Nach dem ersten Mal kann er denken: Die anderen Tötungen sind auch nicht anders, nun kann ich nicht mehr zurück, es gibt Zeugen, ich bin in ihrer Hand, ich muss sie mitschuldig werden lassen, der Wagen hat sich in Bewegung gesetzt, auch wenn ich jetzt sofort aufhören würde, gab es dieses erste Mal, das ich nicht ungeschehen machen kann.

Haben Sie schon mal einen geisteskranken Menschen selbst gesehen, fragte das Mädchen.

Ja, mit 21 Jahren, während einer Psychiatrie-Vorlesung Anfang der sechziger Jahre. Dann las ich ihnen die Geschichte von meiner ersten psychotischen Patientin vor.

Wie sind Sie an die Opfer-Akten rangekommen? Könnte da jeder, könnte auch ich kommen und solche Akten lesen wollen, fragte ein Junge aus der ersten Reihe.

Als Angehöriger hätten Sie das Recht dazu. Und auch als Wissenschaftler oder als Journalist.

Dann ist jetzt ein Mann mit seiner Geschichte dran, sagte wieder der junge Mann aus der letzten Reihe.

Ich werde Ihnen die Geschichte von einem Mann vorlesen, das verspreche ich Ihnen, und auch schildern, wie es war, diese Akten im Bundesarchiv zu lesen, aber zuvor möchte ich Ihnen von einer merkwürdigen Liste der Belegungs- und Todeszahlen erzählen, die man im Museum dieser Schweriner Klinik studieren kann.

Haben die Ärzte in den Kliniken wirklich diese Fragebögen ausgefüllt, fragte der junge Mann aus der letzten Reihe.

Nur die Bodelschwinghschen Anstalten in Bethel weigerten sich zunächst, an eine nicht ärztliche Dienststelle so detaillierte

Auskünfte über ihre Patienten zu erteilen. Was wird aus unseren Daten, fragten sie sich. Den Ärzten in den anderen Kliniken war es beim ersten Ausfüllen der Fragebögen auch nicht geheuer. Werden unsere arbeitsfähigen Patienten vielleicht an die Front geschickt? Ersparen wir ihnen vielleicht sogar den Kriegseinsatz, wenn wir sie als schwach und arbeitsunfähig hinstellen, also ihren Zustand schlimmer schildern, als er ist, überlegten sie. Als dann gerade diese Patienten mit den Bussen zuerst abgeholt wurden und die einzigen Kleidungsstücke, die die Kranken am Leibe getragen hatten, zurückgeliefert wurden, war den Ärzten klar, dass ihre Patienten schon nicht mehr lebten und dass sie zu ihrem Tod beigetragen hatten. Schilderten sie wiederum den Zustand ihrer Patienten zu positiv, um eine Verlegung zu vermeiden, riskierten sie Kontrollbesuche durch die Zentrale. Dr. Alfred L. entschuldigte sich zum Beispiel 1953 vor dem Kölner Gericht damit, dass die T4-Zentrale gedroht hatte, SS-Ärzte zu schicken, die nur nach Augenschein selektieren und so vielleicht auch fast Genesene oder nur leicht Erkrankte in den Tod schicken würden.

Aber jetzt, sagte ein Mädchen mit langen hellblonden Haaren in der ersten Reihe, die sich in den Arm ihres Freundes gelehnt hatte, möchte sie endlich nichts mehr über die Täter hören, sondern mehr über die Opfer. Waren viele Frauen dabei? Die beiden Lehrerinnen nickten mir aufmunternd und zustimmend zu, sie wirkten erleichtert: Endlich weg aus dieser makabren Täterwelt, weg von der Seite der Täter.

Eigentlich müsste ich von doppelt so vielen Frauen wie Männern erzählen, weil von meinen 179 Schweriner Krankenakten zwei Drittel von Frauen sind.

Aber langsam! Sie haben doch aus Ihrer Zentrale die Meldebögen gerade erst weggeschickt, jetzt müssen Sie Ihre möglichen Opfer erst genannt bekommen. Sie müssen Ärzte in den Nervenkliniken finden, denen Sie Ihr Vertrauen schenken können. Sie können schließlich die NSDAP-Mitgliedschaft nicht allein zum Kriterium machen, denn in jeder Diktatur gibt es Karrieristen und Mitläufer. Ein Arzt, der Mitglied der NSDAP ist, muss nicht zwangsläufig für die Vernichtung lebensunwerten Lebens sein. Er kann noch die Sterilisierung Erbkranker befürwortet und auch dabei mitgewirkt haben, aber die Tötung Geisteskranker kann er unter Umständen verabscheuen. Und weil Ihr Programm geheim ist, können Sie auch keinen Arzt zwingen mitzumachen. Sie können diejenigen, die mitmachen, und auch diejenigen, die Sie gefragt haben und die nicht mitmachen wollen, zum Schweigen verpflichten. Sie können ihnen mit Bestrafung drohen, wenn sie irgendeinem Menschen davon erzählen. Sie können sogar diejenigen, die sagen, dass in Deutschland die Geisteskranken umgebracht werden sollen, anzeigen und damit bewirken, dass ihnen vor dem Volksgerichtshof wegen Volksverhetzung der Prozess gemacht, sie zum Tode verurteilt und hingerichtet werden. Denn Sie kennen sie ja, und Sie können sie auch nutzen, die Vorteile der Diktatur: keine Gewaltenteilung, darum kurze Wege für die Machthaber, kein störendes Parlament, willfährige Presse, parteiabhängige politische Gerichte bei geschlossenen Landesgrenzen.

Eine Schülerin, die die ganze Zeit aufmerksam zugehört, aber geschwiegen hatte, fragte mich plötzlich, ob ich nicht endlich wieder einmal eine Liebesgeschichte schreiben wollte oder etwas Absurdes, einfach zum Lachen.

Ganz ausgehungert bin ich nach Lachen und Unbeschwertsein, antwortete ich ihr, aber weil ich die Patientenakten lesen durfte, muss ich ihre Geschichten auch erzählen. Es geht nicht anders.

Und vielleicht sind dies ja sogar Liebesgeschichten geworden, nur vertrackte, traurige und auch absurde, weil jeder einzelne dieser Menschen einmal einen anderen Menschen liebte und auch geliebt wurde, von Vater oder Mann oder Frau oder Sohn oder Mutter, bis eines Tages diese Brücke zueinander brach. Sie sind alle erst ermordet worden, nachdem die Brücke zum Liebsten gebrochen war. Der Gauleiter von Mecklenburg, Hildebrandt, hatte zum Beispiel ein geistig behindertes Kind. Und Dr. Alfred L. ging bei ihm ein und aus. Dem Kind geschah nichts. Es überlebte, im Gegensatz zu seinem Vater, der als Kriegsverbrecher gehenkt wurde.

Und was wollen Sie erreichen, wenn Sie das alles aufschreiben, fragte das Mädchen weiter.

Nur eine kleine Erinnerung daran, dass es sie überhaupt gab. Und daran, dass es weder die Kenntnisse über ihre Krankheiten noch die heutigen wirksamen Medikamente gab. Einen Brief, eine Postkarte abschreiben, die damals in die Akte versenkt wurden. Vielleicht kann ich nicht mehr tun. Wird es auch Geschichten in Ihrem Buch geben, die gut ausgehen?

Nein, die Geschichten nicht, aber die Geschichte insgesamt geht gut aus. Denn, das traute ich mich nur mit einem entschuldigenden Lächeln hinzuzufügen, wir leben nicht mehr in einer sozusagen geschlossenen Anstalt. Die Akten der letzten Diktatur in Deutschland und der davor sind zugänglich, wir dürfen ohne bestraft zu werden über ähnliche Strukturen diskutieren: In einer

Diktatur können Sie, wenn Sie die Macht haben, den größten Blödsinn durchsetzen, alle Blauäugigen umbringen oder alle ab Schuhgröße 42. Seitdem ich mich mit diesem Thema beschäftige, stolpere ich über jedes Tabu, reagiere aggressiv auf jedes Denkverbot. Seitdem ich in der DDR öfter die tadelnde Bemerkung hörte, dass eine Frage falsch gestellt sei, weiß ich, dass jede Frage gestellt werden muss. Und dass gerade das die offene Gesellschaft schützt und offen hält.

Aber ist nicht so viel Pathos für 19-jährige Berliner das Letzte?

Stille im Raum.

Auf meiner Uhr sah ich, dass es gleich zur großen Pause klingeln müsste, wir also von unserem Ausflug aus der Vergangenheit zurückkommen sollten. Ich legte darum meine Texte auf den Tisch, trank etwas aus dem Wasserglas und sah sie etwas entschuldigend an, diese großen Berliner Kinder.

Ernst und geduldig und etwas erleichtert erwiderten sie meinen Blick.

Eine der Lehrerinnen gab einem der Schüler ein Zeichen.

Dieser erhob sich: Ich finde es legitim, dass eine Schriftstellerin auch emotionale Mittel einsetzt, um uns die Geschichte nahezubringen, denn im Zweiten Weltkrieg, als das alles geschah, lebten noch nicht einmal unsere Eltern, und beim Ende der DDR vor zehn Jahren waren wir auch erst acht Jahre alt. Er möchte sich im Namen der Klasse für mein Kommen und meine interessanten Ausführungen bedanken.

Eigentlich ist er schon erwachsen, dachte ich, er darf wählen, heiraten und ein Auto lenken, bald könnte er der Krankenpfleger sein, der mir beim Aufstehen hilft, und nicht lange, dann muss er meine Rente mitverdienen. Es ist nicht einfach Vergangenheit, sondern etwas aus frühester Steinzeit, was in diesen beiden Schulstunden über ihn hereingebrochen ist.

Er drehte sich um, griff in den Wassereimer und überreichte mir den großen Strauß mit Sonnenblumen und Rosen und Ranunkeln und Rittersporn und Blumen, die ich noch nie gesehen hatte, die es vielleicht nur in den Kreuzberger Blumenläden gibt.

Die Lehrerinnen standen auch auf und beendeten den Unterricht.

Die erste musste gleich weg.

Die zweite kam lächelnd zu mir und sagte leise: Von mir wollen sie das nicht hören, dass die DDR eine Diktatur war, aber bei Ihnen konnten sie heute nicht widersprechen, weil Sie da schließlich gelebt haben. Ich habe eine westliche Sozialisation, sagte sie. Darum glauben die Schüler aus dem Osten eher ihren Eltern, dass das überhaupt keine Diktatur war im Osten. Die dritte Lehrerin begleitete mich zum Ausgang und sagte, dass noch drei Schüler, die sich wegen der Deutschzensuren beschweren wollten, auf sie warteten, denn die brauchten für ihre Bewerbungen ganz einfach ein besseres Zeugnis.

Auf dem Weg zur U-Bahn fiel ein ganz leichter Sommerregen. Ich spannte meinen Schirm nicht auf, schloss die Augen und genoss die zärtliche Berührung der Tropfen.

In einem Straßencafé am U-Bahnhof saß einer der Schüler, der nach Schulschluss wohl gleich weggegangen war, und nickte mir zu.

Ja, es ist vorbei, das darf ich nicht vergessen. Hier in meiner Heimatstadt ist das alles ausgeheckt worden, aber jetzt ist es Schulstoff, Gegenstand des Geschichtsunterrichts. Wer damals geboren wurde, geht jetzt in Rente. Man soll mit Adjektiven sparsam umgehen, dachte ich, aber es ist wirklich ein warmer, duftender, weicher Sommertag, und ich lebe eben nicht in diesem Albtraum, sondern dort, wo es Auswege gibt und auch Hilfe. Ich lebe heute, 97 Jahre später als die lächelnde Pensionatsbesitzersfrau auf der Fotografie, obwohl ich das oft nicht glaube und diese Jahre zwischen heute und damals in mir zusammenfallen wie kaltes, aufrecht verbranntes Seidenpapier. Zu Hause fiel mir der märchenhafte Schluss ein, den Anna Seghers ihrem »Ausflug der toten Mädchen« gab: Die Icherzählerin erhält den Auftrag, all das aufzuschreiben, was in der Erzählung eben schon zu lesen war.

Eine grandiose Endlosschleife.

Da begann ich mit diesem Buch.

Inhaltsverzeichnis